高等职业教育系列教材

U0307193

INDUSTRIAL INTERNET

工业互联网导论

黄源　张婧慧　唐京瑞◎编著

机械工业出版社
CHINA MACHINE PRESS

本书介绍工业互联网相关知识，内容包括工业互联网概述、工业互联网网络技术、工业互联网平台、工业 App、智能制造与工业互联网、物联网与工业互联网、5G 与工业互联网、云计算与工业互联网、大数据与工业互联网、人工智能与工业互联网、工业互联网安全以及工业互联网技术实训。在最后一章中提供上机实训项目与操作指导，理论与实践相结合，实用性强，方便学生及时巩固，提升操作技能；每章提供学习效果评价和练习题，便于学生学习成效自检及教师教学成效检验。

全书内容丰富、由浅入深、循序渐进、图文并茂、重点突出、通俗易懂，既可作为高等职业院校工业互联网专业的教材，也可作为高等职业院校大数据专业、人工智能专业以及软件技术专业的教材。

本书配有教学资源包，包括电子课件、习题答案等丰富的教学资源，需要的教师可登录机械工业出版社教育服务网 www.cmpedu.com 免费注册，审核通过后下载，或联系编辑索取（微信：13261377872，电话：010-88379739）。

图书在版编目（CIP）数据

工业互联网导论 / 黄源，张婧慧，唐京瑞编著. —北京：机械工业出版社，2024.2

高等职业教育系列教材

ISBN 978-7-111-74806-9

Ⅰ. ①工… Ⅱ. ①黄… ②张… ③唐… Ⅲ. ①互联网络-应用-工业发展-高等职业教育-教材 Ⅳ. ①F403-39

中国国家版本馆 CIP 数据核字（2024）第 005969 号

机械工业出版社（北京市百万庄大街 22 号 邮政编码 100037）

策划编辑：王海霞 李培培 责任编辑：王海霞 李培培

责任校对：张晓蓉 李 婷 责任印制：刘 媛

涿州市般润文化传播有限公司印刷

2024 年 2 月第 1 版第 1 次印刷

184mm×260mm • 13.5 印张 • 349 千字

标准书号：ISBN 978-7-111-74806-9

定价：59.00 元

电话服务	网络服务
客服电话：010-88361066	机 工 官 网：www.cmpbook.com
010-88379833	机 工 官 博：weibo.com/cmp1952
010-68326294	金 书 网：www.golden-book.com
封底无防伪标均为盗版	机工教育服务网：www.cmpedu.com

前　言

当今世界正处在第四次工业革命孕育、兴起的关键阶段，我国制造业转型升级也进入攻坚时期。互联网、大数据、人工智能等新一代信息技术与工业制造技术深度融合，推动生产制造模式、产业组织方式、商业运行机制发生颠覆式创新，催生融合发展的新技术、新产品、新模式、新业态，为工业经济发展打造新动能、开辟新道路、拓展新边界。

党的二十大报告指出，"深入实施科教兴国战略、人才强国战略、创新驱动发展战略，开辟发展新领域新赛道，不断塑造发展新动能新优势。"工业互联网作为连接工业全系统、全产业链、全价值链，支撑工业智能化发展的关键基础设施，是新一代信息技术与制造业深度融合所形成的新兴业态与应用模式，是互联网从消费领域向生产领域、从虚拟经济向实体经济拓展的核心载体。因此，建设工业互联网，实现智能制造，被认为是第四次工业革命的核心。本书从工业互联网技术出发，结合一线教师的教学实践经验与当前学生的实际情况编写而成，侧重于普及工业互联网文化，注重专业应用能力和计算思维能力的培养。

本书共 12 章，内容包括工业互联网概述、工业互联网网络技术、工业互联网平台、工业 App、智能制造与工业互联网、物联网与工业互联网、5G 与工业互联网、云计算与工业互联网、大数据与工业互联网、人工智能与工业互联网、工业互联网安全以及工业互联网技术实训。在最后一章中提供上机实训项目与操作指导，理论与实践相结合，实用性强，方便学生及时巩固，提升操作技能；每章提供学习效果评价和练习题，便于学生学习成效自检及教师教学成效检验。

本书由重庆航天职业技术学院黄源、张婧慧、唐京瑞编著。感谢重庆誉存大数据科技有限公司专家的指导，使本书内容更加符合职业岗位的能力要求与操作规范。本书的出版得到了高职院校"双高"（高水平学校和高水平专业群）建设研究项目"双高计划背景下大数据专业群建设研究与实践"的支持，在此深表感谢。

由于编者水平有限，书中难免有不妥之处，诚挚期盼同行、使用本书的师生们给予批评和指正。

编　者

目 录 Contents

前言

Contents **目录**

第 4 章　工业 App　54

第 5 章　智能制造与工业互联网　69

Contents 目录

第1章　工业互联网概述

1.1　工业互联网简介

1.1.1　认识工业互联网

随着新型工业化的深入发展，工业互联网成为全球促进经济高质量发展的共同选择，我国是制造大国和互联网大国，丰富的应用场景和广阔的市场空间为推动工业互联网创新发展提供了强大动能。

1. 工业互联网介绍

工业互联网（Industrial Internet）是互联网和新一代信息技术在工业领域、全产业链、全价值链中的融合集成应用，是实现工业智能化的综合信息基础设施。它的核心是通过自动化、网络化、数字化、智能化等新技术手段提升企业生产力，从而实现企业资源的优化配置，最终重构工业产业格局。

（1）工业互联网的意义

工业互联网是以互联网为代表的新一代信息技术在工业领域的应用和发展，是造就数字工业的基础工具。工业互联网将促进传统工业制造体系和服务体系再造，是未来制造业竞争的制高点，正在推动创新模式、生产方式、组织形式和商业范式的深刻变革，推动工业链、产业链、价值链的重塑再造。可以肯定地说，工业互联网必将对未来工业发展产生全方位、深层次、革命性的变革，对社会生产力、人类历史发展产生深远影响。

（2）工业互联网的本质

工业互联网通过人、机、物的全面互联，实现全要素、全产业链、全价值链的全面连接，将推动形成全新的生产制造体系和服务体系，其本质是以机器、原材料、控制系统、信息系统、产品及人的网络互联互通为基础，通过对工业数据的全面深度感知、实时传输交换、快速计算处理及高级建模分析，实现智能控制、运营优化和生产组织方式的变革。

2. 工业互联网技术体系

作为新型网络基础设施，工业互联网是新一代信息技术与先进工业的连接纽带，并与物联网、大数据、信息技术、网络安全等密切相关且相互影响。构建工业互联网标准体系，不仅需要对工业互联网技术体系进行研究，也需要对物联网、大数据、信息技术、网络安全等相关方向进行梳理。

一般认为工业互联网技术体系由制造技术、信息技术以及由这两大技术交织形成的融合性技术组成。其中，制造技术构建了专业领域技术和知识基础体系，是工业数字化应用优化闭环的起点和终点，并贯穿于设备、边缘、企业等工业互联网系统各层的落地实施。以 5G、TSN、边缘计算为代表的信息技术，可直接作用于工业领域，支撑工业互联网的通信、计算、安全基础设施。以人工智能、数字孪生、区块链、VR/AR 等为代表的融合性技术，构建符合工业特点的数据采集、处理、分析体系，并重新定义工业知识积累和使用方式，以提升制造技术优化发展的效率和效能，同时推动信息技术不断向工业核心环节渗透。

制造技术和信息技术的突破是工业互联网发展的基础，例如增材制造、现代金属、复合材料等新材料和加工技术不断拓展制造能力边界，云计算、大数据、物联网、人工智能等信息技术则提升了人类获取、处理、分析数据的能力。制造技术和信息技术的融合还进一步强化了工业互联网的赋能作用，催生工业软件、工业大数据、工业人工智能等融合性技术，使机器、工艺和系统的实时建模和仿真，产品和工艺技术隐性知识的挖掘和提炼等创新应用成为可能。

值得注意的是，工业互联网的技术体系是工业互联网体系架构落地实施的重要支撑。由于工业互联网技术已经超出了单一学科和工程的范围，因此需要将各个独立的技术联系起来，以构建一个相互关联、各有侧重的新技术体系。

3. 工业互联网与传统互联网的区别

工业互联网与传统互联网相比有如下四个明显区别。

一是连接对象不同。传统互联网连接的对象主要是人，应用场景相对简单，工业互联网需要连接人、机、物、系统等，连接种类和数量更多，场景十分复杂。

二是技术要求不同。传统互联网技术的特点主要体现为"尽力而为"的服务，对网络性能要求相对不高。工业互联网则必须具有更低时延、更强可靠性和安全性，以满足工业生产的需要。

三是发展模式不同。传统互联网应用门槛低，发展模式可复制性强，产业由互联网企业主导推动，并且投资回报周期短，容易获得社会资本的支持。工业互联网行业标准多、应用专业化，难以找到普适性的发展模式，制造企业在产业推进中发挥至关重要的作用。工业互联网资产专用性强，投资回报周期长，难以吸引社会资本投入。

四是时代机遇不同。我国在互联网时代起步较晚，总体上处于跟随发展状态，而目前全球工业互联网产业格局未定，我国正处在大有可为的战略机遇期。

4. 工业互联网与数字经济

工业互联网作为新型基础设施建设的重要组成部分，是推动数字经济与实体经济深度融合的关键。发展工业互联网对于推动数字经济转型有以下几点重要意义。

（1）提供新型通用基础设施支撑

工业互联网具有较强的渗透性，不仅用于工业领域，还能与能源、交通、农业、医疗等整个实体经济各个领域融合，为各行业数字化转型升级提供必不可少的网络连接和计算处理平台，加速实体经济各领域数字化进程。

（2）提供发展新动力

工业互联网能促进各类资源要素优化配置和产业链紧密协同，帮助各实体行业创新产品和服务研发模式、优化生产制造流程，不断催生新模式新业态，延长产业价值链，促进新动能蓬勃兴起。

（3）加速构建与之匹配的新产业体系

工业互联网将促进传统工业制造体系和服务体系再造，推动以网络为基础依托、以数据为关键资源、以智能生产和服务为显著特征的新产业体系加速形成，带动共享经济、平台经济、大数据分析、供应链金融等以更快速度、在更大范围向更深层面拓展。

2021 年 3 月，《中华人民共和国国民经济和社会发展第十四个五年规划和 2035 年远景目标纲要》发布，提出积极稳妥发展工业互联网，并将工业互联网作为数字经济重点产业，培育形成具有国际影响力的工业互联网平台，推进"工业互联网+智能制造"产业生态建设。2022年，作为数字经济领域的首部国家级专项规划《"十四五"数字经济发展规划》中两次提到工业互联网，工业互联网基础设施和产业供应链体系建设成为"十四五"期间数字经济发展领域工作重点。2023年是全面贯彻落实党的二十大精神的开局之年，是实施"十四五"规划承上启下的关键一年。为促进我国工业互联网快速发展，2023年6月，工信部印发《工业互联网专项工作组2023年工作计划》，围绕政策体系、融合应用、产业生态等方面提出11项重点行动、54项具体举措，加快推进工业互联网创新发展。

1.1.2　工业互联网的组成与应用

计算机在问世之初主要用于数值计算，发展到现在，计算机已经广泛应用于数据处理、过程控制、计算机辅助设计、计算机辅助制造、计算机辅助教学、人工智能、多媒体技术和计算机网络等各个方面。和其他的计算设备相比，计算机具有运算速度快、计算精度高、逻辑判断能力准确、存储容量大等特点，这些特点使得计算机越来越普及，直接影响着人们的生存和发展。

1．工业互联网的组成

工业互联网包含网络、平台、数据、安全，它既是工业数字化、网络化、智能化转型的基础设施，也是互联网、大数据、人工智能与实体经济深度融合的应用模式，同时也是一种新业态、新产业，将重塑企业形态、供应链和产业链。

（1）网络体系

工业互联网网络体系包括网络互联、数据互通和标识解析三部分。网络互联实现要素之间的数据传输，包括企业外网、企业内网。企业外网根据工业高性能、高可靠、高灵活、高安全网络需求进行建设，用于连接企业各地机构、上下游企业、用户和产品。企业内网用于连接企业内人员、机器、材料、环境、系统，主要包含信息技术（IT）网络和运营技术（OT）网络。数据互通是通过对数据进行标准化描述和统一建模，实现要素之间传输信息的相互理解，数据互通涉及数据传输、数据语义语法等不同层面。标识解析实现要素的标记、管理和定位，由标识编码、标识解析系统和标识数据服务组成。我国标识解析体系包括五大国家顶级节点、国际根节点、二级节点、企业节点和递归节点。

（2）平台体系

工业互联网平台体系包括边缘层、IaaS、PaaS和SaaS四个层级，相当于工业互联网的"操作系统"。工业互联网平台有四个主要作用。一是数据汇聚：网络层面采集的多源、异构、海量数据，传输至工业互联网平台，为深度分析和应用提供基础。二是建模分析：提供大数据、人工智能分析的算法模型和物理、化学等各类仿真工具，结合数字孪生、工业智能等技术，对海量数据进行挖掘分析，实现数据驱动的科学决策和智能应用。三是知识复用：将工业经验知识转化为平台上的模型库、知识库，加速共性能力沉淀和普及。四是应用创新：面向研发设计、设备管理、企业运营、资源调度等场景，提供各类工业App、云化软件，帮助企业提质增效。

（3）数据体系

工业互联网数据体系有三个特性。一是重要性：数据是实现数字化、网络化、智能化的基础，没有数据的采集、流通、汇聚、计算、分析，各类新模式就是无源之水，数字化转型也就成为无本之木。二是专业性：工业互联网数据的价值在于分析利用，分析利用的途径必须依赖行业知识和工业机理。三是复杂性：工业互联网运用的数据来源于"研产供销服"各环节，"人机料法环"各要素，ERP、MES、PLC 等系统，维度和复杂度远超消费互联网，面临采集困难、格式各异、分析复杂等挑战。

（4）安全体系

工业互联网对移动互联具有较高的要求，这就意味着平台自身需要可靠的网络保障，进而高效地实现信息互通。工业互联网安全体系涉及设备、控制、网络、平台、工业 App、数据等多方面网络安全问题，其核心任务就是通过监测预警、应急响应、检测评估、功能测试等手段确保工业互联网健康有序发展。与传统互联网安全相比，工业互联网安全具有三大特点。一是涉及范围广：工业互联网打破了传统工业相对封闭可信的环境，网络攻击可直达生产一线。二是造成影响大：工业互联网涵盖制造业、能源等实体经济领域，安全事件影响严重。三是企业防护基础弱：目前我国广大工业企业安全意识、防护能力仍然薄弱，整体安全保障能力有待进一步提升。

工业互联网面向千行百业，必须与各行业各领域技术、知识、经验、痛点紧密结合，这不仅意味着工业互联网的多元性、专业性、复杂性更为突出，也决定了发展工业互联网非一日之功、难一蹴而就，需要持续发力。

2. 工业互联网的应用

随着新技术的快速发展和应用，全球工业正在从传统的供给驱动型、资源消耗型、机器主导型、批量规模型向需求引导型、资源集约型、人机互联型、个性定制型转变。工业互联网是工业企业开展数字化转型的基本路径和方法。目前，工业企业数字化转型主要有数字化研发设计、大数据市场细分、个性化规模定制、智能化精准制造、网络化协同运作、信息化运营管理、制造业服务延伸等形态。图 1-1 显示了在工业生产中生产现场的多台设备按需灵活组成一个协同工作体系，实现多个设备的协同调度及分工合作。

图 1-1 工业生产中生产现场的多台设备

目前，电力行业、电子行业属于技术密集型行业，是现阶段工业互联网普及程度最高的行业。此外，石油化工、钢铁、交通设备制造行业对提高企业运行效率和精益管理也有较高的意愿，工业互联网的发展在这些行业领域也有较好的应用。

以钢铁行业为例，钢铁行业面临生产过程中高耗能、高排放，因环保限产等压力。并且，钢铁行业人员流动性较高，工艺原理复杂，很难将管理方法和行业知识沉淀下来。因此，基于企业实际需求，构建工业互联网平台，对炼铁高炉等设备开展实时运行监测、工艺优化、质量管理、资产管理、能源管控，能够提升产线运行效率，降低能耗和排放。此外，通过将经验和知识模块化，能够大幅减少停机故障和安全事故。

以航天工业为例，开发普通产品时，工程师们还可以通过实物试验来测试产品性能，修改设计方案、迭代优化，但如果是像"天问一号"这样的火星探测器，就无法在真实的应用场景进行实物试验。这时，就需要对"天问一号"的各个子系统，以及从地球飞向火星的轨迹、火星大气和着陆区环境等，建立数字孪生模型，开展仿真试验。

1.2　工业互联网的发展规划、现状与趋势

1.2.1　各国的工业互联网发展规划

工业互联网作为新工业革命的关键和重要基石，日益成为世界各国实现新增长的共同选择。为抢抓工业互联网发展先机，主要国家纷纷围绕前沿技术、关键平台、行业应用等展开相关部署，并通过强化战略指引，加快产业生态构建，加强要素保障等营造发展环境。目前，美、欧、日、中等多极并进的总体格局正在形成，各主体间的竞合程度不断升级，全球工业互联网已进入加速发展期，各国都希望抓住这一新的机遇来推进制造业转型升级，推出专门的工业互联网战略规划，如表 1-1 所示。这些战略政策虽然名称各异，但核心目标都是推动以大数据、5G、人工智能、区块链为代表的新一代信息技术与制造业深度融合，大力加快制造业的数字化、网络化、智能化转型。

表 1-1　各国关于工业互联网的战略规划

大洲	国家	战略规划
美洲	美国	《美国先进制造领导力战略》
	巴西	《巴西工业 4.0》
欧洲	英国	《工业发展战略绿皮书》《工业战略：建设适合未来的英国》
	法国	《法国工业的雄心》《利用数字技术促进工业转型的方案》
	德国	《国家工业战略 2030》
亚洲	中国	《关于深化"互联网+先进制造业"发展工业互联网的指导意见》《工业互联网专项工作组 2023 年工作计划》
	日本	《日本制造业白皮书（2018）》
	韩国	《新"国政运营五年规划"》
	马来西亚	《国家工业 4.0 政策》
	印度尼西亚	《印度尼西亚工业 4.0 路线图》
	印度	《印度制造》

1. 美国

美国依托工业软件领先优势着力推动工业互联网在各产业的横向覆盖。为了在新一轮工业革命中占领先机，美国一直在用政府战略推动先进制造业发展，并将工业互联网作为先进制造业的重要基础。美国通过"制造业复兴法案"，先后出台《先进制造伙伴关系计划》《先进制造

业战略计划》《国家制造业创新网络计划》等战略和计划，对工业互联网关键技术的研发提供政策扶持和专项资金支持，确保美国先进制造业的未来竞争力。2018 年 10 月 5 日，美国发布《美国先进制造领导力战略》，延续了大力推动智能制造和数字制造的顶层设计，强调通过不断增大资金投入、大力培育数字化人才、构建良好发展环境等举措，营造有利于工业互联网发展的大环境。

2. 德国

为借力新一代信息通信技术崛起之势，实现制造业数字化、网络化、智能化升级，巩固高端制造优势地位，德国提出并实施了工业 4.0 战略。在新一轮技术革命和产业变革中，德国政府以工业 4.0 战略为核心，将工业互联网作为工业 4.0 的关键支撑。近年来，德国联邦和地方政府从政策、资金、人才等方面着手，多措并举加速推进实施工业 4.0 战略，带动工业互联网发展。从整体上看，德国政府通过协商干预的形式制定产业政策，推动形成有利竞争的市场环境。德国联邦政府负责提出工业 4.0 的政策框架，并从国家层面出台扶持办法；各州政府则为了促进本州的经济发展，联合协会、科研院所以及大企业不断推出扶持项目。2019 年 2 月，德国联邦政府发布《国家工业战略 2030》，明确提出将机器与互联网的互联作为数字化发展的颠覆性创新技术，以更好地提高德国工业的全球竞争力。

3. 日本

日本以发展"互联工业"为核心进行本地化的工业互联网建设。进入 21 世纪以来，日本政府相继推出了 e-Japan、u-Japan 和 i-Japan 战略，为日本工业互联网的发展奠定了良好的信息技术及网络设施基础。到 2015 年，日本首次提出推动信息技术与制造业融合发展。2017 年提出发展"工业互联"，积极融入新一轮全球工业互联网发展大潮中。2018 年 6 月发布《日本制造业白皮书（2018）》，明确将"互联工业"作为制造业的发展目标。与美国、德国相似，完善要素保障、构建产业生态、优化发展环境，也成为日本布局工业互联网的重要着力点。

2020 年日本发布《物联网安全架构》，2021 年又发布《智能家居的网络/物理安全措施指南》，从智能家居延伸到其他领域，确保网络和物理安全。

1.2.2　我国工业互联网的发展现状

我国政府非常重视工业互联网的工作，在国家层面出台了多项政策。

2015 年，国务院印发《关于积极推进"互联网+"行动的指导意见》，提出推动互联网与制造业融合，提升制造业数字化、网络化、智能化水平，加强产业链协作，发展基于互联网的协同制造新模式。

2017 年，国务院正式发布《关于深化"互联网+先进制造业"发展工业互联网的指导意见》，提出增强工业互联网产业供给能力，持续提升我国工业互联网发展水平，深入推进"互联网+"，形成实体经济与网络相互促进、同步提升的良好格局。

2020 年 3 月，工信部印发《关于推动工业互联网加快发展的通知》，通知中要求各有关单位要加快新型基础设施建设、加快拓展融合创新应用、加快健全安全保障体系、加快壮大创新发展动能、加快完善产业生态布局、加大政策支持力度。

2020 年 12 月，工信部发布《工业互联网创新发展行动计划（2021—2023 年）》，提出了 5 个发展目标、11 项重点任务和十大专栏，推动产业数字化，带动数字产业化。总体而言，我国工业互联网已从概念倡导进入实践深耕阶段，形成战略引领、规划指导、政策支持、技术创新和产业推进良性互动的良好局面。

目前，我国工业互联网已实现起步发展，在基础设施建设、公共平台打造、优质企业及供应商培育、新模式新业态发展方面初具成效。作为新一代信息技术与工业经济深度融合的产物，我国工业互联网的应用广度不断拓展，应用程度不断加深，应用水平不断提高，拓展出融合创新的广阔前景，正在赋能更多行业高质量发展。

1.2.3　我国工业互联网的发展趋势

工业互联网是第四次工业革命的重要基石，发展工业互联网是我国制造业数字化转型升级、实现高质量发展的基本路径，也是加快推进新型工业化历史进程的关键驱动力。当前，我国工业互联网创新发展取得初步成果，正处于从起步探索转向规模发展的关键期。党的二十大报告指出，坚持把发展经济的着力点放在实体经济上，推进新型工业化，加快建设制造强国、网络强国。这为工业互联网的发展指明了前进方向，提供了根本遵循。可以预见，未来工业互联网的发展活力将进一步释放，展现出勃勃生机和广阔前景。

（1）顶层布局形成共识，政策支持加力

目前，工业互联网产业发展迅速、前景广阔，但总量还不够大，存在一些需要引起重视的问题。例如在核心产业建设方面，工业互联网还没形成全国构架，标准规范缺失，一些关键核心技术受制于人，设备材料自给率较低。跨界融合不够、应用场景不多等，也制约着工业互联网的进一步发展。因此，工业互联网核心产业要抓好关键技术攻关，提升自主可控能力以及核心制造能力，积极有序推进数字基础设施建设。工业互联网发展要走深走实，地方要结合实际、因地制宜，离散式、流程式制造要因业施策，要坚持因企而异，注重基础能力再造。目前，运用工业互联网等新兴技术推动制造业数字化转型、培育产业竞争新优势，已成普遍共识。美欧各国持续推动数字技术与制造业融合发展，其中，美国连续 10 年推进先进制造国家战略，聚焦"再工业化"，加速数字制造应用；德国发力"工业 4.0"，以智能工厂和智能产线为基础，巩固强化制造业竞争优势；欧盟实施"工业 5.0"战略，推动数字化、绿色化转型，构筑更具韧性的产业体系。

此外，英法日等传统工业强国以及韩国、新加坡、印度等新兴经济体希望通过强化数字优势，巩固制造业领先地位。我国体系化推进工业互联网创新发展，在党中央、国务院的决策部署下，我国工业互联网顶层设计已经明确。2023 年全国工业和信息化工作会议更是做出部署，要"完善工业互联网技术体系、标准体系、应用体系"。预计未来，我国将继续加大对工业互联网的支持力度，持续打出央地协同的政策"组合拳"。

（2）"平台+"集群式转型成为服务新模式

工业互联网作为推动数字经济深入发展的重要抓手，将进一步向区域产业集群规模化下沉。聚焦大中小企业数字化转型需求，以平台化、体系化的方式提供工业互联网新技术、新应用及解决方案，成为园区数字化转型的首选路径。行业头部企业经过多年先行先试，以供应链、产业链为牵引，以共性场景为突破点，通过提供全流程、全场景的咨询服务，以及构建"平台+服务"模式，由点到线至面带动更多区域产业集群协同转型。

未来，工业互联网服务体系将日益完善，中小企业的技术门槛与上云成本将大幅降低，工业互联网一体化进园区、进集群、进基地的步伐也将进一步加快。

（3）"链式"融合创新成为应用新路径

工业互联网发展将从关注供给侧的体系建设与技术迭代，向立足需求侧的用户价值与需求定义转移。数字化转型不再是单一业务环节上应用和业务系统间的综合集成，而是以数据为驱动的战略目标的实现和发展模式的创新。未来将以"链主"企业数字化转型为牵引，进一步强化链式发展，通过建设工业互联网平台带动全链数字化改造和上云上平台进程不断加快。除了资源、数据、业务的协同，场景、服务、生态的协同以及生产方式与管理模式的创新更加突出，推动供应链产业链上下游实现制造资源、制造知识、制造能力的跨企业协同协作。

（4）关键技术趋于开源化、生态化

开源开放是我国工业互联网构筑新优势的重要契机。《中华人民共和国国民经济和社会发展第十四个五年规划和 2035 年远景目标纲要》明确提出，"要支持数字技术开源社区等创新联合体发展，完善开源知识产权和法律体系，鼓励企业开放软件源代码、硬件设计和应用服务。"关键技术的开源化可以使得创新链各主体低成本获取知识并提升技术能力，还可以提升共性知识的复用能力，有效降低中小企业工业互联网应用的成本。

目前，我国工业软件的开发环境已从封闭、专用的平台逐步走向开放和开源平台。部分厂商通过开发平台，聚集大量产业链企业，利用行业资源针对特定工业需求进行仿真软件的二次开发，从而再度扩展工业仿真功能。预计未来几年，开源生态的重点是软件开发生态建设，开源人才加快汇聚培育，一批具有自主可控技术和产品的工业软件企业加速孵化，围绕工业企业应用场景提供丰富的解决方案。通过工业软件新生态的建设，开源生态建设途径愈发清晰。

（5）工业数据智能技术步入规模化应用阶段

海量工业数据将通过技术创新与融合应用，释放更高的业务价值。当前，海量工业数据的价值通过工业数据智能技术逐步挖掘，并用于"预测性维护""运行优化""质量寻优""能耗优化"等环节，取得了一定的效果，得到了行业用户的肯定。随着工业互联网从辅助环节向核心生产环节加速渗透，以数据模型驱动的创新场景越来越丰富，工业数据的智能化应用将成行业头部企业数字化转型的重要趋势。

在技术日趋成熟和内需逐渐释放的双重催化下，工业数据智能化应用将在更多的工业场景大规模落地。同时，据此研发出满足用户需求的各类应用也将成为服务商重点发力的方向。

（6）体系化安全布局推动内生安全加速实现

新型网络安全挑战正延伸至工业领域，网络安全技术创新、产品开发也不断向工业互联网领域布局。其中，工业应用安全、网络安全、工业数据安全以及工业智能产品的安全是重点环节。

未来，我国将进一步加强工业互联网安全领域的体系化规划和布局。在技术方面，监测感知、威胁防护、处置恢复等通用性安全技术将持续普及应用。"零信任"、人工智能、区块链、边缘计算安全等新理念、新技术持续完善工业互联网安全架构。在产品服务方面，工业安全硬件和软件产品、工业安全服务等种类将进一步丰富，工业互联网企业和服务对象的主体责任进一步落实。同时，相关标准组织、产业联盟及国家部门也将加速推动在总体规划、平台体系、接口规范、检测体系等方面的标准制定，引导工业互联网安全产业健康发展。

（7）生态体系化培育成为平台竞争新焦点

各国重点行业龙头企业持续布局工业互联网平台，平台生态建设持续深化。我国"综合型+特色型+专业型"平台体系进一步健全，企业竞争模式发生了显著变化。工业互联网企业加快从单一场景解决方案提供向生态资源聚合转型，依托平台整合研发资源、供应商资源和用户资源，构建基于平台的共赢生态系统，为产业链上下游企业和用户提供智能制造、协同制造、设备资产运维、供应链金融等综合服务。生态培育将成为工业互联网平台企业竞争的焦点。

1.3 工业互联网体系架构 2.0

1.3.1 工业互联网体系架构 2.0 概述

工业互联网体系庞大、涉及领域广泛、技术融合程度高，如果没有较为统一的认识和顶层设计，各界对工业互联网理解的差异将导致技术选择与标准化路线分化，这会大大增加互操作难度与部署成本。为推动产业界形成认识层面的共识，同时也为工业互联网实践提供依据，有必要对工业互联网进行顶层设计。

在技术应用和产业发展层面，在工业和信息化部指导下，工业互联网产业联盟启动了工业互联网体系架构研究，在总结国内外发展实践的基础上，制定了工业互联网体系架构 1.0 版和2.0 版，结合丰富多样化的企业实践和各类新技术的融合应用对工业互联网提出的新需求，形成了指引各领域系统布局与各行业实施部署的建设与应用架构指南，开启工业互联网建设发展的新阶段。为此，工业互联网产业联盟在工业和信息化部的指导下，联合广大成员单位，历经 3年时间，在 2016 年发布的《工业互联网体系架构（版本 1.0）》（以下简称"架构 1.0"）基础上，研究制定了《工业互联网体系架构（版本 2.0）》（以下简称"架构 2.0"）。架构 2.0 于 2019年 10 月份在联盟内发布后，获得业界广泛采纳和应用，有力推动了工业互联网的产业实践和创新发展。架构 2.0 在继承架构 1.0 核心理念、要素和功能体系的基础上，从业务、功能和实施三个视图重新定义了工业互联网的参考体系架构，如图 1-2 所示。并形成了以商业目标和业务需求为牵引，进而明确系统功能定义与实施部署方式的设计思路，自上向下层层细化和深入。

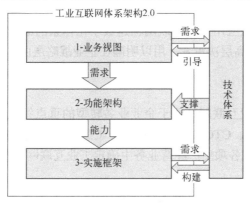

图 1-2　工业互联网体系架构 2.0

1. 业务视图

业务视图明确企业应用工业互联网实现数字化转型的目标、方向、业务场景及相应的数字化能力。

工业互联网的业务需求包括产业层、商业层、应用层和能力层四个层次，如图 1-3 所示。

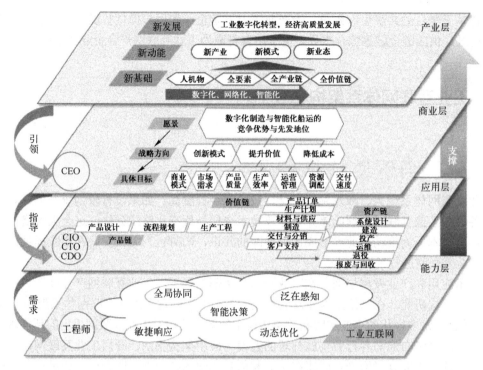

图1-3　工业互联网的业务需求

（1）产业层

产业层主要阐释了工业互联网在促进产业发展方面的主要目标、实现路径与支撑基础。从发展目标看，工业互联网通过将自身的创新活力深刻融入各行业、各领域，最终将有力推进工业数字化转型与经济高质量发展。为实现这一目标，构建人机物、全要素、全产业链、全价值链全面连接的新基础是关键，这也是工业数字化、网络化、智能化发展的核心。

（2）商业层

商业层主要明确了企业应用工业互联网构建数字化体系的愿景、战略方向和具体目标。商业层主要面向 CEO 等企业高层决策者，用以明确在企业战略层面，如何通过工业互联网保持和强化企业的长期竞争优势。

（3）应用层

应用层主要明确了工业互联网赋能于企业业务转型的重点领域和具体场景。应用层主要面向企业 CIO（首席信息官）、CTO（首席技术官）、CDO（首席数据官）等信息化主管与核心业务管理人员，帮助其在企业各项生产经营业务中确定工业互联网的作用与应用模式。

（4）能力层

能力层描述了企业通过工业互联网实现业务发展目标所需构建的核心数字化能力。能力层主要面向工程师等具体技术人员，帮助其定义企业所需的关键能力并展开实践。

2. 功能架构

功能架构明确企业支撑业务实现所需的核心功能、基本原理和关键要素。

工业互联网以数据为核心，数据功能体系主要包含感知控制、数字模型、决策优化三个基本层次，以及一个由自下而上的信息流和自上而下的决策流构成的工业数字化应用优化闭环，如图 1-4 所示。在工业互联网的数据功能实现中，数字孪生已经成为关键支撑，通过资产的数据采集、集成、分析和优化来满足业务需求,形成物理世界资产对象与数字空间业务应用的虚实映射,最终支撑各类业务应用的开发与实现。

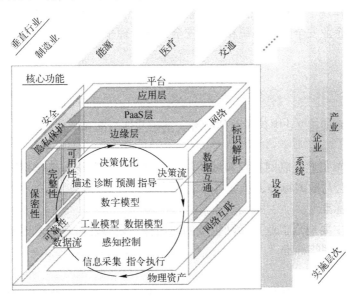

图 1-4　工业互联网的核心功能原理

（1）感知控制层

感知控制层构建工业数字化应用的底层"输入-输出"接口,包含感知、识别、控制和执行四类功能。

（2）数字模型层

数字模型层包含数据集成与管理、数据模型和工业模型构建、信息交互三类功能。

（3）决策优化层

决策优化层主要包括分析、描述、诊断、预测、指导及应用开发。

3. 实施框架

实施框架描述各项功能在企业落地实施的层级结构、软硬件系统和部署方式。

工业互联网实施框架是整个体系架构 2.0 中的操作方案,解决"在哪做""做什么""怎么做"的问题。当前阶段工业互联网的实施以传统制造体系的层级划分为基础,适度考虑未来基于产业的协同组织,按设备、系统、企业、产业 4 个层级开展系统建设,指导企业整体部署。

（1）网络实施框架

工业互联网网络建设目标是构建全要素、全系统、全产业链互联互通的新型基础设施。从实施架构来看,在设备层和系统层建设生产控制网络,在企业层建设企业与园区网络,在产业层建设国家骨干网络,全网构建信息互操作体系。

（2）标识实施框架

工业互联网标识实施贯穿设备、系统、企业和产业四个层面,形成了以设备层和系统层为基础,以企业层和产业层节点建设为核心的部署架构。

（3）平台实施框架

工业互联网平台部署实施总体目标是打造制造业数字化、网络化、智能化发展的载体和中枢。其实,施架构贯穿设备、系统、企业和产业四个层级,通过实现工业数据采集、开展边缘智能分析、构建企业平台和打造产业平台,形成交互协同的多层次、体系化建设方案。

（4）安全实施框架

安全实施框架体现了工业互联网安全功能在设备、系统、企业、产业的层层递进,包括边缘安全防护系统、企业安全防护系统和企业安全综合管理平台,以及省/行业级安全平台和国家级安全平台。

1.3.2 工业互联网体系架构 2.0 标准

工业互联网体系架构 2.0 中包含总体标准、基础共性标准和应用标准。

（1）总体标准

总体标准主要指工业互联网重点领域的相关标准,包括网络与连接标准、标识解析标准、边缘计算标准、平台与数据标准、工业 App 标准和安全标准等。

（2）基础共性标准

基础共性标准主要规范工业互联网领域的通用性、指导性,包括术语定义、通用需求、架构、测试与评估、管理等标准。

（3）应用标准

应用标准主要包括工业互联网领域的应用场景和垂直行业应用等的相关标准。

1. 总体标准

架构 2.0 中的总体标准具体如下。

（1）网络与连接标准

网络与连接标准主要包括工厂内网、工厂外网、工业设备/产品联网、网络设备、网络资源管理、互联互通等标准。

1）工厂内网标准:主要规范工业设备/产品、控制系统、信息系统之间网络互联要求,包括工业以太网、工业无源光网络、时间敏感网络、确定性网络、软件定义网络以及工业无线、低功耗无线网络、第五代移动通信技术（5G）工业应用等关键网络技术标准。

2）工厂外网标准:主要规范连接生产资源、商业资源以及用户、产品的公共网络（互联网、专网、VPN 等）要求,包括基于多协议标签交换、光传送网、软件定义网络等技术的虚拟专用网络标准,以及长期演进、基于蜂窝的窄带物联网等蜂窝无线网络标准。

3）工业设备/产品联网标准:主要规范工业设备/产品联网所涉及的功能、接口、参数配置、数据交换、时钟同步、定位、设备协同、远程控制管理等要求。

4）网络设备标准:主要规范工业互联网内使用的网络设备功能、性能、接口等关键技术要求,包括工业网关、工业交换机、工业路由器、工业光网络单元、工业基站、工业无线接入点等标准。

5）网络资源管理标准:主要规范工业互联网涉及的地址、无线频谱等资源使用管理要求以及网络运行管理要求,包括工业互联网 IPv6 地址管理规划、应用和实施等标准,用于工业环境的无线频谱规划等标准,以及工厂内网络管理、工厂外网络管理等标准。

6）互联互通标准:主要规范跨设备、跨网络、跨域数据互通时涉及的协议、接口等技术要求。

（2）标识解析标准

标识解析标准主要包括编码与存储、标识数据采集、解析、数据交互、设备与中间件、异构标识互操作等标准。

1）编码与存储标准：主要规范工业互联网的编码方案，包括编码规则、注册操作规程、节点管理等标准，以及标识编码的各类存储标准。

2）标识数据采集标准：主要规范工业互联网标识数据的采集方法，包括各类涉及标识数据采集实体间的通信协议以及接口要求等标准。

3）解析标准：主要规范工业互联网标识解析的分层模型、实现流程、解析查询数据报文格式、响应数据报文格式和通信协议等要求。

4）数据交互标准：主要规范设备对标识数据的过滤、去重等处理方法以及标识服务所涉及的标识间映射记录数据格式和产品信息元数据格式等要求。

5）设备与中间件标准：主要规范工业互联网标识解析服务设备所涉及的功能、接口、协议、同步等要求。

6）异构标识互操作标准：主要规范不同工业互联网标识解析服务之间的互操作，包括实现方式、交互协议、数据互认等标准。

（3）边缘计算标准

边缘计算标准主要包括边缘设备标准、边缘智能标准和能力开放标准三个部分。

1）边缘设备标准：主要规范边缘云、边缘网关、边缘控制器等边缘计算设备的功能、性能、接口等要求。

2）边缘智能标准：主要规范实现边缘计算智能化处理能力技术的相关要求，包括虚拟化和资源抽象技术、实时操作系统、分布式计算任务调度、边云协同策略和技术等。

3）能力开放标准：主要规范基于边缘设备的资源开放能力、接口、协议等要求，以及边缘设备之间互通所需的调度、接口等要求。

（4）平台与数据标准

平台与数据标准主要包括数据采集标准、资源管理与配置标准、工业大数据标准、工业微服务标准、应用开发环境标准以及平台互通适配标准等。

1）数据采集标准：主要规范工业互联网平台对各类工业数据的集成与接入处理相关技术要求，包括协议解析、数据集成、数据边缘处理等标准。

2）资源管理与配置标准：主要规范工业互联网平台基础资源虚拟化、资源调度管理、运行管理等技术要求，以及工业设备和工业资源配置要求等。

3）工业大数据标准：主要包括工业数据交换、工业数据分析、工业数据管理、工业数据建模、工业大数据服务等标准。

4）工业微服务标准：主要规范工业互联网平台微服务架构原则、管理功能、治理功能、应用接入、架构性能等要求。

5）应用开发环境标准：主要规范工业互联网平台的应用开发对接和运营管理技术要求，包括应用开发规范、应用开发接口、服务发布、服务管理以及资源管理、用户管理、计量计费、开源技术等标准。

6）平台互通适配标准：主要规范不同工业互联网平台之间的数据流转、业务衔接与迁移，包括互通共享的数据接口、应用进行移植和兼容的应用接口、数据及服务流转迁移要求等标准。

（5）工业 App 标准

工业 App 标准主要包括工业 App 开发类标准、工业 App 应用类标准和工业 App 服务类标准。

1）工业 App 开发类标准：用于规范工业 App 参考架构、工业 App 开发方法、工业 App 开发平台等。在工业 App 参考架构方面，提出工业 App 的典型分类，并针对工业 App 的不同分类提出工业 App 的参考架构及判定准则；在工业 App 开发方法方面，提出工业 App 的开发方法典型分类（如工业软件云化改造、基于平台原生开发、跨平台移植适配等），并有效规范不同工业 App 开发方法的技术过程及控制要求；在工业 App 开发平台方面，基于开发平台与不同工业资源（如工业软件、制造设备、工业产品等）的适配原则，提出工业 App 开发平台的典型分类，并有效规范不同工业 App 开发平台的应用模式及性能要求。

2）工业 App 应用类标准：用于规范工业 App 的应用需求、应用模式、应用评价等应用特性的相关标准。在工业 App 应用需求方面，有效规范工业 App 的应用主体、组配化环境、建模方法、性能要求等；在工业 App 应用模式方面，有效规范工业 App 的独立应用及组配化应用模式，并进一步规范工业 App 在组配化应用模式中的应用定位；在工业 App 应用评价方面，针对不同类型的工业 App 及应用模式，有效规范工业 App 评价指标体系及评价方法。

3）工业 App 服务类标准：服务于工业 App 生态建设，用于规范工业 App 的知识产权、质量保证、流通服务、安全防护等。在工业 App 知识产权方面，有效规范工业 App 的知识产权确定及保护要求；在工业 App 质量保证方面，有效规范工业 App 在全寿命周期不同阶段的质量评价及控制要求；在工业 App 流通服务方面，有效规范工业 App 的定价、交易管理、售后服务管理等有关要求；在工业 App 安全防护方面，有效规范工业 App 的知识安全、数据安全、应用安全等有关要求。

（6）安全标准

安全标准主要包括设备安全、控制系统安全、网络安全、数据安全、平台安全、应用程序安全、安全管理等标准。

1）设备安全标准：主要规范工业互联网中各类终端设备在设计、研发、生产制造以及运行过程中的安全防护、检测及其他技术要求，包括数据采集类设备、智能装备类设备（如可编程逻辑控制器、智能电子设备）等。对于每一类终端设备，均包括但不限于设计规范、防护要求（或基线配置要求）、检测要求等标准。

2）控制系统安全标准：主要规范工业互联网中各类控制系统中的控制软件与控制协议的安全防护、检测及其他技术要求，包括数据采集与监视控制系统、集散控制系统、现场总线控制系统等安全标准。

3）网络安全标准：主要规范承载工业智能生产和应用的通信网络与标识解析系统的安全防护、检测及其他技术要求，以及相关网络安全产品的技术要求。

4）数据安全标准：主要规范工业互联网数据的安全防护、检测及其他技术要求，包括工业大数据、用户个人信息等数据安全技术要求、数据安全管理规范等标准。

5）平台安全标准：主要规范工业互联网平台的安全防护、检测、病毒防护及其他技术要求，包括边缘计算能力、工业云基础设施（包括服务器、数据库、虚拟化资源等）、平台应用开发环境、微服务组件等安全标准。

6）应用程序安全标准：主要规范用于支撑工业互联网智能化生产、网络化协同、个性化定制、服务化延伸等服务的应用程序的安全防护与检测要求，包括支撑各种应用的软件、App、Web 系统等。

7）安全管理标准：主要规范工业互联网相关的安全管理及服务要求，包括安全管理要求、安全责任管理、安全能力评估、安全评测、应急响应等标准。

2．基础共性标准

架构 2.0 中的基础共性标准主要规范工业互联网的通用性、指导性标准，包括术语定义、通用需求、架构、测试与评估、管理等标准。

（1）术语定义标准

术语定义标准主要规范工业互联网相关概念，为其他各部分标准的制定提供支撑，包括工业互联网场景、技术、业务等主要概念的定义、分类、相近概念之间的关系等。

（2）通用需求标准

通用需求标准主要规范工业互联网的通用能力需求，包括业务、功能、性能、安全、可靠性和管理等方面需求的标准。

（3）架构标准

架构标准包括工业互联网体系架构以及各部分参考架构，以明确和界定工业互联网的对象、边界、各部分的层级关系和内在联系。

（4）测试与评估标准

测试与评估标准主要规范工业互联网技术、设备/产品和系统的测试要求，以及工业互联网应用领域、应用企业和应用项目的成熟度要求，包括测试方法、评估指标、评估方法等。

（5）管理标准

管理标准主要规范工业互联网系统建设及运行相关责任主体以及关键要素的管理要求，包括工业互联网系统运行、管理、服务、交易、分配、绩效等方面的标准。

3．应用标准

架构 2.0 中的应用标准包括典型应用标准和垂直行业应用标准等。

（1）典型应用标准

典型应用标准包括智能化生产标准、个性化定制标准、网络化协同标准、服务化转型标准。

1）智能化生产标准：主要面向工业企业的生产制造环节，制定通用的业务应用等标准。

2）个性化定制标准：主要面向个性化、差异化客户需求，制定通用的业务应用等标准。

3）网络化协同标准：主要面向协同设计、协同制造、供应链协同等场景，制定通用的业务应用等标准。

4）服务化转型标准：面向产品远程运维、基于大数据的增值服务等典型场景，制定通用的业务应用等标准。

（2）垂直行业应用标准

垂直行业应用标准依据总体标准、基础共性标准和典型应用标准，面向汽车、航空航天、石油化工、机械制造、轻工家电、电子信息等重点行业领域的工业互联网应用，开发行业应用导则、特定技术标准和管理规范，优先在重点行业领域实现突破，同时兼顾传统制造业转型升级的需求，逐步覆盖制造业全应用领域。

值得注意的是，工业互联网体系架构 2.0 在当前阶段具有一定引领性和超前性，但由于当前技术的限制，在应用实施方面还存在诸多问题。具体来说，在网络方面存在各层级网络功能割裂难互通、数据体系互不兼容、标识编码规则和标识数据模型不统一等问题。在平台方面存在数据集成管理难度大、数据挖掘应用不充分、应用创新不灵活等问题。在安全方面存在隐私和数据保护力度不够、安全防护能力待提升、安全可靠性不充分等问题。未来，随着新技术的演进和产业实际需求的变化，工业互联网架构将持续发展与演进。

1.4 本章小结

通过本章的学习，可以了解工业互联网的概念与技术体系；了解工业互联网的业务需求与核心功能；了解各国工业互联网的发展与规划以及我国的工业互联网发展现状；了解工业互联网体系架构 2.0。

【学习效果评价】

复述本章的主要学习内容	
对本章的学习情况进行准确评价	
本章没有理解的内容有哪些	
如何解决没有理解的内容	

注：学习情况评价包括少部分理解、约一半理解、大部分理解和全部理解 4 个层次。请根据自身的学习情况进行准确的评价。

1.5 练习题

一、选择题

1. 一般认为工业互联网技术体系由（　　）、信息技术以及由这两大技术交织形成的融合性技术组成。

　　A．机械技术　　　　　B．制造技术　　　　　C．工业　　　　　D．科学

2. 工业互联网的业务需求包括产业层、商业层、应用层和（　　）四个层次。

　　A．技术层　　　　　B．技术层　　　　　C．开源层　　　　　D．能力层

3. 工业互联网是第（　　）次工业革命的重要基石。

　　A．一　　　　　B．二　　　　　C．三　　　　　D．四

4. 架构 2.0 在继承架构 1.0 核心理念、要素和功能体系的基础上，从业务、功能和（　　）三个视图重新定义了工业互联网的参考体系架构。

　　A．实施　　　　　B．运行　　　　　C．测试　　　　　D．预测

5. 目前，我国工业软件的开发环境已从封闭、专用的平台逐步走向开放和（　　）。

　　A．数据　　　　　B．正式　　　　　C．开源平台　　　　　D．智能平台

二、简答题

1. 简述工业互联网的技术体系。
2. 简述我国的工业互联网发展现状。

第2章　工业互联网网络技术

2.1　计算机网络技术

2.1.1　计算机网络概述

计算机网络是利用各种通信介质，以传输协议为基准，将分布在不同地理位置的计算机系统或计算机终端连接起来，以实现资源共享的网络系统。计算机网络有着一套复杂的体系结构，是计算机技术和通信技术的完美结合，是人类现代文明发展的新阶段。

计算机网络主要有以下三个特点。

1）在计算机网络中的计算机或者各种终端设备具有独立的功能。"计算机具有独立的功能"是指接入网中的每一台设备都有自己的软件与硬件系统，并能独立地执行一系列的指令操作。因此，电信系统中的电话系统不是计算机网络。

2）在计算机网络中的计算机应当分布在不同的位置。"计算机分布在不同的位置"是指接入网中的计算机及各种终端应当是开放的，没有地理位置的限制，即使设备相距再远，也可以互相通信。因此，在一个封闭环境中的计算机组成的系统不能叫作计算机网络。

3）在计算机网络中的各种计算机及其设备的工作应当基于网络通信协议。"基于网络通信协议"是指接入网中的每一台计算机或者终端都应当遵守互联网中的协议，如 TCP/IP。网络协议可以同时支持软件系统和硬件系统。因此，如果一台计算机没有安装网络协议，则不能算是真正地接入了互联网。

2.1.2　计算机网络的分类

按照网络覆盖的地理范围分类，可以把计算机网络分为局域网、城域网和广域网三种。

1．局域网

局域网是一种在小范围内实施的计算机网络，它的地理覆盖范围一般在几十米到几十千米，如一个工厂，一个单位，一个学校的校园，一个住宅小区等，都可以看作是一个局域网。与城域网和广域网相比，局域网组建简单，设备安装方便，且后期维护较容易。此外，在局域网内部数据传输较快，数据传输速率一般为10Mbit/s 到 100Mbit/s，甚至达到 1000Mbit/s。

2．城域网

城域网是中等规模的计算机网络，它的地理覆盖范围一般在几十千米到几百千米，如一个城市或一个地区等都可以看作是一个城域网。与局域网相比，城域网的组建更复杂，功能更齐全。

3．广域网

广域网是一种综合型的计算机网络，它的地理覆盖范围一般在几百米到几千千米，甚至更大。如一个地区，一个国家，或者一个大洲等，都可以看作是一个广域网。与局域网和城域网相比，广域网组建十分复杂，设备众多，且数据传输率较低，网络传输不稳定。通过广域网能够实现大范围的数据传输，如国际性的 Internet 就是全球最大的广域网。

2.1.3　计算机网络拓扑结构

网络拓扑（Topology）结构是指用传输介质连接各种设备的物理布局。网络中的计算机等设备要实现互联，需要以一定的结构方式进行连接，这种连接方式就叫作"拓扑结构"，通俗地讲就是这些网络设备如何连接在一起的。

1. 星形

星形网络拓扑结构通过一个网络中心节点将网络中的各工作站节点连接在一起，呈星状分布，网络中心节点可直接与从节点通信，而从节点间必须通过中心节点才能通信。在星形网络中，中心节点通常由一种称为集线器或交换机的设备充当，因此网络上的计算机之间是通过集线器或交换机来相互通信的，星形网络拓扑结构是局域网最常见的网络拓扑结构。星形网络拓扑结构的示意图如图 2-1 所示。

图 2-1　星形网络拓扑结构

星形网络拓扑结构一般采用集中式介质访问控制，结构简单，容易实现。

2. 总线型

总线型网络中的所有站点都通过相应的硬件接口直接连接在总线上，总线一般是由单根同轴电缆或光纤作为传输介质，在总线两端使用终结器，防止线路上因为信号反射而造成干扰。总线型网络中所有的站点共享一条数据通道，任何一个站点发送的信号都可以沿着介质传播，被其他所有站点接收。总线型网络拓扑结构的优点是：电缆长度短，易于布线和维护；结构简单，传输介质又是无源元件，从硬件的角度看，十分可靠。总线型网络拓扑结构的缺点是：因为总线型网络不是集中控制的，所以故障检测需要在网络的各个站点上进行；在扩展总线的干线长度时，须重新配置中继器、剪裁电缆、调整终端器等；总线上的站点需要介质访问控制功能，这就增加了站点的硬件和软件费用。总线型网络拓扑结构的示意图如图 2-2 所示。

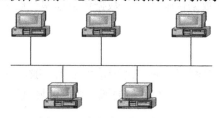

图 2-2　总线型网络拓扑结构

总线型网络是一种比较简单的计算机网络结构，一般采用分布式介质访问控制方法。总线型网络可靠性高、扩展性好，通信线缆长度短、成本低，是用来实现局域网最常用的方法，以太网（Ethernet）就是总线型网络的典型实例。

3. 环形

环形网络拓扑结构主要用于令牌环网中，令牌环网由连接成封闭回路的网络节点组成，每一节点与它左右相邻的节点连接。在令牌环网络中，网络中的数据在封闭的环中传递，但数据只能沿一个方向（顺时针或逆时针）传递，每个收到信息包的节点都向它的下游节点转发该信息包，同时拥有"令牌"的设备才允许在网络中传输数据，这样可以保证在某一时间内网络中只有一台设备可以传送信息。信息包在环形网中"旅行"一圈，最后由发送站进行回收。环形网络拓扑结构的示意图如图 2-3 所示。

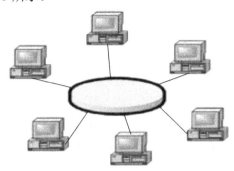

图 2-3　环形网络拓扑结构

环形网络拓扑结构也采用分布式介质访问控制方法。实际上，大多数情况下这种拓扑结构的网络不会是所有计算机真的要连接成物理上的环形，一般情况下，环的两端是通过一个阻抗匹配器来实现环的封闭的，因为在实际组网过程中因地理位置的限制不方便真的做到环的两端物理连接。

2.1.4　计算机网络协议

网络上的计算机之间要进行通信必须要遵循一定的协议或规则，这些为网络数据交换而制定的规则或约定就被称为协议。就像人们说话用某种语言一样，在网络上的各台计算机之间也有一种相互交流信息的规则，这就是网络协议。不同的计算机之间必须使用相同的网络协议才能进行通信。网络协议是网络上所有设备（网络服务器、计算机及交换机、路由器、防火墙等）之间通信规则的集合，它规定了通信时信息必须采用的格式和这些格式的意义。

网络协议由语义、语法和时序三个要素组成。

1）语义。语义是解释控制信息每个部分的意义。通信双方要发出什么控制信息，执行的动作和返回的应答，主要涉及用于协调与差错处理的控制信息。它规定了需要发出何种控制信息，以及完成的动作与作出什么样的响应。

2）语法。语法是用户数据与控制信息的结构与格式，以及数据出现的顺序。语法规定了协议元素的格式，数据及控制信息的格式，编码和信号电平等。

3）时序。时序也称为同步，是对事件发生顺序的详细说明，主要涉及传输速度匹配和顺序问题。

人们形象地把这三个要素描述为：语义表示要做什么，语法表示要怎么做，时序表示做的顺序。

1. OSI 参考模型

OSI（Open System Interconnect，开放系统互连）一般都叫 OSI 参考模型，是 ISO（国际标准化组织）在 1985 年研究的网络互联模型。OSI 参考模型定义了开放系统的层次结构、层次之间的相互关系及各层可能包含的服务。OSI 参考模型并不是一个标准，而是一个在制定标准时所使用的概念性框架，其作为一个框架来协调和组织各层协议的制定。

OSI 标准定制过程中所采用的方法是将整个庞大而复杂的问题划分为若干个容易处理的小问题，这就是分层的体系结构方法。在 OSI 中采用了三级抽象，即体系结构、服务定义和协议规定说明。

OSI 的服务定义详细说明了各层所提供的服务。某一层的服务就是该层及其下各层的一种能力，它通过接口提供给更高一层。各层所提供的服务与这些服务是怎么实现的无关。同时，各种服务定义还定义了层与层之间的接口和各层所使用的原语，但是不涉及接口是怎么实现的。

2. TCP/IP

计算机网络体系结构中采用分层结构，OSI/RM 是严格遵循分层模型的典范，自推出之日起就作为网络体系结构的蓝本。但是在 OSI/RM 推出之前，便捷、高效的 TCP/IP 体系结构就已经随着因特网的流行而成为事实上的国际标准。

TCP/IP（Transmission Control Protocol/Internet Protocol，传输控制协议/因特网互联协议），又名网络通信协议，是 Internet 最基本的协议、Internet 国际互联网络的基础，由网络层的 IP 和传输层的 TCP 组成。TCP/IP 定义了电子设备如何连入因特网，以及数据如何在它们之间传输的标准。TCP/IP 自推出之时就把考虑问题的重点放在了异种网互联上。所谓的异种网，就是遵从不同网络体系结构的网络。

TCP/IP 的目的不是要求大家都遵循一种标准，而是在承认有不同标准的基础上解决这些不同。因此，网络互联是 TCP/IP 技术的核心。TCP/IP 在设计时的侧重点不是具体的通信实现，也没有定义具体的网络接口协议，因此，TCP/IP 允许任何类型的通信子网参与通信。TCP/IP 采用了 4 层的层级结构，它们分别是：网络接口层、网际互联层、传输层和应用层，每一层都呼叫它的下一层所提供的协议来完成自己的需求。TCP/IP 与 OSI/RM 参考模型的分层对比如图 2-4 所示。

OSI/RM参考模型	TCP/IP
应用层	应用层
表示层	
会话层	
传输层	传输层
网络层	网际互联层
数据链路层	网络接口层
物理层	

图 2-4　TCP/IP 与 OSI/RM 参考模型的分层对比

2.1.5　计算机网络常见通信设备

1. 网卡

网卡是网络接口卡的简称（Network Interface Card，NIC），是计算机局域网中最重要的连接设备之一，计算机通过网卡接入网络。在计算机网络中，网卡一方面负责接收网络上的数据包，解包后，将数据通过主板上的总线传输给本地计算机，另一方面将本地计算机上的数据打包后送入网络。基于网卡访问网络的方式，可将网卡分为有线网卡和无线网卡。基于网卡支持的总线类型，可将网卡分为 ISA 网卡和 PCI 网卡等。图 2-5 所示为 PCI 网卡。

图 2-5　PCI 网卡

2. 集线器

集线器的英文称为 Hub，Hub 是枢纽的意思，它和双绞线等传输介质一样，属于数据通信系统中的基础设备，如图 2-6 所示。集线器是一种不需要任何软件支持或只需要很少管理软件管理的硬件设备，主要功能是对接收到的信号进行再生整形放大，以扩大网络的传输距离，同时把所有节点集中在以它为中心的节点上。

图 2-6　集线器

3. 交换机

交换机（Switch）意为"开关"，是一种基于 MAC 地址（网卡的硬件地址）识别的网络设备。交换机可以"学习"MAC 地址，并把其存放在内部地址表中，通过在数据帧的始发者和目标接收者之间建立临时的交换路径，使数据帧直接由源地址到达目的地址。最常见的交换机是以太网交换机，如图 2-7 所示。

图 2-7　交换机

交换机是一种智能设备，工作在物理层和 MAC 子层。交换机可以把一个网段分为多个网段，把冲突限制在一些细分的网段之内，增加了网络的带宽。同时交换机又可以在不同的网段之间进行 MAC 帧的转发，即连接了各个网段，使各个网段之间可以进行访问。交换机处于局域网的核心地位，已经成为局域网组网技术中的关键设备。

4．路由器

路由器（Router）是互联网络中必不可少的网络设备之一。要解释路由器的概念，首先得知道什么是路由。所谓"路由"，是指把数据从一个地方传送到另一个地方的行为和动作，而路由器，正是执行这种行为动作的机器，是一种连接多个网络或网段的网络设备。路由器能将不同网络或网段之间的数据信息进行"翻译"，以使它们能够相互"读懂"对方的数据，从而构成一个更大的网络。

路由器支持各种局域网和广域网接口，主要用于互联局域网和广域网，实现不同网络互相通信。图2-8所示为路由器。

图2-8　路由器

5．防火墙

防火墙是指设置在不同网络或网络安全域之间的一系列部件的组合，它能增强机构内部网络的安全性。它通过访问控制机制，确定哪些内部服务允许外部访问，以及允许哪些外部请求访问内部服务。它可以根据网络传输的类型决定数据包是否可以传进或传出内部网。

防火墙通过审查经过的每一个数据包，判断它是否有相匹配的过滤规则，根据规则的先后顺序进行一一比较，直到满足其中的规则为止，并根据过滤包规则来判断是否允许某个访问请求。图2-9所示为防火墙。

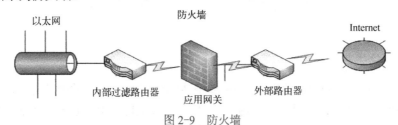

图2-9　防火墙

2.2　工业互联网内部网络技术

2.2.1　工业互联网内部网络技术概述

工业互联网网络连接涉及工厂内外的多要素、多主体间的不同技术领域，影响范围大，可选技术多。目前，工业领域内已广泛存在各种网络和连接技术，这些技术分别针对工业领域的特定场景进行设计，并在特定场景下发挥了巨大作用和性能优势，但在数据的互操作和无缝集成方面，往往不能满足工业互联网新业务、新模式日益发展的需求。因此，工业互联网网络连接将向着进一步促进系统间的互联互通方向发展，从而使得数据为行业内及跨行业的应用发挥更大价值。

当前，工业网络主要在各个工业企业内部。总体来说，工厂内网络呈现"两层三级"的结构。"两层"是指存在"工厂 IT 网络"和"工厂 OT 网络"两层技术异构的网络；"三级"是指根据目前工厂管理层级的划分，网络也被分为现场级、车间级、工厂级/企业级三个层次，并且每层之间的网络配置和管理策略相互独立。

通常来讲，工厂内部网络可以细分为 OT 层的网络和 IT 层的网络，工厂 OT 层网络主要用于把现场的控制器（PLC、DCS、FCS 等）、传感器、伺服器、监控器等连接起来，而工厂 IT 层网络则负责连接信息系统与终端的数据通信，如图 2-10 所示。在不断发展的工业自动化世界中，数据在智能、高效和快速的系统和软件应用中愈发重要。对制造业企业而言，其拥有最精确、最大价值的信息源来自 OT 层网络的数据。

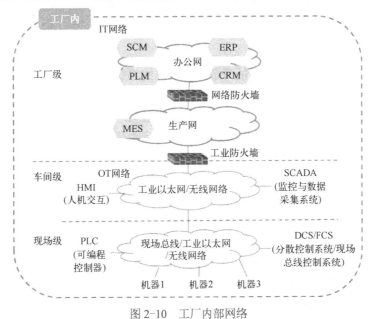

图 2-10　工厂内部网络

例如，制造业就是一个现场-车间-工厂-生态的多级网络架构。现场级与车间级属于企业内网，即 OT 网络；工厂级与生态级属于企业外网，即 IT 网络。纵观工业互联网的发展形势，随着 IT 网络与 OT 网络的逐渐融合，制造企业面对业务多元化应用场景，将需要打破信息孤岛，从现场级到生态级进行全面数据互通。

2.2.2　现场总线技术

现场总线的概念于 1984 年正式提出。现场总线的出现不仅简化了系统的结构，还使得整个控制系统的设计、安装、投运、检修维护都大大简化，所以现场总线技术的出现确实给工业自动化带来了一场深层次的革命，近十多年来也在工业控制领域取得了迅速发展，并且在工业自动化系统中得到了广泛的应用。

在现场总线技术诞生的初期，它的主要功能是将当时的可编程控制器（Programmable

Logic Controller，PLC）以一种较简洁的方式连接起来。随着计算机技术引入 PLC，计算机通信技术被引入现场总线；PLC 功能的增强对现场总线提出了更高的要求，计算机通信技术的引入大大增强了现场总线的功能，成为现场总线技术发展的主要趋势。

现场总线的种类主要有基金会现场总线 FF、ProfiBus、WorldFIP 以及 CAN 等。

1. 基金会现场总线 FF

基金会现场总线 FF（Fieldbus Foundation）是针对过程自动化而设计的，通过数字、串行、双向的通信方法来连接现场装置。基金会现场总线的主要技术内容包括 FF 通信协议，用于完成 OSI 模型中第 2～7 层通信协议的通信栈，用于描述设备特性、参数、属性及操作接口的 DDL 设备描述语言；设备描述字典，用于实现测量、控制、工程量转换等功能的功能块，实现系统组态、调度、管理等功能的系统软件技术以及构筑集成自动化系统、网络系统的系统集成技术。FF 通信不是简单的数字 4～20mA 信号，而是使用复杂的通信协议，它可连接能执行简单的闭环算法（如 PID）的现场智能装置。一个通信段可配置 32 个现场装置，通信速度为31.25kbit/s，每段最大通信距离为 1900m。

2. ProfiBus

ProfiBus 现已成为欧洲首屈一指的开放式现场总线系统，欧洲市场占有率大于 40%，广泛应用于加工自动化、楼宇自动化、过程自动化、发电与输配电等领域。1996 年 6 月，ProfiBus 被采纳为欧洲标准 EN50170 第二卷。PNO 为其用户组织，核心公司有 Siemens 公司、E+H 公司、Samson 公司、Softing 公司等。ProfiBus 的技术特性有：ProfiBus 以 ISO7498 为基础，以 OSI 作为参考模型，定义了物理传输特性、总线存取协议和应用功能。ProfiBus 家族包括 ProfiBus-DP、ProfiBus-FMS 和 ProfiBus-PA。ProfiBus-DP（Decentralized Periphery）是一种高速和便宜的通信连接，用于自动控制系统和设备级分散的 I/O 之间进行通信。ProfiBus-FMS（Fieldbus Message Specification）用来解决车间级通用性通信任务，常与 LLI（Lower Layer Interface，低层接口）一同构成应用层，FMS 包括了应用协议并向用户提供了可广泛选用的强有力的通信服务，LLI 协调了不同的通信关系并向 FMS 提供了不依赖设备的访问数据链层。ProfiBus-PA（Process Auto-mation）专为过程自动化而设计，它可使传感器和执行器接在一根共用的总线上。根据 IEC61158-2 国际标准，ProfiBus-PA 可用双绞线供电技术进行数据通信，数据传输采用扩展的 ProfiBus-DP 协议和描述现场设备的 PA 行规。

3. WorldFIP

WorldFIP 现场总线组织成立于 1987 年。目前已有 100 多个成员，其中许多是工控领域的世界著名大公司，如 Honeywell、西技莱克（Cegelec）、阿尔斯通（Alstom）、施耐德（Schneider）等。前期产品是 FIP（Factory Instrumentation Protocol）。FIP 是法国标准，后来采纳了 IEC 国际标准（61158-2），改名为 WorldFIP。WorldFIP 总线是面向工业控制的，其主要特点可归纳为实时性、同步性、可靠性。WorldFIP 的设计思想是，按一定的时序为每个信息生产者分配一个固定的时段，通过总线仲裁器逐个呼叫每个生产者，如果该生产者已经上网，应在规定时间内应答。生产者提供必要的信息，同时提供一个状态字，说明这个信息是最新生产的还是过去传送过的老信息。消费者接收到信息时，可根据状态字判断信息的价值。WorldFIP 是一个开放系统，不同系统、不同厂家生产的装置都可以使用 WorldFIP，应用结构可以是集中型、分散型和主站-从站型。WorldFIP 现场总线构成的系统可分为三级：过程级、控制级和监控级，这样用单一的 WorldFIP 总线就可以满足过程控制、工厂制造加工系统和各种驱动系统的需要了。WorldFIP 协议由物理层、数据链路层和应用层组成。应用层定义为两种：MPS 定义和 SubMMS 定义。MPS 是工厂周期/非周期服务，SubMMS 是工厂报文的子集。物理层的作用能够确保连接到总线上的装置间进行位信息的传递。

4．CAN

CAN（Controller Area Network，控制器域网）属于总线式通信网络。CAN 总线规范了任意两个 CAN 节点之间的兼容性，包括电气特性及数据解释协议。CAN 协议分为两层：物理层和数据链路层。物理层决定了实际位传送过程中的电气特性，在同一网络中，所有节点的物理层必须保持一致，但可以采用不同方式的物理层。CAN 的数据链路层功能包括帧组织形式、总线仲裁和检错、错误报告及处理、确认哪个信息要发送的、确认接收到的信息及为应用层提供接口。与一般的通信总线相比，CAN 总线的数据通信具有突出的可靠性、实时性和灵活性。由于其良好的性能及独特的设计，CAN 总线越来越受到人们的重视。它在汽车领域上的应用是最广泛的，世界上一些著名的汽车制造厂商，如 Benz（奔驰）、BMW（宝马）、Porsche（保时捷）、Rolls-Royce（劳斯莱斯）和 JAGUAR（美洲豹）等都采用了 CAN 总线来实现汽车内部控制系统与各检测和执行机构间的数据通信。同时，由于 CAN 总线本身的特点，其应用范围目前已不再局限于汽车行业，而向自动控制、航空航天、航海、过程工业、机械工业、纺织机械、农用机械、机器人、数控机床、医疗器械及传感器等领域发展。CAN 已经形成国际标准，并已被公认为几种最有前途的现场总线之一。其典型的应用协议有 SAE J1939/ISO11783、CANOpen、CANaerospace、DeviceNet、NMEA 2000 等。

2.2.3　工业以太网

以太网（Ethernet）技术是世界上应用最广泛、最为常见的网络技术，广泛应用于世界各地的局域网和企业骨干网，由 Xerox 公司于 1973 年提出并实现。最初以太网的速率只有 2.94Mbit/s。1980 年 9 月，DEC、Intel 和 Xerox 3 个公司联合开发的基带局域网规范，是当今现有局域网采用的最通用的通信协议标准。1982 年，3Com 公司率先将以太网产品 Ethernet 投放市场。目前，绝大多数局域网采用的都是以太网技术，包括标准以太网（10Mbit/s）、快速以太网（100Mbit/s）、千兆以太网（1000Mbit/s）和万兆以太网（10Gbit/s），它们都符合 IEEE 802.3 标准。

从标准以太网到万兆以太网，短短十几年间，以太网技术的发展完成了一个数量级的飞跃，新的高速以太网技术标准的形成使以太网技术走出 LAN 的狭小空间并完全可以承担 WAN 和 MAN 等大规模、长距离网络的建设。

1．工业以太网介绍

以太网是计算机局域网中最常见的通信协议标准，最初为办公自动化的应用而设计，并没有考虑到工业现场环境的需求，例如高温、低温、防尘等问题，所以以太网不能直接用于工业现场。顾名思义，工业以太网就是封装在以太网协议中的特殊工业协议，以确保在需要执行特定操作的时间和位置发送和接收正确信息，达到工业环境使用需求。具体来说，工业以太网是建立在 IEEE 802.3 系列标准和 TCP/IP 上的分布式实时控制通信网络，适用于数据量传输大、传输速度要求较高的场合。过去的几十年，以太网技术一直在各个领域改变着行业的游戏规则，从早期的局域网，到后来的宽带网络，再到如今的互联网。而现在，以太网技术的关键组件正在被用于工业控制现场总线,推动着整个制造业生态系统的演变和进化。图 2-11 显示了工业以太网交换机通信。工厂自动化控制设备现在大多具有网络接口或者串口与计算机进行数据通信,串口设备可以通过串口服务器将其转换为网络设备与以太网连接,但是采用普通的以太网交换机并不能满足工业现场的使用,因此工厂自动化系统必须采用工业以太网交换机来布设工业以太网通信线路。

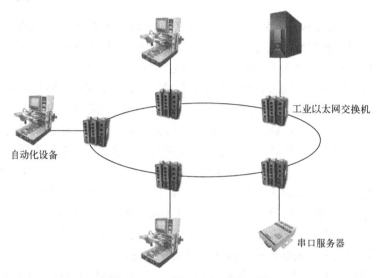

图 2-11   工业以太网交换机通信

值得注意的是,对工业控制来说,一个很重要的特征就是实时性。实时性的一个标志就是时间的确定性,即通信时数据传输时间不是随机的,而是可事先确定的。一个事件发生后,系统在一个可准确预见的时间范围内作出反应,反应速度由被控制过程来决定。对于高传动性的系统,实时性的要求就更高了。在工业通信中,通过软件方案或者使用特殊的硬件可以在传统的以太网控制器上实现实时通信通道,这个时候就需要工业交换机。

正如以太网适合于信息管理、信息处理系统一样,工业以太网在工厂管理、车间监控等信息集成领域也应用得很多。工业以太网最大的优势在于可以满足控制系统各个层次的要求,使得企业的信息网络和控制网络能够实现统一。例如 IEEE 802.3 以太网中存在的用于解决数据碰撞的机制带来了数据传输的延迟,而为了达到实时性能,工业以太网协议采用了不同的方法去避免这种碰撞。

图 2-12 显示了工业以太网在工厂管理方面的应用,图中 MISCOM6026 是一款用于工业通信的交换机,MIEN3028E 是一款非网管型工业交换机(工业以太网交换机从性能上分为网管型和非网管型两类),Mport3102 则是一款服务器。

工业以太网交换机与商业以太网交换机区别较大。工业以太网交换机是要满足工业中相关作业的现场需要,在技术上可以与商业以太网交换机相兼容,但对实时通信、可靠性、稳定性、安全性、环境适应性等各方面的要求更高,概括来讲,工业以太网交换机是高于商业以太网交换机的一种以太网设备。

2. 常见的工业以太网协议

(1) Modbus TCP/IP

TCP/IP 已成为信息行业的事实标准,世界绝大多数的网络都使用 TCP/IP(在网络层使用

IP，在传输层使用 TCP），不过只要在应用层使用 Modbus 协议（Modbus 协议是应用于电子控制器上的一种通用语言。通过此协议，控制器之间经由网络和其他设备可以通信。它已经成为一个通用工业标准。有了它，不同厂商生产的控制设备可以连成工业网络，进行集中监控），就能构成完整的工业以太网。Modbus TCP/IP 是首个工业以太网协议，该协议由施耐德公司推出，以一种非常简单的方式将 Modbus 帧嵌入到 TCP 帧中，使 Modbus 与以太网和 TCP/IP 结合，成为 Modbus TCP/IP。Modbus TCP/IP 是一种面向连接的方式，每一个呼叫都要求一个应答，这种呼叫/应答的机制与 Modbus 的主/从机制一致，但通过工业以太网交换技术大大提高了确定性，改善了一主多从轮询机制上的制约。总的来讲，Modbus TCP/IP 本质上是一种传统的 Modbus 通信协议，在以太网传输层协议中压缩，用于在控制设备之间传输离散数据。

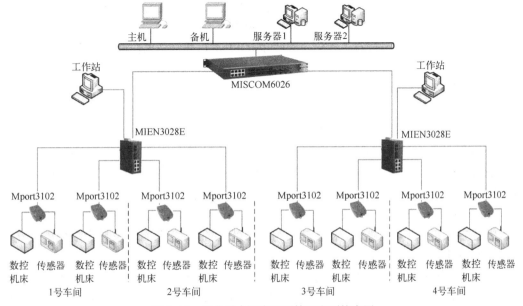

图 2-12 工业以太网在工厂管理方面的应用

（2）EtherCAT

德国倍福公司发明的以太网控制自动化技术（EtherCAT）。EtherCAT 属于开放的工业以太网协议，为自动化的总线项目提供实时通信，目前最高速率可提升至千兆级。EtherCAT 采用以太网帧，并以特定的环状拓扑发送数据。EtherCAT 的关键要素是所有网内的所有从站，都能够从主站线路传送的数据包中仅提取所需的相关信息，并在向下级从站传输时将数据插入帧中——人们可以称之为"飞速"通信。而其采用的标准以太网交换，理论上来说可以支持无限制数量的网络节点。因而，EtherCAT 非常适合主从控制器之间的通信，它提高了系统的实时性能和拓扑的灵活性的同时，成本又不高于现场总线的使用成本。

（3）PROFINET

与 EtherCAT 不同的是，PROFINET（过程现场网络）是为推动一种串列的现场总线而推出的，能够满足现场设备接口最基本的连接需求。PROFINET 可以提供办公室和自动化领域开放的、一致的连接，其方案覆盖了分散自动化系统的所有运行阶段。PROFINET 主要包括一个 RPC（Remote Procedure Call）层，一个 DCOM（Distributed Component Object Model）层和一个专门为 PROFINET 对象定义的层。PROFINET 对象可以是 ACCO（Active Connection Control Object）设备、RT Auto（RunTime Automation）设备、物理设备或逻辑设备。软件中定义的实时数据通道提供 PROFINET 对象与以太网间的实时通信服务，并且 PROFINET 通过系统接口连接到操作系统（如 Windows CE），通过应用接口连接到控制器（如 PLC）。

PROFINET 使用以太网和 TCP/IP 作为通信基础，在任何场合下都提供对 TCP/IP 通信的绝对支持，并且 PROFINET 根据不同的应用场合定义了三种不同的通信方式：使用 TCP/IP 的标准通信、实时（Real Time，RT）通信和等时同步（Isochronous Real Time，IRT）通信。PROFINET 设备能够根据通信要求选择合适的通信方式，其中 TCP/IP 标准通信的反应时间约为 100ms，RT 通信的反应时间小于 10ms，而 IRT 通信的反应时间则小于 1ms。例如，RT 通信主要用于工厂自动化，这一类没有时间同步要求，一般只要求响应时间为 5~10ms。此外，由于绝大多数工厂自动化应用场合对实时响应时间要求较高，为了能够满足自动化中的实时要求，PROFINET 规定了基于以太网层的优化实时通信通道。该方案极大地减少了通信栈上占用的时间，提高了自动化数据刷新方面的性能。PROFINET 不仅最小化了可编程控制器中的通信栈，而且对网络中传输的数据也进行了优化，因此 PROFINET 通信技术在很多应用场合都能体现出其极大的优越性。工程实践表明，在同步运动控制场合采用 PROFINET 提供的 IRT 通信，系统性能将比采用现场总线方案提升近 100 倍。

（4）Ethernet/IP

Ethernet/IP 是适合工业环境应用的协议体系，最初于 2000 年推出，是一种主要由罗克韦尔自动化公司提供的应用层工业以太网协议，由开放式设备网络供应商协会（Open Devicenet Vendor Association，ODVA）提供支持。Ethernet/IP 本质上是一个 CIP（Common Industrial Protocol，通用工业协议），在标准以太网硬件上运行，并同时使用 TCP/IP 和 UDP/IP 进行数据传输。Ethernet/IP 是唯一一个完全基于以太网标准并使用标准以太网物理层、数据链路层、网络层和传输层的工业以太网协议。由于其采用标准以太网交换，因此可支持无限数量的节点。

（5）Powerlink

Powerlink 由 B&R（贝加莱）公司开发，并由 Ethernet Powerlink 标准化组（Ethernet Powerlink Standardisation Group，EPSG）支持。Powerlink 协议对第三、四层的 TCP（UDP）/IP 栈进行了扩展。它在共享式以太网网段上采用槽时间通信网络管理（Slot Communication Network Management，SCNM）中间件控制网络上的数据流量。SCNM 采用主从调度方式，每个站只有在收到主站请求的情况下，才能发送实时数据。因此，在一个特定的时间只有一个站能够访问总线，所以没有冲突，从而确保了通信的实时性。

值得注意的是，工业以太网应该保证实时性不会被破坏，在商业应用中，对实时性的要求基本不涉及安全，而过程控制对实时性的要求是硬性的，常常涉及生产设备和人员安全。例如，在工业以太网的应用中可以采用加密的方式来防止关键信息窃取。此外，开放互联是工业以太网的优势，远程的监视、控制、调试、诊断等极大地增强了控制的分布性、灵活性，打破了时空的限制，但是对于这些应用必须保证经过授权的合法性和可审查性。

3. TSN

时间敏感网络（Time Sensitive Networking，TSN）是基于标准以太网架构演进的新一代网络技术，它以传统以太网为网络基础，通过时钟同步、数据调度、网络配置等机制，提供确定性数据传输能力的数据链路层协议规范。

（1）TSN 的起源和发展

TSN 是一项从视频音频数据领域延伸至工业领域、汽车领域的技术。TSN 最初来源于音视频领域的应用需求，当时该技术被称为 AVB，由于音视频网络需要较高的带宽和最大限度的实时，借助 AVB 能较好地传输高质量音视频。2006 年，IEEE 802.1 工作组成立 AVB 音频视频桥接任务组（简称 AVB 任务组），并在随后的几年里成功解决了音频视频网络中数据实时同步传输的问题。这一点立刻受到来自汽车和工业等领域人士的关注。2012 年，AVB 任务组在其章程中扩大了时间确定性以太网的应用需求和适用范围，并同时将任务组名称改为现在的 TSN 任务组。因此，TSN 是以以太网为基础的新一代网络标准，具有时间同步、延时保证等确保实时性的功能。

TSN 使用标准以太网提供分布式时间同步和确定性通信。标准以太网的本质是一种非确定性网，但在工业领域要求确定性，一组数据包裹必须完整、实时、确定性地到达目的地，因此 TSN 延续了 AVB 的工作，不断改进确定性数据传输机制，以进一步减少以太网网络中的延迟，更加稳定和安全地传输数据。不仅如此，TSN 还支持冗余以太网系统，并且为确保稳定的数据交换定义了安全标准。

（2）TSN 的特点

1）实时性强。TSN 提供微秒级确定性服务，保证各行业的实时性需求。TSN 可以达到 $10\mu s$ 级的周期传输，性能优于主流的工业以太网。并且 TSN 面向音视频、工业、汽车等多种行业，将实时性延伸至更高的层次。

2）确定性高。传统以太网采用"尽力而为"的传输方式，导致其传输数据的延时波动较大，且具有极高的不确定性。与商业互联网领域对网络拥堵的态度不同，工业、汽车、医疗等领域一旦出现严重网络问题则有可能导致致命后果或重大经济损失，因此对网络卡顿、延时容忍度极低，TSN 的出现为解决上述领域的应用问题提供了可行的解决方案，并衍生出了多种协议，为工业、汽车等领域提供了多样的选择。

3）通信难度低。TSN 降低了整个通信网络复杂度，实现周期性数据和非周期性数据同时传输。以工业为例，当前周期性控制数据使用工业以太网传输，非周期性数据使用标准以太网传输。TSN 通过其调度机制能够实现周期性数据和非周期性数据在同一网络中传输，进一步简化了整个通信中的网络复杂性。

4）通信成本低。TSN 统一网络传输，提高经济性。TSN 能够帮助实现信息技术（IT）与运营技术（OT）融合，统一的网络能够减少开发部署成本，降低控制器等产品网络配置所需的工程时间。

5）安全性高。TSN 通过对输入交换机的数据进行筛选和管控，对不符合规范的数据帧进行阻拦，能及时隔断外来入侵数据，实时保护网络的安全。不仅如此，TSN 还能与其他安全协议协同使用，进一步提升网络的安全性能。

总体来看，TSN 能够提供高效率的实时决策信息，而且相较于现有的工业以太网技术，TSN 是开放的标准，能够使得设备易于升级，降低成本，并实现更好的兼容性。传统的控制技术都是各厂家和设备提供商的专有技术，不同的控制系统之间可能无法实现兼容，升级改造也很困难。TSN 凭借这一点在一定程度上解决了工业控制领域传输协议复杂的问题，实现设备之间的互联互通，并推动 IT 网络和 OT 网络融合。

（3）TSN 的应用

TSN 是 IEEE 802.1 任务组开发的一套数据链路层协议规范，用于构建更可靠的、低延迟、低抖动的以太网。随着物联网数据量显著增加，带宽需求越来越成为未来车载通信和工业通信的瓶颈，TSN 的高可靠、低延迟、低抖动特点适用于车联网及工业物联网的发展。

TSN 是实现全球工业控制、汽车控制、飞机控制等工业网络通信协议及标准统一的国际标准技术，是我国工业互联网的支撑网络技术。在工业领域，有很多对时间极其敏感的场景有了 TSN 芯片，就能够将控制指令的传送过程控制在微秒级别的时间精度内。举例来说，自动驾驶汽车的"传感器"能够检测到环境信息变化并作出决策向车辆发出加速或刹车等指令。在这一过程中，一旦信号传输出现延迟卡顿，就有可能出现危险。为了将控制指令信息无延迟地精准传输，在每一辆自动驾驶车的"大"部位，都会用到时间敏感网络芯片，而过去这种芯片全都来自国外。

随着 5G、物联网、工业互联网等新一代信息通信技术的发展，TSN 具有的确定性和微秒级交互特性引发无人驾驶、边缘计算、虚拟现实等科幻技术变成现实。同时借助 TSN 打破智慧与机器的边界，将推动传统离散工业进行数字化转型和智能制造升级。根据全球市场研究公司最新报告，2026 年全球 TSN 市场规模将达到 10 亿美元，2030 年到 28 亿美元。

2.3 标识解析体系

2.3.1 标识解析体系概述

标识解析体系对工业互联网发展的支撑作用体现在三个方面：一是通过构建工厂内部的标识采集、数据解析等基础设施，将分散化的物理生产单元相互连接，打破信息孤岛，促进生产企业内部各层级信息系统的集成整合，实现生产、供应链、产品等数据的无缝传输，构建数据优化闭环；二是基于物联网、大数据、云计算等信息技术，能够对工厂生产线运行、生产经营状况、产业链协同和市场需求，进行充分感知、复杂计算和深度分析，形成工业生产的智能化决策；三是通过企业内部与外部解析系统的互联，将生产企业与上下游企业、市场用户之间紧密连接，形成协同化、定制化和服务化的智能生产模式和商业模式，提高生产资源配置效率，创造新的服务价值。

工业互联网标识解析体系主要由标识编码和标识解析两部分构成，标识编码指为人、机、物等实体对象和算法、工艺等虚拟对象赋予全球唯一的身份标识，类似于互联网中的域名服务；标识解析指通过标识编码查询标识对象在网络中的服务站点，类似于互联网中的域名解析服务。工业互联网标识解析系统类似于域名解析系统，是实现资源互联互通的关键基础设施，主流的标识解析体系主要有 Handle、OID 和 GS1 等，目前多用于流通环节的供应链管理、产品溯源等场景中。随着工业互联网的深入推进，采用公有标识对各类资源进行标准化编码成为实现信息共享，推进工业智能化的基础。

2.3.2 主流的标识解析体系

1. Handle

Handle 系统是一套由国际 DONA 基金会组织运行和管理的全球分布式管理系统。Handle 系统是数字对象架构（Digital Object Architecture，DOA）的主要实现形式，采用分段管理和解析机制，实现对象的注册、解析与管理。Handle 系统采用两段式命名机制，结构为权威域

（Naming Authority）/本地域（Local Name），权威域和本地域命名之间用"/"分隔，权威域下可管辖若干子权威域，自左向右用"."隔开。Handle 系统采用分级解析模式，全球 Handle 注册机构（Global Handle Registry，GHR）提供权威域查询，本地 Handle 服务（Local Handle Service，LHS）提供本地命名查询。

2. OID

对象标识符（Object IDentifier，OID）是由 ISO/IEC、ITU 共同提出的标识机制，用于对任何类型的对象、概念或事物进行全球统一命名，一旦命名，该名称终生有效。OID 制定的初衷是要实现 OSI 模型中对象的唯一标识。OID 采用分层、树状编码结构，不同层次之间用"."来分隔，即 xx.xx.xx.xx…，每个层级的长度没有限制，层数也没有限制。例如，我国农业部的节点由 OID（1.2.156.326）表示，每个数字分别代表的含义为 1（ISO）-2（国家）-156（中国）-326（农业部）。

3. GS1

GS1（Global Standard 1）是由国际物品编码协会建立的一种标识体系。GS1 由三大体系构成，包括编码体系、载体体系、数据交换体系，可以对物品供应链全生命周期的各类数据信息进行标识。通过统一的 GS1 标识编码，企业之间可以有效地实现供应链信息共享和交换，实现高效率、低成本的物流仓储管理和产品追溯。全球贸易项目代码（Global Trade Item Number，GTIN）是 GS1 编码体系中应用最广泛的标识代码。GS1 代码大致由指示符、厂商识别代码、商品项目代码、校验码等部分构成。为了应对互联网化的发展，GS1 提出超级链接的方案，采用"域名厂商识别代码 应用标识符"的结构提供线上解析服务。

标识解析体系对工业互联网发展的支撑作用体现在三个方面：一是通过构建工厂内部的标识采集、数据解析等基础设施，将分散化的物理生产单元相互连接，打破信息孤岛，促进生产企业内部各层级信息系统的集成整合，实现生产、供应链、产品等数据的无缝传输，构建数据优化闭环；二是基于物联网、大数据、云计算等信息技术，能够对工厂生产线运行、生产经营状况、产业链协同和市场新型需求，进行充分感知、复杂计算和深度分析，形成工业生产的智能化决策；三是通过企业内部与外部解析系统的互联，将生产企业与上下游企业、市场用户之间紧密连接，形成协同化、定制化和服务化的智能生产模式和商业模式，提高生产资源配置效率，创造新的服务价值。

2.3.3　我国工业互联网标识解析体系

在整个工业互联网组织要素中，工业互联网标识及标识解析技术是实现工业互联网快速发展的关键技术，同时工业互联网标识解析体系是我国工业互联网建设的重要任务。我国 2017 年11 月发布的工业互联网发展纲领性文件《关于深化"互联网+先进制造业"发展工业互联网的指导意见》指出，工业互联网的核心是基于全面互联而形成数据驱动的智能，标识解析体系作为工业互联网的关键神经系统，是实现工业系统互联和工业数据传输交换的支撑基础。其中，工业互联网标识是指能够唯一识别机器、产品、算法、工序等制造业物理资源和虚拟资源的身份符号。工业互联网标识解析是指能够根据标识编码查询目标对象网络位置或者相关信息的系统装置。

工业互联网标识解析体系的整体架构采用分层、分级模式构建，面向各行业、各类工业企业提供标识解析公共服务。系统主要元素包括根节点、国家顶级节点、二级节点、企业节点、公共递归节点等，如图 2-13 所示。

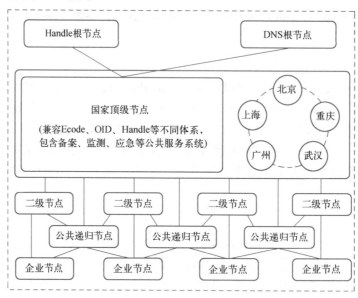

图 2-13　工业互联网标识解析系统的整体架构

（1）根节点

根节点是标识管理体系中最高等级的国际性标识服务节点，提供面向全球范围或者若干国家/地区的公共的根级别的标识服务。

（2）国家顶级节点

国家顶级节点是一个国家或地区内部最顶级的标识服务节点，能够面向全国/全区范围提供标识注册分配、标识解析、审核认证及数据托管等服务，并为行业节点和企业节点提供查询指引。国家顶级节点向上与支持各类标识体系的国际根节点保持连通，向下与国内/区内各行业（或企业）二级节点保持连通。

（3）二级节点

二级节点是面向特定行业平台、通用性平台或大型企业平台提供标识服务的公共节点，可以根据行业具体需求定义灵活的行业性标识数据格式。二级节点向上连接国家顶级节点，向下为工业企业分配标识资源，提供标识注册、解析、公共查询等数据服务，同时满足稳定性、安全性和可扩展性等多方面的要求。此外，二级节点也是推动工业互联网标识产业规模化发展和应用的重要抓手，对于树立有价值的行业标识应用标杆、开创可持续发展的业务模式至关重要。

（4）企业节点

企业节点是面向工业企业内部的标识服务节点，可以面向特定企业提供标识内部注册、分配和标识解析服务，可以独立部署，也可以作为企业信息系统的一部分。根据企业规模可以灵活定义工厂内标识解析系统组网形式以及企业内部标识数据格式。企业节点的标识编码与标识解析服务不限定技术方案，可与国家顶级节点实现不同标识解析体系之间的互联互通。

（5）公共递归节点

公共递归节点是标识解析体系的关键入口设施，代替用户进行复杂的迭代查询。利用缓存技术，也可以将查询结果直接返回给用户，提升整体解析服务性能。当收到客户端的标识解析请求时，公共递归节点首先会在本地缓存进行查询，如果没有命中查询结果，则会查询标识解析服务器，按照其返回的应答查询路径进行查询，直至查询到标识对应的地址和关联信息，将其返回给用户，并将查询响应结果进行缓存。

值得注意的是，Ecode（Entity Code）即物联网统一标识，是我国自主研发的物联网编码方案，从 2007 年开始研究 Ecode 编码结构的技术和标准，于 2011 年正式形成了 Ecode 标识体系；2015 年，我国关于物联网的第一个国家标准 GB/T 31866—2015《物联网标识体系 物品编码 Ecode》正式发布。以标准为基础，国家物联网标识管理与公共服务平台建设完成，提供一物一码的赋码与数据解析，并在食品安全、产品追溯、智能交通等领域开展了试点应用，取得了突破性的成果。Ecode 标识体系和解析服务平台，将保障工业企业多信息系统融合，提升企业智能制造水平，提高产品质量，降低生产成本，优化供应链上下游协同并实现产品精准召回；通过加强企业、政府与消费者之间的数据交互共享，为政府宏观调控、落实监督监管等工作提供良好的技术支持，为消费者打造更加安心的消费氛围。

2.4 本章小结

通过本章的学习，可以了解计算机网络的概念；了解计算机网络的协议与常见通信设备；了解工业互联网中的内部网络技术；了解工业互联网标识解析体系。

【学习效果评价】

复述本章的主要学习内容	
对本章的学习情况进行准确评价	
本章没有理解的内容是哪些	
如何解决没有理解的内容	

注：学习情况评价包括少部分理解、约一半理解、大部分理解和全部理解 4 个层次。请根据自身的学习情况进行准确的评价。

2.5 练习题

一、选择题

1.（　　　）网络拓扑结构通过一个网络中心节点将网络中的各工作站节点连接在一起，呈星状分布，网络中心节点可直接与从节点通信，而从节点间必须通过中心节点才能通信。

    A. 星形　　　　　　B. 环形　　　　　　C. 总线型　　　　　　D. 以上都不对

2.（　　　）是 TCP/IP 技术的核心。

    A. 网络通信　　　　　　　　　　　　B. 网络传输

    C. 网络互联　　　　　　　　　　　　D. 网络访问

3.（　　　）支持各种局域网和广域网接口，主要用于互连局域网和广域网，实现不同网络互相通信。

A. 服务器　　　　B. 路由器　　　　C. 操作系统　　　D. 打印机

4. （　　）称为控制局域网，属于总线型通信网络。

A. CAM　　　　B. CAN　　　　C. PAM　　　　D. PLD

5. （　　）是工业互联网网络体系的重要组成部分，是支撑工业互联网互联互通的神经中枢，其作用类似于互联网领域的域名解析系统。

A. 工业互联网数据　　　　　　　　B. 工业互联网平台

C. 工业互联网体系　　　　　　　　D. 工业互联网标识解析体系

二、简答题

1. 请阐述什么是现场总线技术。

2. 请阐述工业互联网标识解析体系的特点。

第3章　工业互联网平台

3.1　工业互联网平台概述

3.1.1　认识工业互联网平台

工业互联网平台事关国家未来 10～15 年工业操作系统的主导权之争，事关一个国家制造业竞争优势的确立、巩固和强化。

1. 工业互联网介绍

工业互联网通过系统构建网络、平台、安全三大功能体系，形成人、机、物的全面互联，实现全要素、全产业链、全价值链的互联互通，是新一代信息通信技术与工业经济和系统全方位深度融合的全新工业生态、关键基础设施和新型应用模式，工业互联网的发展将推动形成全新的工业生产制造和服务体系。平台下连设备，上接应用，承载海量数据的汇聚，支撑建模分析和应用开发，定义了工业互联网的中枢功能层级，在驱动工业全要素、全产业链、全价值链深度互联，推动资源优化配置，促进生产制造体系和服务体系重塑中发挥着核心作用。

工业互联网平台本质上是一个工业知识标准化生产、模块化封装的自动化流水线，是一个工业操作系统，将变革人类知识沉淀、传播、复用和价值创造范式，成为新工业革命的关键基础设施、工业全要素链接的枢纽和工业资源配置的核心，在工业互联网体系架构中具有至关重要的地位。工业互联网平台是面向制造业数字化、网络化、智能化需求，构建基于海量数据的采集、汇聚、分析和服务体系，支撑制造资源泛在连接、弹性供给、高效配置的开放式工业云平台。

如今，工业互联网平台逐渐成为全球制造业竞争的新焦点，各个国家均将工业互联网平台作为战略布局的重要方向，逐步构建自主可控的平台布局能力。

2. 工业互联网平台的意义

工业互联网平台是在传统云平台的基础上叠加物联网、大数据、人工智能等新兴技术，实现海量异构数据汇聚与建模分析、工业经验知识软件化与模块化、工业创新应用开发与运行，从而支撑生产智能决策、业务模式创新、资源优化配置和产业生态培育的载体。

（1）工业互联网平台可以重塑产业价值

基于工业互联网平台，将在更大范围内打破企业的物理和组织边界，打通企业内部、供应链上下游、供应链之间的数据孤岛，实现资源有效协同，形成无边界组织。如在飞机、船舶、汽车、机械等重点行业，中国商飞、中船、长安汽车等企业基于工业互联网平台，实现了研发数据从多数据源向统一数据源演进，研发流程从串行工作向并行工程演进，不断提升研发效率，缩短研发周期，降低研发成本。

（2）工业互联网平台可以提升企业服务水平

工业互联网平台上各种基础共性、行业通用和企业专用工业 App，可供企业按需集成应用，推动工业设备从"功能机器"演进为可感知、可联网、可控制的"智能机器"，面向客户开展状态监测、故障诊断、预测预警、健康管理等各种智能服务。同时，可基于工业互联网平台上的数据流，培育精准、便捷、智能的新型业态，实现企业从产品生产商到客户运营商的转变。

（3）工业互联网平台可以帮助企业创新组织管理

基于工业互联网平台，企业传统的组织架构模式将被重构，管理方式也将发生革命性变革。管理对象从传统的人员、设备、资产等拓展到机器人、数据、知识等，企业中可标准化的工作将越来越多交给机器完成，考核的标准是"执行力"；管理重点将从管控转为为员工赋能，考核的标准是"创造力"。

3. 工业互联网平台的分类

目前广义的工业互联网平台按照服务对象及应用领域可以分为三类：资产优化平台、资源配置平台及通用使能平台。

（1）资产优化平台

资产优化平台主要运用在设备资产的管理与运营方面，它是通过现代传感、移动通信等技术连接智能终端，并从终端收集关于设备、环境等的各类数据信息，然后基于这些数据在云端利用大数据、人工智能等技术及行业经验知识对设备运行状态与性能状况进行实时智能分析，再以工业 App 程序的形式为生产与决策提供相应的智能化服务。资产优化平台主要的参与厂商往往是工控企业以及大型设备生产商，该平台是未来制造业主导权竞争的制高点。它不仅能够充分融入大数据、人工智能等先进技术，还能为第三方提供开发环境。

（2）资源配置平台

资源配置平台主要体现在要素资源的组织与调度方面。它在应用过程中汇聚了大量的工业数据、模型算法、研发设计等各类资源及能力，通过云接入及云处理技术分散这些积累的资源，对制造企业的资源管理、业务流程、生产过程、供应链管理等环节进行优化，可实现制造企业与外部用户需求、创新资源以及生产能力的对接。这类平台能够有效促进产能优化以及区域协同，同时也能支持 C2M 定制等新型业务，满足市场多元化需求，为供给侧改革提供助力。

（3）通用使能平台

通用使能平台主要提供云计算、物联网、大数据的基础性、通用性服务，主要由 ICT 企业提供。其中部分平台侧重于云服务的数据计算及存储，如 Microsoft Azure、SAP HANA、AWS、阿里云、腾讯云等；部分平台侧重于物联网的设备连接管理，如思科的 Jasper、华为的 OceanConnect 等。这类平台为资产优化及资源配置型工业互联网提供技术支撑，如 GE 的 Predix 就部署于 Microsoft Azure 平台。此外，通用使能平台还广泛应用于金融、娱乐、生活服务等各行业。

未来各类平台分工更加明确。资产优化平台为高端产品提供优化服务，推动高端制造由高价值产品向"高价值产品+高价值服务"靠拢，资源配置平台促进产能优化、拉动消费平衡，带动企业发展方式转变，而通用使能平台为上层平台提供技术支持，从而使得上层平台能够专注于与生产直接相关的服务，实现各类平台专业分工。

4. 工业互联网平台架构

工业互联网平台包括边缘层（数据采集）、IaaS 层、平台层（工业 PaaS）以及应用层（工业 SaaS），可快速实现企业产品、生产设备与系统的快速互联互通，通过数据分析、机器学习、协助提升客户部署全面灵活的业务处理能力，帮助企业实现数字化、网络化、智能化发展。

工业互联网平台架构如图 3-1 所示。

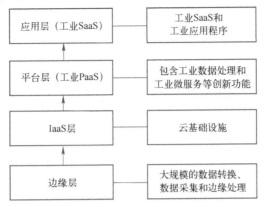

图 3-1　工业互联网平台架构

（1）边缘层

边缘层是工业互联网平台的基础。在平台的边缘层，对海量设备进行连接和管理，并利用协议转换实现海量工业数据的互联互通和互操作；同时，通过运用边缘计算技术，实现错误数据剔除、数据缓存等预处理以及边缘实时分析，降低网络传输负载和云端计算压力。

（2）IaaS 层

IaaS 层为平台的基础设施层基础，主要提供云基础设施，如计算资源、网络资源、存储资源等，支撑工业互联网平台的整体运行。其核心是虚拟化技术，利用分布式存储、并发式计算、高负载调度等新技术，实现资源服务设施的动态管理，提升资源服务有效利用率，也确保资源服务的安全。

（3）平台层

平台层是工业互联网平台的核心。平台层在通用 PaaS 架构上进行二次开发，实现工业PaaS 层的构建，为工业用户提供海量工业数据的管理和分析服务，并能够积累沉淀不同行业、不同领域内的技术、知识、经验等资源，实现封装、固化和复用。此外，平台层在开放的开发环境中以工业微服务的形式提供给开发者，用于快速构建定制化工业 App，打造完整、开放的工业操作系统。

平台层的核心是数字化模型。数字化模型一种是机理模型，亦称白箱模型。根据对象、生产过程的内部机制或者物质流的传递机理建立起来的精确数学模型。其优点是参数具有非常明确的物理意义，模型参数易于调整，所得的模型具有很强的适应性。

（4）应用层

应用层是工业互联网平台的关键。应用层通过自主研发或者是引入第三方开发者的方式，以云化软件或工业 App 形式为用户提供设计、生产、管理、服务等一系列创新性应用服务，实现价值的挖掘和提升。

除此之外，工业互联网平台还包括涵盖整个工业系统的管理运营体系和网络安全体系，这些构成了工业互联网平台的基础支撑和重要保障。

5. 工业互联网平台的特点

工业互联网平台采取云化、敏捷开发等方式，降低了工业企业投入信息化、数字化的成本。相较于传统 IT 架构,工业互联网扩大了数据采集的范围,增强了数据的时效性,并通过工业知识的沉淀和创新,持续迭代研发各类工业 App 应用。从知识管理角度来看,由于工业软件数量少,且系统内知识无法拆分提取,难以复用,历史上大量工业企业生产中有价值的工业知识经验没能沉淀下来。"传帮带"模式仍是工业知识传承的重要途径,人才培育需要花费几年甚至几十年时间,人才流动将为企业带来不可预估的损失。工业互联网平台解决方案改变了工业知识传递途径,基于平台汇聚的工业机理模型和微服务组件,工程师能够以更低的成本、更高的效率、更具拓展性地开发工业 App,解决企业创新发展中对于单一人才的依赖带来的制约问题。

(1)工业互联网平台是传统工业云平台的升级阶段

工业云平台是基于云计算技术,通过整合云计算、物联网、移动互联网以及创新设计与协同制造等技术,专门面向工业企业尤其是中小制造业企业和个人用户提供产品创新的服务平台。在此平台上,基于制造业本身的产品进行拓展延伸,包括产品生产精细化、产品性能追踪、产品附加服务增值等。工业互联网平台在传统工业云平台的软件工具共享、业务系统集成基础上,叠加了制造能力开放、知识经验复用与第三方开发者集聚的功能,大幅提升工业知识生产、传播、利用效率,形成海量开放 App 应用与工业用户之间相互促进、双向迭代的生态体系。

(2)工业互联网平台是新工业体系的"操作系统"

工业互联网平台依托高效的设备集成模块、强大的数据处理引擎、开放的开发环境工具、组件化的工业知识微服务,向下对接海量工业装备、仪器、产品,向上支撑工业智能化应用的快速开发与部署,发挥着类似于微软 Windows、谷歌 Android 系统和苹果 iOS 系统的重要作用,支撑构建了基于软件定义的高度灵活与智能的新工业体系。

(3)工业互联网平台产品应用广泛

工业互联网平台将信息流、资金流、人才创意、制造工具和制造能力在云端汇聚,将工业企业、信息通信企业、互联网企业、第三方开发者等主体在云端集聚,将数据科学、工业科学、管理科学、信息科学、计算机科学在云端融合,推动资源、主体、知识集聚共享,形成社会化的协同生产方式和组织模式。

图 3-2 显示了工业互联网平台架构、数据与产业的关系。从技术视角看,工业互联网平台架构可分为架构维、产业维和数据维,其中产业维是关注重点。从 5G、数据中心、人工智能到数字孪生,这些概念不是割裂的,而是环环相扣的,它们构成了数据采集、传输、计算、分析、应用的数据闭环,工业互联网平台建设的关键是要实现这些技术的群体性突破和协同性创新。

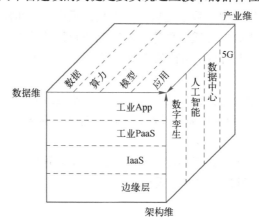

图 3-2 工业互联网平台架构、数据与产业的关系

3.1.2 工业互联网平台的发展现状与应用场景

制造业作为深化互联网、大数据、人工智能和实体经济融合的新战场，受到了行业内外的关注。而工业互联网平台作为制造业数字化、网络化和智能化发展的基础，也引发了全球的极大关注。

1. 工业互联网平台的发展现状

工业互联网平台能够通过全面连接设备、软件、人员等各类生产要素实现与互联网的对接；基于海量的工业数据分析，形成智能化的生产与运营决策；通过平台数据和功能的对外开放，支持开发者开展工业 App 创新；实现各类制造资源的优化配置，重构生产组织模式和制造方式。

工业互联网平台是对传统工业 IT 的全面升级。结合云计算、大数据以及人工智能等底层技术，工业互联网相对传统模式在技术架构和数据价值上均有大幅提升。与传统工业 IT 架构解决方案相比，工业互联网平台解决方案实现了流程驱动的业务系统转变为数据驱动的平台应用新范式，为工业企业提供基于数据的新技术、新方法、新服务和新价值。此外，企业还能通过工业互联网平台，再基于平台提供开发工具、模型、API 接口，使得第三方开发者基于平台进行应用开发，从而形成新生态。基于平台的工厂化也可以实现资源的整合、调动，包括平台运营商可以以工业企业或生产企业角色对外推广。因此，作为两化深度融合的突破口和工业创新发展的重要切入点，发展工业互联网平台已成为业界共识，"政产学研用"各方也纷纷开始探索发展途径。

从全球来看，各国高度重视工业生产模式创新，工业互联网平台前景广阔。近年来，全球各国纷纷提出工业革新相关战略规划，如德国工业 4.0、新型工业化等，而集成"云大物智移"等技术的工业互联网则成为主要发展方向。从国内来看，我国工业互联网平台发展前景广阔，行业龙头初现。目前，我国工业互联网平台普及度仍处于较低水平，未来市场潜力巨大。

我国于 2016 年成立工业互联网产业联盟，同年《中国制造 2025》颁布。自此全球范围内的新一轮工业革命拉开序幕，各国纷纷发布相应政策以推动产业发展。2020 年 3 月 20 日，我国工信部印发《关于推动工业互联网加快发展的通知》，指出要加快基础设施建设和拓展融合创新应用。2022 年 4 月，工信部印发《工业互联网专项工作组 2022 年工作计划》，提出实施平台体系壮大行动，加快多层次平台建设，提升平台技术供给质量，提升平台应用服务水平，加快平台推广应用。此后一年间，我国工业互联网平台发展持续加快，应用及解决方案已涵盖工业领域众多行业，为进一步创造新的生产力和发展动能奠定基础。在政府的大力推动下，工业互联网赛道"玩家密布"。

2. 工业互联网平台的应用场景

工业互联网平台本质上是一个工业云平台，基于工业互联网应用需求，搭建起采集、存储、分析和应用工业数据的生产服务体系，保障生产资源的全面连接、按需供给和智能调度，实现工业生产过程的技术积累和应用创新，提高工业企业的综合竞争力，推动工业企业的智能化转型和升级。

工业互联网平台主要在企业的以下几个应用场景发挥着作用。

（1）工业生产过程场景

在工业生产过程场景中，工业互联网平台聚焦于生产车间和流水线，连接每一台工业设备，采集物料数据、工艺数据、质量数据和设备数据等实时工业数据。通过数据建模和数据分析找出最佳的生产方案，并反馈给整个生产过程，实现制造工艺、生产流程、质量检测、设备维修和能耗监测等工业生产过程场景的综合优化。

（2）企业运营决策场景

在企业运营决策场景中，工业互联网平台连接到工业企业的信息化系统，采集运营数据、生产数据和供应链数据，通过分析发掘出关键的数据信息并共享，提高工业企业运营决策的科学性和开放性，优化生产管理并行、供应链管控和市场决策等企业运营决策场景。

（3）生产资源配置与协同场景

在生产资源配置与协同场景中，工业互联网平台将订单数据、研发数据、物料数据和工艺数据进行汇聚、组合和分析，提供设计、采购和生产等环节的资源配置方案和协同服务路径，实现协同设计、协同采购和协同生产等生产资源配置与协同场景的价值增长。

（4）产品生命周期管理场景

在产品生命周期管理场景中，工业互联网平台采集工业产品的设计、采购、生产、营销、物流、运行和维修等全生命周期数据，通过对这些数据进行实时监控和集成分析，追踪产品动态并不断优化产品质量，为产品信息追溯、产品远程运维和产品优化设计等产品生命周期管理场景提供保障。

3.2 工业互联网平台核心技术

3.2.1 边缘计算

新基建战略的提出也为边缘计算发展带来了重要的契机，边缘计算以关键支撑技术的角色频频出现在各地新基建政策中。边缘计算与 5G、数据中心、AI、工业互联网等"新基建"紧密相关，这些场景中，边缘计算作为数据第一入口，将实现网络、计算等资源的融合与协同，使应用能够按需、实时调用不同位置的计算资源，提供一致的用户体验。其中，工业互联网是边缘计算最为典型的应用场景。

1. 边缘计算概述

边缘计算是一种基础技术架构，它是在靠近物或数据源头的网络边缘侧，融合网络、计算、存储、应用核心能力的开放平台。边缘计算可以在生产设施（设备）中现场收集、分析和存储数据，从而节省时间并帮助维护运营，而不是依赖于将所有数据存储在云中的较慢系统。因此，边缘计算也属于一种分布式计算：在网络边缘侧的智能网关上就近处理采集到的数据，而不需要将大量数据上传到远端的核心管理平台。

工业互联网毫秒级实时响应需求，边缘计算成为重要解决方案。同时，边缘计算也为网络设备、底层数据采集与系统集成带来新增长机遇。在最初的大部分基于云的物联网架构中，所有数据的管理、计算和存储都集中在云端处理，海量数据不断增加，用户对于效率和速度的要求也越来越高，工业互联网尤甚，为了满足这种需求，提出了边缘计算。随着工业互联网的不断发展，数以百万计的传感器设备产生的海量数据将给通信技术带来无限压力，因此在靠近数据源头的网络边缘侧或设备侧就近提供边缘智能服务，通过物联网网关连接设备，在就近的服务器或者内部部署服务器上实时收集和处理有价值的数据，之后再上传到云端。边缘计算架构如图 3-3 所示，边缘计算已经对维持正常运行和提供接近实时的数据和分析产生了重大影响，以优化工业物联网的性能和工业自动化的未来。

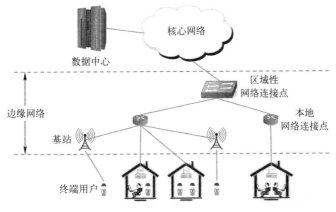

图 3-3　边缘计算架构

2．边缘计算的应用

工业互联网平台按层级分第一层是边缘层，此层是通过大范围、深层次的数据采集，以及异构数据的协议转换与边缘处理，构建工业互联网平台的数据基础，以实现深度的工业互联。在工业互联网平台中，边缘计算一般位于边缘层（即图 3-4 中的边缘云）中。边缘云具备云计算的所有特点，不仅如此，它还具备低延时、终端云化的优势。

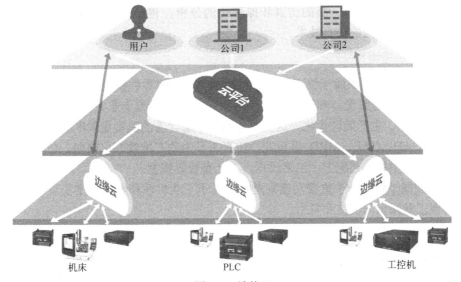

图 3-4　边缘云

目前，在工业互联网中边缘层需要解决的常见问题如下。

（1）设备接入

基于工业以太网、工业总线等工业通信协议，以太网、光纤等通用协议，3G/4G、NB-IoT 等无线协议将工业现场设备接入到平台边缘层。

（2）协议转换

边缘层一方面运用协议解析、中间件等技术兼容 Modbus、OPC、CAN、Profibus 等各类工业通信协议和软件通信接口，实现数据格式转换和统一，另一方面利用 HTTP、MQTT 等方式从边缘侧将采集到的数据传输到云端，实现数据的远程接入。

（3）边缘数据处理

边缘层基于高性能计算芯片、实时操作系统、边缘分析算法等技术支撑，在靠近设备或数据源头的网络边缘侧进行数据预处理、存储以及智能分析应用，提升操作响应灵敏度、消除网络堵塞，并与云端分析形成协同。

根据中国移动发布的《中国移动边缘计算白皮书》，目前智能制造、智慧城市、直播游戏和车联网 4 个垂直领域对边缘计算的需求最为明确。

在智能制造领域，工厂利用边缘计算智能网关进行本地数据采集，并进行数据过滤、清洗等实时处理。同时边缘计算还可以提供跨层协议转换的能力，实现碎片化工业网络的统一接入。

在直播游戏领域，边缘计算可以为 CDN（Content Delivery Network，内容分发网络）提供丰富的存储资源，并在更加靠近用户的位置提供音视频的渲染能力，让云桌面、云游戏等新型业务模式成为可能。特别在 AR/VR 场景中，边缘计算的引入可以大幅降低 AR/VR 终端设备的复杂度，从而降低成本，促进整体产业的高速发展。

在车联网领域，业务对时延的需求非常苛刻，边缘计算可以为防碰撞、编队等自动/辅助驾驶业务提供毫秒级的时延保证，同时可以在基站本地提供算力，支撑高精度地图的相关数据处理和分析，更好地支持视线盲区的预警业务。

3.2.2　工业机理模型

工业机理是基于设备和产品的仿真和原理化的分析，也是物理世界存在的基础，比如压力、磁场、热力学等方向的仿真技术。

1．认识工业机理模型

工业机理模型一部分来源于物理设备，包括制造过程的零件模板、设备故障诊断、性能优化和远程运维等背后的原理、知识、经验及方法；一部分来源于业务流程逻辑，包括 ERP、MES、SCM、CRM、生产效能优化等这些业务系统中蕴含着的流程逻辑框架；一部分来源于研发工具，包括 CAD、CAE、MBD 等设计、仿真工具中的三维数字化模型、仿真环境模型等；还来源于生产工艺中的工艺配方、工艺流程、工艺参数等模型。

而工业互联网平台的一个重要功能则是需要基于工业机理和数据科学实现海量数据的深度分析，并实现工业知识的沉淀和复用。

2．工业机理模型的建立

工业机理模型是工业互联网平台的重要构成要素，其汇集了工业领域生产过程中的原理、定理、定律等专业知识，结合了实际工业生产经验，形成机理并构建成模型，嵌入到工业互联网平台中。工业机理模型将工业经验知识进行提炼和封装，推动行业知识经验在平台的沉淀集聚，工业机理模型位于工业互联网平台层（工业 PaaS 层），作为工业互联网平台的核心竞争能力。

工业机理模型的能力描述包含以下信息：模型名称、模型分类（行业分类、领域分类、业务使用范围和产品生命周期分类、应用场景分类等）、模型功能、模型原理、模型归属、模型输入参数、数据模型和算法、模型输出参数（含义、示例）、模型版本、运行环境、模型应用效果等。其中，模型输入参数包括应用场景或对象的本体几何、动态响应、工艺、质量、管理、环境、场景等可标注源数据；数据模型和算法则关注模型准确性、覆盖度、复杂度、鲁棒性、可解释性和持续学习能力（离线、在线）和对算力的需求等，确保工业机理模型的应用效果；模型输出参数是通过工业机理模型进行计算、分析后对外部输出设备控制参数或者对工业场景应用输出的决策数据。

工业机理模型的建立过程如图 3-5 所示。工业机理模型通过设计开发专业的数据模型和算法组合，对特定的工业数据输入进行计算处理，最终输出工业控制相关参数。因此，在工业生产中工业机理模型可应用在工艺仿真以及设备控制等多个领域中。

图 3-5　工业机理模型的建立过程

值得注意的是，在建立模型时，模型要求从输入参数到输出参数是有一定联系的，这一联系通常是通过经过实验或仿真的模型参数来建立的。为了更好地验证建模的精确性，这些模型参数往往会再经过许多实验来进行优化，以期使得模型能够更准确地模拟真实情况。目前工业机理模型应用广泛，在现代制造中几乎无处不在。它为工业提供了一个试验环境，可以真实地模拟出机械系统中的各种运动特性，从而更好地设计出更有效的工业机械产品。

3. 工业机理模型的应用

工业互联网平台要想将人、流程、数据和事物都结合在一起，必须有足够的工业知识和经验，并且在平台上以数字模型的形式不断积累这些工业要素关键，封装为可重复使用的组件。工业 App 可以通过 API 接口直接调用这些组件开展数据处理和分析，从而实现工业大数据的应用，体现出工业互联网平台的价值，而机理模型库的建设将为上述过程提供各项必要的基础条件。

以焊接工艺为例，焊接工艺是一种重要基础工艺，广泛应用于船舶、汽车、轨道交通、重工机械、航空航天、家电等。焊接过程是一个瞬时动态的非平衡过程，焊缝成形质量受各种因素动态影响，使得质量控制变得极为复杂，这对焊工的操作其实提出了很高要求，因为很多过程的控制完全超出了人的敏感度。由于焊接过程中火花四溅，业界普遍使用红外图像等昂贵设备进行熔池观察以对缺陷特征有所发现，而且质量问题（断焊、虚焊、漏焊等）更多的时候还需要等待材质在最终冷却凝结后，使用探伤设备进行深层次质量的发现，可是这些传统手段依然只是发现了问题和挑拣出了次品，却无法解释质量问题的成因。比如在焊枪与金属材质发生加工作用的一瞬间，边界条件和过程动态影响因素最多可以达到 20 种以上，如图 3-6 所示。

在工业互联网平台中建立有效的气保焊机理模型就可以解决该问题，该机理模型结合现场调试对焊接角度、焊丝直径、焊嘴高度、焊接电流、弧长、导电嘴与母材间距等多个焊接影响因素形成"立体经验公式"后，便可将传感器采集到的信号实时带入模型中加以验证，完成实时焊接质量判断。

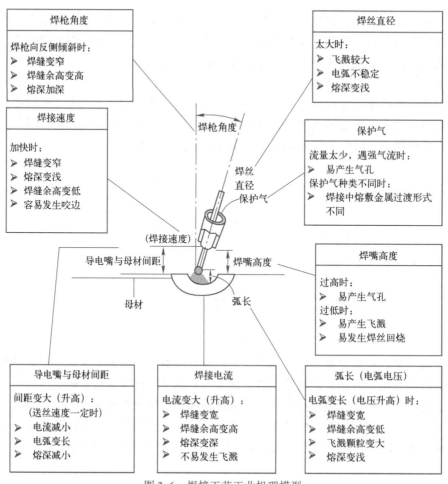

图 3-6 焊接工艺工业机理模型

当前，工业互联网平台应用正在逐步深化。工业互联网平台发展初期，以"物联+数据可视化"能力为主的设备运行状态监测及生产监控分析等应用得到了广泛普及。此类应用知识门槛低，共性化程度高，在制造业中实现了快速的复制推广。随着工业互联网的不断发展，基于"机理模型+数据分析"能力实现的工艺过程优化、设备预测性维护、质量软测量及安全异常隐患智能感知等应用也在逐渐成熟，可进一步提升企业数字化转型深度，赋能制造业高质量发展。

在产品质控方面，依托工业互联网平台，可以通过基于机理模型的大数据分析，提升产品质量水平。例如：富士康基于电子元器件表面贴装制造平台开展车间设备实时可视化、设计与制造协同、大数据智能决策，从而实现人均产出提升 20%，产品良率提升 30%。

3.2.3 智能决策技术

智能决策是组织或个人综合利用多种智能技术和工具，基于既定目标，对相关数据进行建模、分析并得到决策的过程。该过程综合约束条件、策略、偏好、不确定性等因素，可自动实现最优决策，以解决新增长时代日益复杂的生产和生活问题。

1. 智能决策概述

在流程上，智能决策首先将实际问题中的决策标的、约束、偏好以及目标转化为数学模型，然后在模型基础上输入数据，利用机器学习、运筹优化等技术，对模型进行高效求解。其中，机器学习技术通过强化学习、深度学习等算法实现预测，通常需要大量数据来驱动模型以实现较好的效果，适用于描述预测类场景，如销量预测。运筹优化技术基于对现实问题进行准确描述刻画来建模，通过运筹优化算法在特定约束条件下求目标函数最优解，对数据量的依赖性弱，结果的可解释性强；适用于规划、调度、协同类问题，如人员排班、补配货。

2．智能决策应用

工业互联网平台需要实时高效处理不断产生的工业数据，从中挖掘出对工业生产有价值的决策方案。因此，工业互联网平台需要借助大数据分析技术、人工智能方法等，基于专家经验，结合物理、数学等基础学科知识，从工业大数据中获得有价值的经验，以最终实现设备智能化、生产过程实时优化以及实时决策和管理，如图 3-7 所示。

图 3-7　工业互联网平台的智能管理技术

工业对于数据的要求并不仅在于量的大小，更在于数据的全面性。在利用数据建模手段解决某一个问题时，需要获取与被分析对象相关的全面参数，而一些关键参数的缺失会使分析过程碎片化。举例而言，当分析地铁发动机性能时需要温度、空气密度、功率等多个参数，而当其中任意一个参数缺失时都无法建立完整的性能评估和预测模型。因此对于企业来说，在进行数据收集前要对分析的对象和目的有清楚的规划，这样才能够确保所获取数据的全面性，以免斥巨资积累了大量数据后发现并不能解决所关心的问题。

此外，工业数据常受到设备参数设定、工况、环境等背景信息的影响。因此，在进行数据分析时除了对数据所反映出来的表面统计特征进行分析以外，还应该关注数据中所隐藏的背景相关性。例如，对这些隐藏在表面以下的相关性进行分析和挖掘时，需要一些具有参考性的数据进行对照，也就是数据科学中所称的"贴标签"过程，这一类数据包括工况设定、维护记录、任务信息等。

在具体实现中，工业互联网平台不仅需要利用常见的大数据分析与人工智能决策技术，还需要研究数据清洗、数据融合，并且要将各学科、各领域、不同背景的知识抽象、固化，形成规则，与大数据分析技术结合，以提供更准确的分析结果。

3.2.4 工业 App 开发技术

工业互联网平台需要将分析出的结果实时推送给用户，同时也需要接口将决策传输到智能设备。工业互联网平台需要根据用户需求和实际生产需要，定制化 App 推送消息，因此，需要工业互联网平台开发面向新模式场景、个性化需求的 App。

工业 App 的构建是工业互联网平台协作模式转换的核心，通过对工业知识的提炼与抽象，将数据模型、提炼与抽象的知识结果通过形式化封装与固化形成 App。封装了工业知识的工业 App，对人和机器快速高效赋能，突破了知识应用对人脑和人体所在时空的限制，最终直接驱动工业设备及工业业务。

工业 App 开发运用互联网技术优点，打破传统运营模式的时空局限性，在智能制造系统中很好地将手机互联的易用性、便携性与易传播性利用起来，不仅大大地拉近生产商、供应商、经销商与顾客的距离，也提高了制造行业销售市场敏感度与信任感。

3.3 工业互联网平台实例

3.3.1 海尔 COSMOPlat

2016 年海尔发布了卡奥斯 COSMOPlat 平台，COSMOPlat 是具有中国自主知识产权、全球首家引入用户全流程参与体验的工业互联网平台，该平台为企业提供互联工厂建设、大规模定制、大数据增值、供应链金融、协同制造等服务。

1. 海尔 COSMOPlat 简介

COSMOPlat 是一款以用户需求来驱动实现的大规模定制平台，COSMOPlat 平台的目标是实现"人单合一"，帮助接入的企业更快、更准确地向大规模个性化定制转型，深入供应链、生产流程内部，构建起规模+个性的产业形态，从以企业为中心向以用户为中心，从大规模制造到大规模定制的转型升级。

COSMOPlat 的重心在于通过对业务资源和信息化资源的整合，为上层应用提供服务，因此，COSMOPlat 更像是一款云制造平台。通过整合硬件资源，包括实现智能装备的互联、软硬件系统的集成形成一套可供分配的制造资源池，根据客户的业务需求，利用 COSMOPlat 平台实现对硬件资源、业务资源、软件资源和服务资源的调度。

COSMOPlat 平台架构共分为四层：

第一层是资源层，以开发模式对全球资源，包括软件资源、服务资源、业务资源、硬件资源等，进行聚集整合，打造平台资源库。

第二层是平台层，支持工业应用的快速开发、部署、运行、集成，实现工业技术软件化，各类资源的分布式调度和最优匹配。

第三层是应用层，通过模式软化、云化等，为企业提供具体互联工厂应用服务，形成全流程的应用解决方案。

第四层是模式层，依托互联工厂应用服务实现模式复制和资源共享，实现跨行业的复制，通过赋能中小企业，助力中小企业提质增效，转型升级。

此外，COSMOPlat 平台中还拥有质量管理系统（Quality Management System，QMS），如图 3-8 所示。该系统可从企业原材料供应商管理、来料质量管理、过程质量管理、出货质量管理、售后质量管理、质量成本控制（关键工位智能扭矩数据互联、智能焊接数据互联等）、质量数据多维度分析等几大模块的全流程质量数据信息收集、监控分析及追溯、异常报警、异常推送、异常产线闸口、深度质量大数据分析，推动产品质量控制与提升体系。

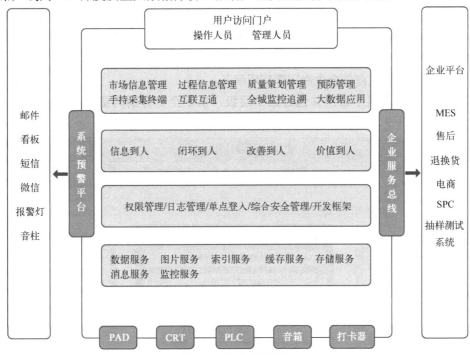

图 3-8 质量管理系统

2. 海尔 COSMOPlat 应用

目前，COSMOPlat 工业互联网平台为实现对工厂车间的智能设备及制造资源进行整合，已经与菲尼克斯、ABB、欧姆龙、瑞森可等工业自动设备及控制供应商进行合作，共同打造工业新生态体系。同时，为了充分汇聚市场需求，海尔还推出了协同制造、共享采购等平台，实现上下游企业之间需求与能力的有效匹配。

海尔衣联网是 COSMOPlat 服装大规模定制领域的典型案例，依托 RFID 物联网技术，将洗衣机、智能衣柜、3D 试衣镜等产品链接起来，为用户提供贯穿洗、护、存、搭、购全生命周期的衣物解决方案。

在衣物洗涤阶段，搭载 RFID 识别技术的海尔智慧洗衣机可识别衣物面料、材质、品牌等，匹配最佳洗涤程序。在服装存储上，海尔儿童智能衣柜可自动显示衣物的存储位置、品牌和护理次数等信息，并提供除湿、烘干等服务。同时，为满足用户对衣物搭配购买的需求，智能试衣镜可根据天气状况和应用场景，进行衣物智能推荐和 3D 穿搭虚拟体验，一键式试衣、一键下单，相当于把服装店搬回了家。

此外，海尔衣联网还将 RFID 物联网技术延伸到智慧溯源、智能制造等全产业链，打通衣联网生态的上下游环节，满足厂家、门店等场景的衣物智慧管理需求。

3.3.2 航天云网 INDICS

航天云网 INDICS 成立于 2015 年 6 月 15 日，是中国航天科工集团有限公司联合所属单位共同出资成立的高科技互联网企业。

1. 航天云网 INDICS 简介

2017 年 6 月 15 日，航天云网发布 INDICS 工业互联网平台。INDICS 云平台定位工业级操作系统，为全球企业和个人开发者提供工业应用运行环境，提供 IaaS 基础设施、PaaS 应用运行环境、SaaS 应用的快速开发和部署，工业设备的快速接入，以及配套的工业大数据服务。同时，在工业云平台基础上，INDICS 为工业级企业提供基于"互联网+智能制造"智能研发、智能生产、智能服务、智能商务全生命周期应用服务。

INDICS 工业互联网平台一共包含四个层级，从下至上分别为资源层、接入层、云平台层、App 层，如图 3-9 所示。

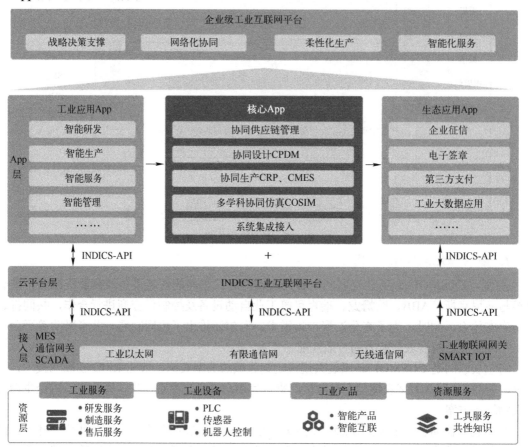

图 3-9　INDICS 工业互联网平台分层结构

1）资源层支持各类工业设备的接入。工业互联网云系统 INDICS 具有机械加工、环境试验、电器互联、计量器具、仿真技术等 21 类工业设备的接入能力。

2）接入层实现各类工业设备的通信互联。工业互联网云系统 INDICS 支持 OPC-UA、

MQTT、Modbus、Profinet 等主流工业现场通信协议的通信互联，支持工业现场总线、有线网络、无线网络的通信互联。

3）云平台层提供云资源基础设施管理、大数据管理和应用支撑公共服务等云服务功能。INDICS 以业界主流开源 PaaS 云平台 CloudFoundry 基础架构作为底层支撑架构，有效支持工业云的能力扩展；还自建有数据中心，直接提供 IaaS 层和 PaaS 层的基础云服务。

4）App 层提供各种工业应用服务。INDICS 提供了工业应用 App 服务、核心 App 服务以及生态应用 App 服务。

2. 航天云网 INDICS 应用

（1）河南航天智能工厂建设

河南航天液压气动技术有限公司的生产加工以多品种、小批量、多配套的加工方式为主。自从应用了 INDICS 平台实施智能工厂建设项目改造后，线上实现商务协作、跨企业协同设计和跨企业协同生产；线下实现精益生产、车间透明化管理和生产自动化智能化，每台机器人可控制 3 台设备自动加工、自动装卸零件，实现了 24 小时连续作业，机床主轴利用率提高 50%，操作工人减少 60%，运营成本降低 30%，产品质量合格率提高 15%，能源利用率提高 15%。

（2）常州模式

工业互联网是工业经济数字化、网络化、智能化的重要基础设施。当前，全球新一轮科技革命和产业革命加速发展，工业互联网通过实现工业经济全要素、全产业链、全价值链的连接，不断催生出新模式、新业态、新产业，重塑工业生产制造和服务体系。常州工业互联网起步较早，先后引入了航天云网、数码大方、蜂巢互联等国内知名龙头企业；培育了一批本土企业，如天正工业、苏文电能等。2017 年，天宁区引入航天云网。"一横多纵、五星上云"的常州模式横空出世，常州成为区域工业互联网的先行者。例如，作为航天云网的上云示范企业华立液压，在其生产车间里，压力管道及容器、换热器等拳头设备被安上智能监控设备。这些智能监控设备化身"车间主任"，24 小时睁大"眼睛"采集设备数据，并在 INDICS 平台中进行数据分析比对，实现了设备的故障诊断。不仅如此，每一台交付的设备也都能得到数据监控，为客户提供远程运维、预测性维护，大幅提升企业的市场竞争力。

3.3.3 用友精智

为推动制造业数字化转型，用友公司于 2017 年 8 月 19 日正式发布用友精智工业互联网平台。

1. 用友精智简介

精智工业互联网平台是面向工业企业的社会化智能云平台，能够链接海量设备，承载大数据，搭载海量工业 App，同时提供安全与接入规范。

精智工业互联网平台是用友云在工业企业的全面应用，是面向工业企业的智能云平台。该平台由基础技术支撑平台、容器云平台、工业物联网平台、应用开发平台、移动平台、云集成平台、服务治理平台以及 DevOps 平台为支撑，融合了移动互联网、云计算、大数据、物联网、人工智能、区块链等现代信息网络技术，为工业企业提供营销、采购、交易、设计、制造、协同等服务。

精智工业互联网平台主要由设备（边缘计算）层、IaaS 层、PaaS 层以及 SaaS/BaaS/DaaS 层组成，如图 3-10 所示。

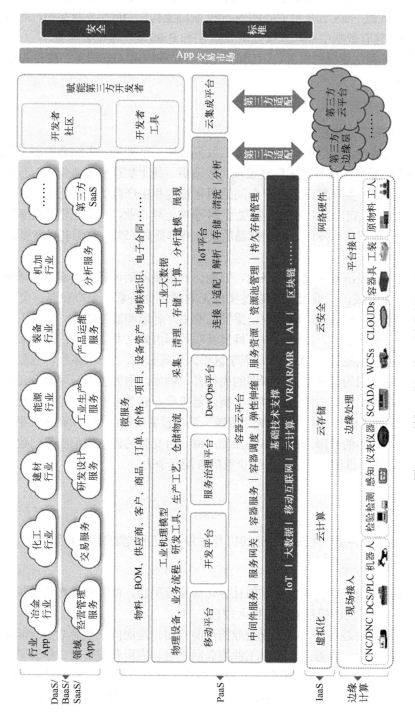

图 3-10　精智工业互联网平台架构

1）设备层。通过各种通信手段接入各种控制系统、数字化产品和设备、物料等，采集海量数据，实现数据向平台的汇集。

2）IaaS 层。该层是云基础设施层，基于虚拟化、分布式存储、并行计算、负载均衡等技术，实现网络、计算、存储等计算机资源的池化管理，根据需求进行弹性分配，并确保资源使用的安全与隔离，为用户提供完善的云基础设施服务。

3）PaaS 层。该层由基础技术支撑平台、容器云平台、工业物联网平台、应用开发平台、移动平台、云集成平台、服务治理平台以及 DevOps 平台等组成。在基础设施、数据库、中间件、服务框架、协议、表示层，平台具有广泛的开放性，适配不同 IaaS 平台，建设丰富的工业 PaaS 业务功能组件，包括通用类业务功能组件、工具类业务功能组件、面向工业场景类业务功能组件。

4）SaaS/BaaS/DaaS 层。该层基于四级数据模型建模，保证社会级、产业链级、企业级和组织级的统一以及多级映射，提供大量基于 PaaS 平台开发的 SaaS/BaaS/DaaS 应用服务，应用覆盖交易、物流、金融、采购、营销、财务、设备、设计、加工、制造、数据分析、决策支撑等全要素，为工业互联网生态体系中的成员企业提供各种应用服务。

2. 用友精智应用

2021 年 8 月，用友发布精智工业互联网平台 3.0，全面升级物联网、边缘计算、工业大数据、数字孪生、人工智能五大技术引擎，全新发布"5G+工业互联网+全连接工厂""5G+工业互联网+废钢判级""5G+工业互联网+产品运维"等十大创新应用场景，全新铸造"用友工业互联网标识解析二级节点""精智工业大数据中心""精智工业社区"三大平台底座，平台以数字化管理为中心能力，全面支撑数字化管理、智能化生产、服务化延伸、网络化协同、个性化定制、平台化设计六种新模式。

用友精智工业互联网平台可用于智能制造中的智能工厂、智慧管理、产业互联以及智能决策中，如图 3-11 所示。

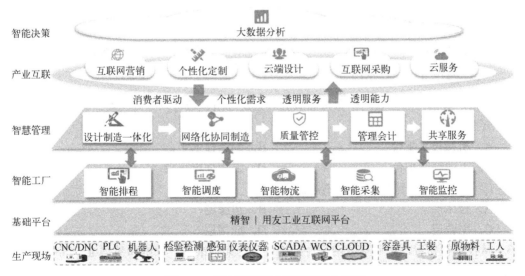

图 3-11　用友精智工业互联网平台应用

（1）助力石油化工企业节能减排

福建石化集团基于用友精智工业互联网平台打造智能工厂，实现了生产经营一体化，协同效率提升 30%；打通生产计划、车间调度、车间任务与各生产环节，将排程效率提升 20%；通过装置优化应用，实现节能减排：负荷排程系统比手工排产降低了能耗，仅电解环节，每天可节约 7700 度电，一年可节省 160 万元成本。

（2）助力铜冶炼企业节能减排

江铜集团贵溪冶炼厂基于用友精智工业互联网平台打造了中国首家铜冶炼智能工厂，实现了生产装备自动化、公共服务平台化、生产过程透明化、能源管理精细化、质检管理标准化、设备管理科学化、安全环保数据化、供应管理高效化、辅助决策可视化，经营成本降低 20%，产品不良品率降低 10%，生产效率提高 20%，能源利用率提高 10%。

3.4　本章小结

通过本章的学习，可以了解工业互联网平台的定义与意义；了解工业互联网平台的技术架构；了解工业互联网平台的发展现状与应用场景；了解工业互联网平台核心技术；了解常见的工业互联网平台。

【学习效果评价】

复述本章的主要学习内容	
对本章的学习情况进行准确评价	
本章没有理解的内容是哪些	
如何解决没有理解的内容	

注：学习情况评价包括少部分理解、约一半理解、大部分理解和全部理解 4 个层次。请根据自身的学习情况进行准确的评价。

3.5　练习题

一、选择题

1. 目前广义的工业互联网平台按照服务对象及应用领域可以分为三类：资产优化平台、资源配置平台及（　　）。

    A. 机械技术平台　　　　　　　　B. 制造技术平台

    C. 工业制造平台　　　　　　　　D. 通用使能平台

2. （　　）是工业互联网平台的基础。

    A. 技术层　　　　　　　　　　　B. 边缘层

    C. 平台层　　　　　　　　　　　D. 应用层

3. 从技术视角看，工业互联网平台架构可分为架构维、产业维和数据维，其中，（　　）是关注重点。

    A. 产业维　　　　B. 架构维　　　　C. 数据维　　　　D. 以上都是

4. 工业互联网平台本质上是一个（　　）。

    A. 实施平台　　　B. 产业平台　　　C. 工业云平台　　　D. 数据平台

5．工业机理模型通过设计开发专业的数据模型和算法组合，对特定的工业数据输入进行计算处理，最终输出（　　）。

  A．数据参数   B．正式参数

  C．计算参数   D．工业控制相关参数

二、简答题

1．请阐述什么是工业互联网平台。

2．请阐述什么是工业机理模型。

第4章 工业 App

4.1 工业 App 概述

4.1.1 工业 App 简介

在工业 App 概念出现之前，消费领域和移动互联网领域已经有很多的 App，GE 等国外工业巨头已将 App 概念引入到工业领域。

1. 认识工业软件

工业 App 是工业技术、软件技术和互联网技术融合发展的产物，是工业互联网应用生态的基石。

工业软件的本质，是将特定工业场景下的经验知识，以数字化模型或专业化软件工具的形式积累沉淀下来。工业软件的意义在于连接设计与制造，在实际产品制造之前，用可视化的方式规划和优化全生命周期的制造过程。因此，工业软件是工业物联网数据利用的关键，帮助工业互联网兑现价值。

深入地看，工业软件蕴含着现代工业知识的结晶，是名副其实的产业之魂，是制造业不断发展的"结果"，而行业 Know-How 才是工业软件的核心竞争力。Know-How 又称专有技术或技术诀窍，是指未公开过的，未取得工业产权法律保护的，以图纸、技术资料、技术规范等形式提供的制造某种产品或应用某项工艺以及产品设计、工艺流程、配方、质量控制和管理方面的技术知识。因此，Know-How 可以被理解为一种能力、一种资源，也可以是被称作行业专家的人。例如，汽车、船舶就是坐拥大量 Know-How 节点的产业。

（1）工业软件是工业流程的内化和体现

人们购买西门子或者达索的工业软件，买的不单只是软件本身，更多的是软件背后的工业流程经验。因为他们的工业软件产品中沉淀了大量的工业流程经验和成功案例实践。

（2）工业软件和工业流程是分不开的

工业软件和工业流程是同一事物在不同环境和不同载体下的体现，就像一对双胞胎一样。其实，"数字孪生"很好地刻画了"工业化"与"数字化"的关系。从全球工业软件发展历程来看，工业软件和工业流程的发展是同步进行的。工业软件是基于现有工艺流程经验开发出来然后支持工艺流程进一步升级的，而改善后的工艺流程进一步内化为工业软件，实现工业软件的不断迭代，如此循环。

2. 认识工业 App

传统行业长期以来积累了很多企业知识，包括管理、技术、诀窍，以及实践经验。人们希望这些已有的知识通过网络化、模块化、标准化、轻量化的方式变成新的技术模式，这就是工业互联网 App（以下简称工业 App）。根据中国电子技术标准化研究院制定的首个工业 App 团体标准《工业 APP 培育指南》。工业 App 应是基于软件或硬件平台之上能够独立运行的、输入输出与工业活动紧密相关的应用软件。也就是说，工业 App 的应用场景可以是工业活动中的研发、生产、过程管理、设备管理、运维、交易、供应链、服务、再制造等各个环节，服务对象很丰富，不仅是生产线，还有管理、业务等。图 4-1 所示为工业 App 界面。

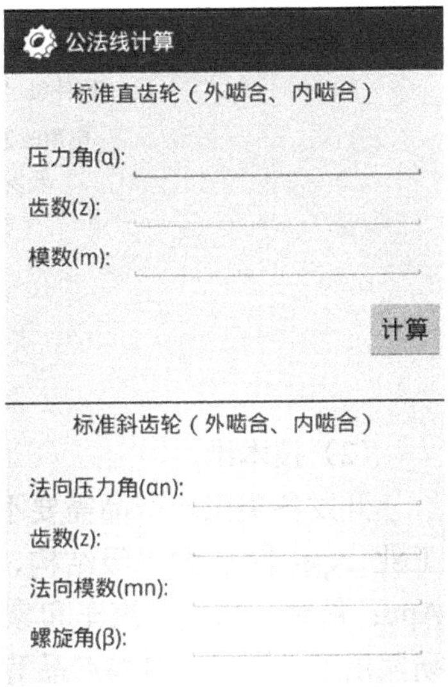

具体来看，工业 App 是为了解决特定问题，满足特定需要而将工业领域的各种流程、方法、数据、信息、规律、经验、知识等工业技术要素，通过数据建模与分析、结构化整理、系统性抽象提炼后，基于统一的标准，采用形式化和轻代码化手段，将这些工业技术要素封装固化后所形成的一种可高效重用和广泛传播的工业应用程序。值得注意的是，工业 App 所依托的平台，可以是工业互联网平台、公有云或私有云平台，也可以是大型工业软件平台，还可以是通用的操作系统平台（包括用于工业领域的移动端操作系统、通用计算机操作系统、工业操作系统和工业软件操作系统等）。

在工业互联网中，工业 App 是工业互联网平台实现价值提升的手段。工业 App 直接面向特定的工业应用场景，是平台与用户之间的桥梁，借助平台资源推动工业技术、经验、知识和

图 4-1　工业 App 界面

最佳实践的模型化、软件化和封装，用户通过平台上的工业 App 实现资源协同配置、优化管理决策、优化生产过程以及产品生命周期管理。因此，也可以说，工业 App 是工业互联网平台持续良性发展的关键。

从发达国家的实践经验看，繁荣的工业软件和工业 App 生态体系是通过将工业技术知识与最佳工程实践转化为工业应用软件的过程实现的。

以美国 NASA、波音公司、洛克希德等装备和航空航天公司为代表企业，深知工业软件的价值，积极探索和应用新的信息化体系，同时进行大规模开发和使用工业 App，并在长期应用过程中取得了大量收益。

以西门子、博世、ABB 等为代表的大型制造业企业和工业 App 解决方案提供商，依据工业 4.0 的体系标准，结合实际应用需求，研发、推广各类工业 App，加快实现工业 4.0 体系建设。例如西门子以 MindSphere 为契机，封装工业 App，切实切入工业数字化服务领域。通过 MindSphere 实现一体化工厂管理理念，涵盖工厂生命周期各环节，提供一体化数据模型解决方案。

3. 工业 App 体系框架

工业 App 体系框架是一个三维体系，包含了工业维、技术维和软件维三个维度，如图 4-2 所示。工业 App 体系框架中的三个维度彼此呼应，和谐地构成和体现了"工业·技术·软件（化）"的工作主旨。

（1）工业维

一般工业产品及相关生产设施从提出需求到交付使用，具有较为完整的工业生命周期。该维度涉及研发设计、生产制造、运维服务和经营管理四大类工业活动，在每一个工业活动中，都可以细分为若干小类的活动，都可以开发、应用到不同技术层次的工业 App。

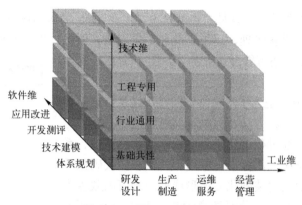

图 4-2　工业 App 体系框架

（2）技术维

开发各类工业产品需要不同层次的工业技术。根据工业产品体系的层次关系，并映射形成工业 App 的三大层级结构，即由机械、电子、光学等原理性基础工业技术形成了基础共性App；航空、航天、汽车和家电等各行业的行业通用工业技术形成了行业通用 App；企业和科研院所产品型号、具体产品等特有的工业技术形成了工程专用 App。

（3）软件维

按照工业技术转换为工业 App 的开发过程以及参考软件生命周期，该维度分为体系规划、技术建模、开发测评和应用改进四大阶段的软件活动，每个软件活动可以细分为更具体的软件活动。

值得注意的是，任何工业 App 都可以按照工业 App 体系框架来分解和组合，同时可具有多个维度的属性。例如螺栓机加工艺仿真 App 既属于基础 App，同时也属于生产 App，其应用还属于应用改进环节。

4. 工业互联网的分类

《工业 APP 培育指南》对工业 App 的分类也做了界定，给出了三个维度的分类方式。

第一是从适用范围的维度分类，包括基础共性工业 App、行业通用工业 App、企业专用工业 App。其中，基础通用工业 App 关注于结构、强度、动力、电磁、材料、流体、化学等基础通用学科领域的共性技术，将这些技术封装成工业 App，在工业应用领域发挥着基础作用，适用范围广。行业通用工业 App 面向汽车、航空航天、石油化工、机械制造、轻工家电、信息电子等具体行业及其细分子行业的通用业务，封装成工业 App。该类工业 App 适用于特定行业，在行业相关的领域和活动中发挥作用。企业专用工业 App 聚焦企业自身提质增效和转型升级过程中的个性化需求，通过个性化定制将企业的核心技术软件化形成专用工业 App，并经过不断传承、积累和发展，提升企业核心竞争力。

第二是从业务环节的维度分类，依据工业场景的业务环节将工业 App 大致分为四类：研发设计类工业 App、生产制造类工业 App、运营维护类工业 App 和经营管理类工业 App。

第三是从知识来源的维度分类，包括业务信息化类工业 App、数据分析类工业 App 和知识建模类工业 App。其中，业务信息化类工业 App 面向企业各实际业务场景，将业务管理规范、业务流程管控、业务信息流转等以信息化解决手段封装为工业 App，实现各项业务的信息化管理。数据分析类工业 App 是基于企业各业务环节中所产生数据的集成，将数据挖掘、数据分析、数据处理等方法封装为工业 App，实现以数据支撑业务管理与决策优化。例如，基于工业大数据、工业区块链、人工智能等技术，实现智能化管控的工业 App。知识建模类工业 App 基于特定应用场景下，将工业活动的运行规则、技术过程、工作原理、分析方法等知识、经验、诀窍，构建成数学模型，并进行软件化封装形成工业 App。例如，碰撞分析工业 App、发动机热分析计算工业 App、大体积混凝土温度裂缝计算模型工业 App 等。

5. 工业 App 的意义

工业 App 是以"工业互联网平台+App"为核心的工业互联网生态体系的重要组成，是工业互联网应用体系的主要内容和工业互联网价值实现的最终出口。工业 App 通过将工业技术结构化、数字化和模型化，可以建立各种工业技术之间的有序关联，形成覆盖工业产品研发、生产和运维全过程的完整知识图谱。借助工业 App 的可存储、可计算和可升级的优势，通过以工业 App 为载体的知识与以工业 App 驱动的智能硬件相结合，可以打造形成智能化的制造体系。

将已有的工业技术转换为工业 App，人的工作将从复杂地直接控制机器和生产资源转为轻松地通过工业 App 控制机器，甚至是由工业 App 自治控制机器。人的劳动形式将由体力劳动工作逐步转变为更有意义的知识创造工作，从而大大提高个体劳动价值。

作为制造业大国，我国工业以及与工业相关的市场空间巨大，工业领域的软件和信息技术服务应用需求加速释放，正在推动软件向工业领域渗透融合。可以说，工业 App 是工业技术软件化的重要体现，也是释放工业大数据价值的主要途径。因此，加快培育工业 App，充分发挥软件在整个工业领域的赋能、扶持、复制的作用，对于提升工业互联网产业价值具有重要意义。

6. 工业 App 的应用

工业 App 是实现工业互联网平台价值的最终出口，是面向工业产品全生命周期相关业务（设计、生产、实验、使用、保障、交易、服务等）的场景需求，是把工业产品及相关技术过程中的知识、最佳实践及技术诀窍封装成应用软件。用户通过对工业 App 的调用，可实现对特定资源的优化配置。

我国在工业互联网平台领域建设起步较晚，而国外巨头提早布局，工业 App 已在多个场景落地应用。

在质量检测方面，某钢厂与英特尔合作开发钢材质量检验的 App，可通过对生产线可视化，用机器学习的方法识别其中的划痕、酸洗来替代人工检测，提高了检测成功率，并降低了人工成本。

在故障预警方面，美国 Uptake 公司开发的一款机械状态监测和故障预警的工业 App 成功接入超过 300 万个工程项目，该公司估值已超过 23 亿美元。

在设备优化方面，西门子结合深度学习算法，为格林机床提供刀具寿命预测 App。根据历史数据预测刀具磨损状态，并对刀具提前更换进行提醒，优化制造过程备件采购和库存策略。

在产品服务方面，美国 GE 公司围绕构建航空发动机、大型医疗设备等高端装备产品的全生命周期管理服务体系，打造工业互联网平台 Predix，面向全球用户提供应用开发环境以及各类应用软件和服务，构建以开发者平台和工业 App 为核心的产业生态体系。此外，GE 公司还打造了一个在线知识与技术资源的共享平台——GE 商店，GE 商店集合了 GE 在全球各领域的专家智慧，使得 GE 所有业务部门都能共享技术、知识等资源。

在焊点质量管理方面，一辆汽车有 3000 个左右的焊点，不同焊接角度，不同材料厚度，所需焊接参数不同。以前全凭师傅经验，现在广域铭岛汇集大量焊点的电压电流等数据，经过系统性分析得出最优解，提升焊接参数的调试效率，提升焊接质量的同时，最大程度降低能源消耗。广域铭岛依托吉利 30 余年深厚制造底蕴，深耕汽车产业链，通过对吉利全国 30 多个基地的探索，合并"同类项"提取"公约数"，提炼形成一款工业 App，使其具备跨领域、跨行业通用性。

不少企业的实践证明，借助工业互联网平台，通过工业模型和工业 App 应用，是实现工业生产的数字化转型、提升智能制造水平的最佳路径。几年前，相当多的一线工人还从事着重复、低端的检测和检修等工作。而目前，智能制造的实施已让这部分从业人员的工作形式和工业内容发生了根本性转变，他们逐渐离开生产一线，享有更好的工作岗位与劳动环境。人的工作将从直接控制机器和生产资源转为通过工业 App 控制机器，甚至由工业 App 自行控制机器。

4.1.2　工业 App 的特点

工业 App 是基于松耦合、组件化、可重构、可重用思想，面向特定工业场景，解决具体的工业问题，基于平台的技术引擎、资源、模型和业务组件，将工业机理、技术、知识、算法与最佳工程实践按照系统化组织、模型化表达、可视化交互、场景化应用、生态化演进原则而形成的应用程序，是工业软件发展的一种新形态。

工业 App 作为一种新型的工业应用程序，一般具有以下 7 个典型特征。

（1）完整地表达一个或多个特定功能和特定问题

每一个工业 App 都是可以完整地表达一个或多个特定功能，解决特定具体问题的工业应用程序。

（2）特定工业技术的载体

工业 App 是工业技术要素的载体，在工业 App 中封装了具有特定功能和解决特定问题的流程、逻辑、数据流、经验、算法、知识、规律等工业技术要素，工业 App 固化这些技术要素，每一个工业 App 都是一些特定工业技术要素结合特定应用场景的集合与载体，这一特征赋予工业 App 知识的属性。

（3）工业技术要素与原宿主解耦

从工业 App 的定义看，工业 App 是要高效重用并广泛传播的一种工业应用程序，如果工业 App 承载的工业技术要素不能与原宿主解耦，高效重用和广泛传播的目标就很难达成。因此，工业 App 所承载的工业技术要素必须与原宿主解耦。这里所说的原宿主可以是拥有工业技术经验、掌握规律与知识的人或由人构成的组织，也可以是隐含或潜藏着规律与特性的客观存在的某一个事物。

（4）小巧灵活，可组合，可重用

工业 App 目标单一，只解决特定的问题，不需要考虑功能普适性，相互之间耦合度低。因此，工业 App 一般小巧灵活，不同的工业 App 可以通过一定的逻辑与交互进行组合，解决更复杂的问题。工业 App 集合与固化了解决特定问题的工业技术，因此，工业 App 可以重复应用到不同的场景，以解决相同的问题。

（5）结构化和形式化

工业 App 是流程与方法、数据与信息、经验与知识等工业技术的结构化整理和抽象提炼后的一种显性表达，一般以图形化方式定义这些工业技术及其相互之间的关系，并提供图形化人机交互界面，以及可视的输入输出。

（6）轻代码化

工业 App 的开发主体是具备各类工业知识的开发人员。工业 App 具备轻代码化的特征，以便于开发人员可以快速、简单、方便地将工业技术知识进行沉淀与积累。值得注意的是，轻代码化不是排斥代码。工业 App 需要一个非常庞大的生态来支撑，这就要求让掌握了工业技术知识的广大工程技术人员尽量都能参与到工业 App 生态建设的进程中。所以，工业 App 的开发主体一定是"工业人"，而不是"IT 人"。这就要求工业 App 的开发是在一种图形化的环境中通过简单的拖、拉、拽等操作和定义完成的，不需要代码或仅需要少量代码。

（7）平台化可移植

工业 App 集合与固化了解决特定问题的工业技术，因此，工业 App 可以在工业互联网平台中不依赖于特定的环境运行。

工业 App 从概念提出到开发、应用，以及生态的构建与形成，都是基于平台开展的。每一个工业 App 只解决特定的具体问题，这就要求工业 App 必须具备一个庞大的生态来支撑。生态的建设需要社会化力量共同努力，平台既可以提供工业 App 生态快速建设的基础，又可以减少每一个 App 开发过程中重复地进行基础技术开发和基础资源构建，降低工业 App 开发的门槛，还可以通过平台来统一规范与标准，实现工业 App 的广泛重用。

值得注意的是，工业 App 具有典型的"知识"属性，而工业软件具有明显的"工具"属性。工具可以提升效率，但不能保证结果的好坏，而知识与工具的结合既能提升效率，又能促进结果向更好的方向发展。因此，工业 App 虽然与传统工业软件存在明显的区别，但工业 App 往往需要与传统工业软件结合在一起使用，才能在实践中发挥出更好的效果。例如，工业 App 通过将行业工业技术结构化、数字化和模型化，可以建立各种工业技术之间的有序关联，形成覆盖工业产品研发、生产和运维全过程的完整知识图谱。表 4-1 显示了工业 App 与传统工业软件的区别，表 4-2 显示了消费 App 与工业 App 的区别。

表 4-1　工业 App 与传统工业软件的区别

比较项	工业 App	传统工业软件
部署方式	多种部署方式	通常本地化安装部署
操作	小轻灵活，易操作	体量巨大，操作使用复杂，需要具备某些专业领域知识才能使用
组成结构	可以多层级解耦	可以分模块运行，不可多层级解耦
面向领域	只解决特定的具体的工业问题	解决抽象层次的通用问题
依赖平台	必须依托平台提供的技术引擎、资源、模型等完成开发与运行	包含完整工业软件要素，如技术引擎、数据库等

表 4-2　消费 App 与工业 App 的区别

比较项	消费 App	工业 App
操作	小轻灵活，易操作	继承小轻灵活、易操作特征
工作原理	基于信息交换	基于工业机理
用户特征	用户是消费者	用户是产品设计、生产、经营者

传统工业软件与工业 App 既有区别，又有紧密的关系。传统工业软件可以通过云化迁移成为云化工业软件，也可以通过 App 化成为工业 App 集合。

而对于工业 App 和消费 App 的区别，可以看使用对象是终端消费者还是研发生产经营者，通常前者是消费 App，后者是工业 App。

4.1.3 工业 App 的发展现状与发展趋势

1. 工业 App 的发展现状

我国工业互联网 App 市场态势开局良好。我国工业领域门类齐全，基础雄厚，规模庞大，在制造业数字化、信息化和智能化过程中积累了大量的数据资源、知识资源，同时我国软件相关产业综合实力持续增强，在云计算、大数据、人工智能等前沿领域发展势头强劲，而且消费 App 成功的技术模式、商业模式不断出现，开发者社区不断成熟，对工业 App 的发展具有重要的借鉴意义，这些都是我国发展工业 App 的基础。

我国工业 App 市场前景也很广阔。我国工业场景众多，对应潜在的工业 App 业务需求量大，而随着众多制造业企业开展转型升级，制造业新模式、新业态的不断涌现，工业 App 市场空间也将不断扩展。目前在一些高端领域和重大工程实践中，工业 App 已经开展了初步的实践。

目前我国各领域企业都竞相布局工业 App。国内众多工业互联网平台领军企业，基于自身平台，结合特定行业开发了各类功能的工业 App。另外，传统的软件企业和自动化企业结合自身的软件技术优势，也都在向工业 App 方向开拓业务。一般而言，工业 App 处于工业互联网平台中的应用服务层，如图 4-3 所示。

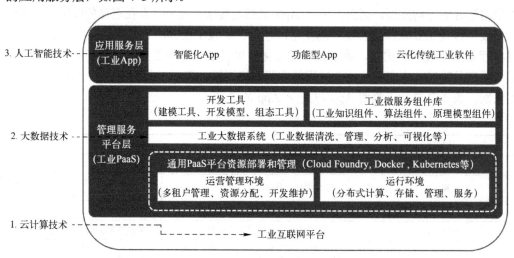

图 4-3　工业 App 在工业互联网平台中的位置

总的来说，在政策和行业需求的双重推动下，我国工业 App 的发展已经起步，但相比于发达国家而言，尚未形成有效的生态格局。下一步，我国工业 App 发展应充分发挥工业门类齐全、规模庞大的先天优势，充分整合各方力量和资源，形成平台提供商+应用开发者+海量用户的生态体系。

2. 工业 App 的发展趋势

目前国内外工业 App 呈现出平台+应用开发者+海量用户的发展趋势，从目前工业 App 发展基础、发展主体和发展模式来看，工业 App 的发展趋势将呈现以下 3 点。

一是线下定制开发的模式向"平台+软件"的线上模式转变。随着工业互联网平台、软件开发平台以及智能制造云服务平台正在不断推广，平台的优势不断显现，软件产品开发模式也将由线下定制向"平台+软件"的线上模式转变。众多中小规模的制造业企业智能化改造投入能力弱，而平台的建设是一项长期投入的事情，因此更多制造业企业会使用平台以及平台上的应用和服务来提高企业效益，这就形成了平台运营者和平台用户联合开发工业 App 的模式。对于软件开发企业来说，除了采用与制造业企业进行合作开发的传统模式，也将围绕平台开发出自己的工业 App 产品，而制造业企业也可利用平台开发工业 App 实现自己的业务需求，众多通用的工业 App 会逐步市场化推广，形成海量、开放的工业 App 资源。

二是海量的第三方开发者将成为工业 App 发展的主要推动力。软件开发平台、工业互联网平台微服务框架推广应用，大大降低了工业 App 开发的难度和门槛，大量的开发者和创客也都可以参与到工业 App 的开发中，软件开发者将不再局限于平台的运营者和平台客户，大量的工业工程师、软件工程师乃至数量更多的技术人员都能够依托平台进行自主开发，有限、封闭的软件开发方式将向海量的、开放的第三方开发方式过渡。

三是软件化能力强的制造业企业将成为工业 App 培育的一大主体。制造业企业的信息化意识越来越强，智能制造的理念不断深入，制造业企业开始用深厚的制造知识沉淀，逐渐培育信息化团队、规划软件研发能力，有计划地自主开发工业 App，将自身的制造经验、技术和知识采用软件的形式作用于工业过程，从而将成为工业 App 培育中的骨干和先锋。

预计到 2025 年，我国工业 App 初具百万规模，基础工业 App 大量开发完成，基本完全覆盖工业各个基础行业。与此同时，随着通用工业 App 开发企业和开发者的涌入，历史积累的大量国内外工业技术快速转化形成工业 App，促使通用工业 App 规模迅猛发展，成为工业 App 的主要组成部分。届时，工业 App 将有力地助推我国从制造大国向制造强国的转变。

4.2 工业 App 技术

4.2.1 工业 App 开发模式

基于工业互联网的工业 App，以其微内核架构、高内聚知识、高专用场景，降低了传统大型通用机理模型类工业软件的技术要求。针对特定场景、采用专用算法、基于即插即用式架构开发工业 App，将避免传统工业软件开发需要解决的复杂技术问题。利用工业互联网环境下的群智众创，针对不同特定对象和特定场景，建设海量的研发设计、生产制造、运行维护等类型的工业 App，可以将工业软件应用模式从"大型通用软件专业化应用"推进为"微小型专用 App 专业化应用"，从而实现化整为零、集腋成裘的工业软件后发突围。

工业 App 兼具工业知识和计算软件属性，其开发仍有一定门槛，需要兼懂工业和软件的复合人才。随着工业软件技术的发展，工业 App 手工开发的模式将逐渐被模型驱动的软件自动生成模式所取代，尤其是机理模型类工业软件更是如此。今后，工业互联网与工业 App 生态将会呈现三层结构：工业互联网平台提供运行管理资源环境；工业 App 开发环境或开发应用平台支持可视化的工业 App 开发；海量工业 App 应用于不同行业的不同对象的不同环节或场景。

4.2.2 工业 App 架构模式

目前，国内开发工业 App 多采用 MVC 架构模式（如图 4-4），该模式主要从 M（Model，数据模型与业务逻辑）、V（View，视图定义）、C（Controller，协调控制）三个层面来考虑。

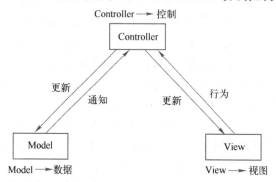

图 4-4　工业 App 架构模式

Model 封装了工业 App 应用的一系列数据，并定义了操作、处理这些数据的逻辑和计算规则。View 将应用模型对象中的数据显示出来，并允许用户编辑该数据。Controller 负责用户视图和业务逻辑的协调控制。不同的工业 App 在架构模式上一般是一致的，只是在数据模型与业务逻辑上有许多内置的工业领域相关的已有组件，这些组件包含特定的工业知识，具有工业特色。

4.2.3 工业 App 建模技术

复杂的工业技术内部包含大量具体的工业技术或科学知识，这些技术方法常常可以通过技术流程有序组成完整的工业技术。在工业产品制造和运行过程中，通过驱动各种工业技术涉及的技术流程，有序地调用具体技术和方法，进而达到支撑设计、试验、生产和保障等各种目标。

在面向技术流程形成工业 App 的过程中，需要建立各种方法之间的关联，这个过程就是技术流程建模，建模的结果是流程模板。技术流程建模需要处理技术流程中不同技术方法之间的数据串行、并行等形式，同时也需要根据不同技术流程的使用方式实现连续驱动或断点驱动。

在具体的实现中，工业 App 可采用基于统一建模语言规范（Modelica）的建模方法构建统一的多领域机理模型编译、分析及求解引擎，采用统一的方式表达工业过程的不同机理；提供基于输入处理输出（Input Process Output，IPO）方法的机理建模工具，并构建基于标准功能样机模型界面（Functional Mockup Interface，FMI）的模型集成环境，兼容工业过程已成熟应用的主流机理模型建模工具。

其中，Modelica 是一种以方程为基础的语言，适用于大规模复杂异构物理系统建模，并且较传统单领域建模手段，Modelica 语言基于广义基尔霍夫定律，实现了多领域系统同一平台建模，从而实现了系统级的动态特性仿真与分析。从 1997 年 9 月 Modelica 语言 1.0 版本开始，目前已到 3.1 版。经过广泛的国际合作，基于 Modelica 语言的模型库积累迅猛增长，并已公开发布 13 个免费共享模型库和 6 个付费的专业领域模型库，其模型库已覆盖汽车动力学、系统动力学、燃料电池、热动力、模糊控制等许多工程领域等。图 4-5 显示了使用 Modelica 进行工业 App 建模。

图 4-5　Modelica 工业 App 建模

　　基于 Modelica 的系统级设计与仿真技术归纳了机、电、液、控、热等各单学科原理的工程物理系统统一原理，使得不同学科可以采用统一的数学表达、统一的模型描述、统一的建模模式来实现统一建模与仿真，提供了"知识模型化"的手段。进一步通过 Modelica 统一的编译分析机制实现知识模型的统一仿真求解，生成仿真 C 代码，形成可执行的模型，从而实现"模型软件化"。两者结合即实现了"知识自动化"，即画出系统的拓扑原理图，即刻自动生成程序进行动态仿真。图 4-6 显示了基于 Modelica 系统的建模仿真。

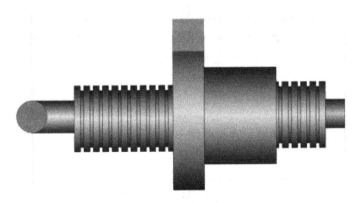

图 4-6　基于 Modelica 系统的建模仿真

4.2.4　工业 App 集成与封装技术

　　在工业软件集成方面，根据目前已有工业软件的现状分析，工业软件集成平台所涉及的软件工具的集成一般包括数据集成、功能集成和界面集成三个部分。数据集成为功能集成提供数据基础，界面集成为用户的使用提供交互基础，功能集成为界面集成提供服务基础。

　　在适配环境建设方面，将工程方法及工具软件封装为可重用组件单元，基于这些可重用的组件，工程人员可根据实际业务需求通过"搭积木"的方式将这些组件进行任意组合，建立具体业务流程以实现流程的模板化。模板内部既包含各业务操作流程节点间的逻辑关系，又包含节点间的数据传递关系。

为了充分利用其他已有工业软件，特别是成熟、广泛应用的通用工业软件，可以将面向特定领域的工业技术细分到可以采用其他工业软件（或其中一部分，例如解算器）为止。此时，可以采用软件化方法将细分后的方法和相关工业软件进行封装，从而形成新的工业 App。在封装过程中，如果这些方法及工业 App 之间关系非常紧密，具有高度内聚性，则可以采用代码、脚本等方式封装；如果较为简单，则可以采用技术流程封装。

4.2.5　工业 App 数据管理

各种工业技术的输入和输出都包含大量的技术数据，所以工业 App 开发平台需要对技术数据进行统一管理，并可以被流程模板和方法模块调用。技术数据管理需要按照工业技术的特点，首先对数据进行建模，并组织各种数据模型之间的相互关系。之后，很多工业技术需要依赖各种材料数据库、型号数据库、零部件数据库等，所以需要建立相应的基础数据库。最后，在工业 App 运行过程中，流程模板和方法模块都会产生大量新的数据，这些数据需要按需进行管理。

4.2.6　工业 App 对象集成

工业技术的运行具有大量的使用环境，包括其他的工业软件、工业硬件以及具有数据交互的其他相关对象。在技术方法封装过程中，需要与这些对象开展集成。

对象集成技术一般采用适配器的方式完成。适配器具有两个方向的接口，一个接口面向技术对象，可以基于个性化的数据交换规范实现集成；另一个接口面向平台，可以采用规范性的数据模型进行表达和通信，从而针对同类技术对象采用相同或类似的数据交换规范，进而使平台上运行的各种工业 App 无须了解不同技术对象的个性化集成规范要求。

4.2.7　工业 App 安全设计技术

工业 App 用于工业生产环境，容易受到干扰或干扰别的设备，且执行错误的后果不仅仅是数据错误而是有可能导致不可估量的灾难，对工业 App 的质量，尤其是安全性，有更高的要求。在安全性方面，普通 App 往往关注信息安全，而工业 App 不仅要重视信息安全，更要重视功能安全。因此，应针对工业 App 开展安全风险分析和安全性设计。

在对工业 App 进行安全设计时，应在整个研发周期中尽早地建立相关的组织和规则，对软件开发周期中的各种活动加以规范，主要包括与系统的接口、软件规格、既有软件、软件设计规划、编码等方面的内容。

此外，在进行工业 App 开发时，还要不断完善工业知识库。因为工业的发展是靠工业知识推动的，工业知识是人们对产品实现、价值获取的实践经验的总结和抽象，因此工业知识库是工业的核心驱动力，也是工业 App 的重要支撑。工业知识库主要建设内容包括：数据智能算法、工业数据集成、智能工业协议、工业语料库实现、基于智能语义的归一化处理、工业数据结构化处理、工业成组技术实现、工业成组知识库搭建、工业三化知识库搭建、工业辅助知识库搭建、工业知识图谱搭建以及工业应用组件实现等。

4.3 工业 App 开发

4.3.1 工业 App 标准化设计

标准是维护行业最佳秩序、快速推广应用新技术的重要手段。工业 App 作为新理念，新技术，对我国的工业互联网创新应用和智能制造发展有着举足轻重的作用，必须通过开展统一的标准化研究和制定工作，来规划发展方向，规范基础要求，指导整个行业健康、高水平发展。根据中国电子技术标准化研究院的研究，工业 App 标准体系可以从基础、开发、应用、服务和安全 5 个方面来开展。基础类标准，解决方法论和落地实施的问题；开发类标准，围绕工业 App 的全生命周期，为工业 App 研发、设计提供方法和指导，重点解决共性的关键技术问题；应用类标准，围绕工业 App 间的协调集成，重点解决工业 App 集成应用和平台部署运行等问题；服务类标准，重点解决工业 App 运维、测试、产品评价和交易流通等典型服务的规范问题；安全类标准，重点解决工业 App 研发、设计、应用过程中的安全问题。

4.3.2 工业 App 开发平台

工业 App 开发平台主要面向工业领域的工程师，可以提供丰富的通用工业软件和硬件接口、更适用于表达工业技术特征的软件功能，以及更加便捷的操作方式。面对特定领域的业务，可以通过便捷的操作和快速的指令，轻松完成面向业务内容的开发，其对软件开发知识的要求一般较小。工业 App 开发平台主要包括工业 App 建模环境、工业 App 模板库、技术对象资源库和工业 App 测试环境。

1. 工业 App 建模环境

工业 App 建模环境是开发平台的核心模块，负责工业 App 的流程和数据建模。工业 App 建模环境一般为图形化封装界面，方便工程师按照工业场景内各种工业要素的相互关系，将其背后的工业技术转化形成应用软件背后的程序逻辑和数据对象。同时构建工业 App 应用过程中的交互界面，并建立当前工业 App 对外的开放接口。

除此之外，建模环境一般也提供便捷的代码封装方式，将一些复杂的逻辑关系以代码编程的方式融入图形化封装的软件模块中。

2. 工业 App 模板库

工业 App 模板库是减轻工业 App 重复开发的支撑模块。模板库一般包括在工业 App 开发过程中常用的大量工程中间件、具有一定共性的工业 App 半成品，以及大量开源的工业 App 等模板。这些模板已经具有一些基础或通用的工业技术、共性流程和数据模型。工业 App 可以在这些模板上面向不同场景封装一些个性化的工业技术，从而减少大量的重复封装工作。模板库一般可以按照行业、产品、阶段、模板类型等不同维度进行分类，并提供快速检索等功能。此外，模板库常常与工业互联网平台开源社区等网络模型库进行交互，实现模块的快速更新和可控共享。

3．技术对象资源库

技术对象资源库是连接各种工业软件和硬件资源的关键模块。由于工业 App 常常基于适配器与外部技术对象进行数据交互，所以资源库中一般管理有不同技术对象的适配器，如各种 CAX 软件适配器、EPR 等软件系统适配器、办公软件适配器、数控设备适配器和其他网络系统适配器等。对于相同类型的技术对象而言，它们的适配器可能是通用的；但是对于很多技术对象而言，适配器常常是专用的。所以，资源库需要准确管理技术对象和适配器之间的匹配关系。如同工业 App 模板一样，技术对象资源库常常也需要分门别类、快速检索，并与开源社区进行交互。

4．工业 App 测试环境

工业 App 测试环境是开展快速调试的工业 App 质量控制模块。工业 App 测试是在工业 App 交付前的重要环节。测试环境需要与建模环境进行深度集成，从而方便工程师在开发过程中及时针对内部流程、数据模型、外部接口和使用交互等各项内容进行全方位测试，全面提醒软件缺陷位置，并在一定范围内提供修改建议。工业 App 测试不仅仅需要保障不存在软件开发漏洞、软件安全缺陷等，更需要测试工业 App 是否满足工业场景的功能应用需求。

4.3.3 工业 App 质量控制

工业 App 作为一类面向工业领域的应用软件，同样具有一般软件的特点，并且在软件性能上对质量、可靠性和安全性有更严格的要求。

软件质量是指与软件产品满足明确或隐含需求的能力有关的特性。软件质量形成于过程，工业 App 开发过程的质量控制可从软件评测、阶段评审、第三方质量保障等方面着手。

1．软件评测

验证和确认软件质量的手段就是测试。目前已有的软件测试技术和方法也适用于工业 App 测试，但工业 App 直接应用于工业企业的设计、生产、运维和管理过程，对质量、可靠性和安全性的要求更高。从测试内容的角度来说，工业 App 测试需要关注其场景符合性和适应性，同时也要重点关注工业 App 的安全性，以及对非法操作、异常情况下的处理能力。对工业 App 测试，企业一方面要建立内部的测试体系，规范整个工业 App 的测试过程和测试要求，同时也要充分借助和依托外部第三方检测机构的专业技术资源，全方位开展工业 App 的测试工作，提高工业 App 的质量水平。表 4-3 显示了工业 App 的常见评测标准。

表 4-3　工业 App 的常见评测标准

评测指标	说　　明
准确性	工业 App 系统在运行中应能达到预期的精确度
可靠性	在使用工业 App 时不应存在丢失数据的情况
易理解性	有关工业 App 的各项功能、界面输入和输出的格式和含义应是清晰且易理解的
易学性	借助工业 App 帮助功能或用户文档集提供的手段，最终用户应能够学习如何使用某一功能
易操作性	工业 App 各项功能应是指向明确且容易操作的
效率性	单个典型的业务流程在多用户并发时应满足规定的余量要求，一般应不少于 20%；多个典型业务流程在同一场景中并发时工业 App 性能应正常；模拟日常工业 App 高峰业务情况，系统应无内存泄漏、资源未释放等故障

（续）

评测指标	说　　明
安全性	工业 App 应能按照信息安全要求，对用户身份进行鉴别和访问控制；工业 App 应能按照信息安全要求，设置用户访问权限；工业 App 应能防止对程序和数据的未授权访问；工业 App 应具备日志管理和行为审计功能
兼容性	工业 App 应能与不同界面、不同工业设备、主流工业互联网云平台的不同工业网络协议进行正确的交互
复用性	工业 App 应具有良好的二次开发接口
模块性	工业 App 应由构成模块以堆积木的形式构成，构成模块之间的接口应清晰明了，具有详细的接口说明文档
易扩展性	工业 App 作为基础模块应能开发扩展成其他工业 App 并正常使用

2. 阶段评审

工业 App 开发过程的阶段评审主要包括需求规格说明评审，设计规格说明评审，代码评审，测试方案、测试用例和测试报告评审。

3. 第三方质量保障

第三方检测机构有着天然的专业优势，可以从总体和全过程提供相关的质量保障服务。工业 App 需方、供方、管理方应充分利用和发挥好第三方检测的专业价值和作用，为工业 App 的高质量、高安全发展提供支撑。

4.4　本章小结

通过本章的学习，可以了解工业 App 的定义与体系框架；了解工业 App 的分类与意义；了解工业 App 的特点；了解工业 App 的发展趋势；了解工业 App 技术；了解工业 App 开发。

【学习效果评价】

复述本章的主要学习内容	
对本章的学习情况进行准确评价	
本章没有理解的内容是哪些	
如何解决没有理解的内容	

注：学习情况评价包括少部分理解、约一半理解、大部分理解和全部理解 4 个层次。请根据自身的学习情况进行准确的评价。

4.5　练习题

一、选择题

1. 行业（　　）才是工业软件的核心竞争力。
   A. 机械技术　　　B. Know-How　　　　C. 应用　　　　D. 科学
2. 工业 App 体系框架是一个三维体系，包含了工业维、技术维和（　　）三个维度。
   A. 应用维　　　　　　　　　　　B. 平台维
   C. 开源维　　　　　　　　　　　D. 软件维

3. 工业 App 的开发主体是具备各类（　　）的开发人员。

　　A. 软件开发　　　　B. 技术　　　　　　　C. 工业知识　　　D. 工业应用

4. 工业 App（　　）是开发平台的核心模块，负责工业 App 的流程和数据建模。

　　A. 建模环境　　　　B. 开发环境　　　　　C. 测试环境　　　D. 运行环境

5. 工业 App 作为一类面向工业领域的应用软件，同样具有（　　）的特点，并且在软件性能上对质量、可靠性和安全性有更严格的要求。

　　A. 数据　　　　　　B. 一般软件　　　　　C. 开源平台　　　D. 智能软件

二、简答题

1. 请阐述什么是工业软件。

2. 请阐述工业 App 的体系框架。

第5章 智能制造与工业互联网

5.1 认识智能制造

5.1.1 智能制造简介

当前，以新一代信息通信技术与制造业融合发展为主要特征的产业变革在全球范围内孕育兴起，智能制造已成为制造业发展的主要方向。

1. 智能制造介绍

根据工业互联网产业联盟发布的《工业互联网术语与定义》，智能制造应当包含智能制造技术和智能制造系统。智能制造包含的智能制造技术是指贯穿应用于整个制造企业子系统涉及的新设备、新材料、新工艺、新技术等，如目前炙手可热的 3D 打印、石墨烯、虚拟现实等都属于这一范畴。智能制造包含的智能制造系统主要是指人工智能，主要涉及"三算"：算力、算据、算法。人工智能的算力主要是建立在云计算之上，算据是来自于工业物联网对各种设备的数据采集而形成的工业大数据，算法是将工业技术原理、行业知识、基础工艺、模型工具等进行规则化、软件化、模块化。智能制造系统不仅能够在实践中不断地充实知识库，而且还具有自学习功能，还有搜集与理解环境信息和自身信息，并进行分析判断和规划自身行为的能力。根据中国工程院的解释，新一代智能制造是数字化、网络化、智能化技术与制造技术的深度融合，其核心是新一代人工智能技术与制造技术的深度融合。

因此，推动智能制造，能够有效缩短产品研制周期，提高生产效率和产品质量，降低运营成本和资源能源消耗，并促进基于互联网的众创、众包、众筹等新业态、新模式的孕育发展。

2. 智能制造的意义

智能制造顾名思义就是为传统的制造赋予智能，这里的智能是指"人工智能"。通俗地讲，人工智能就是将人类的知识、经验、方法等验证无误的内容编译成软件，将原来由人执行的任务转为由计算机来执行的过程，也就是说，把人的知识转化成计算机的知识，计算机支持软件运行，生成模型，完成工业产品的研发设计、工艺设计、生产过程管理、批生产交付、运行维护、大修以及复杂的管理体系等。

智能制造具有以智能工厂为载体、以关键制造环节智能化为核心、以端到端数据流为基础、以网络互联为支撑等特征，这实际上指出了智能制造的核心技术、管理要求、主要功能和经济目标，体现了智能制造对于我国工业转型升级和国民经济持续发展的重要作用。

从整体效果来看，智能制造能够提升企业快速响应变化的能力。市场或用户有了新的需求，能够尽快设计并制造出来以供应市场；供应链发生变化时，能尽量避免对生产经营产生的不利影响；生产设备或产品质量发生问题时，能尽快找到问题的根源和解决问题的办法。

从业务角度来看，推进智能制造的主要作用是要促进多方协同、资源共享和知识复用。通俗地讲，协同就是多方协作时"不掉链子"，不耽误彼此的工作；资源共享有利于低成本地获得优质资源；知识复用则可以提高研发和服务的效率，降低获得知识的成本。当企业中的物质、知识和人力资源都能用数字化描述时，互联网就容易促进协同、共享和复用。

智能化对工业企业的意义非常巨大。从企业生态的层面来看，智能化能促进企业之间的分工细化并在企业间建立新的生态关系。"分工促进生产力的发展"是一条非常重要的经济规律。由于互联网能够提高企业之间的协同能力，降低分工的负面影响，这为促进分工的细化奠定了基础。总之，从企业间的关系来看，智能化能够促进社会资源的优化配置。从企业自身的层面来看，智能化能提升企业的管理能力。在我国很多企业中，技术水平低的本质往往是管理水平差，例如，某些企业的管理问题所导致的成本损失会超过企业的利润。通过推进智能化，人类的很多决策工作可以交给机器去做，也可以在机器帮助或"监督"下去做，通过提升企业的管理能力，大大减少管理不善导致的问题。从现实效果来看，智能化往往能够有效地实现企业整体利益最大化。

5.1.2 智能制造的发展现状与发展趋势

近几年来，随着科技的飞速发展，"中国制造"向"中国智造"转型的故事正在上演。而随着 5G 时代的到来，众多中国科技企业也是迅速崛起，进一步推动了"中国智造"的发展进程。

1. 智能制造的发展现状

智能制造是一种由智能机器和人类专家共同组成的人机一体化智能系统，它在制造过程中能进行智能活动，诸如分析、推理、判断、构思和决策等。通过人与智能机器的合作共事，去扩大、延伸和部分地取代人类专家在制造过程中的脑力劳动。它把制造自动化的概念更新，扩展到柔性化、智能化和高度集成化。

我国已具备发展智能制造的基础与条件。一是取得了一大批相关的基础研究成果，掌握了长期制约我国产业发展的部分智能制造技术，如机器人技术、感知技术、复杂制造系统、智能信息处理技术等。以新型传感器、智能控制系统、工业机器人、自动化成套生产线为代表的智能制造装备产业体系初步形成。二是我国制造业数字化具备一定的基础。目前规模以上工业企业在研发设计方面应用数字化工具普及率已经达到 54%，生产线上数控装备比重已经达到30%。

然而，与发达国家相比，我国还有较大差距，体现在以下几个方面。

一是智能制造基础理论和技术体系建设滞后。目前，我国主要侧重智能制造技术追踪和技术引进，而基础研究能力相对不足，对引进技术的消化吸收力度不够，原始创新匮乏；控制系统、系统软件等关键技术环节薄弱，技术体系不够完整。

二是我国发展智能制造的数字化基础较为薄弱，制造业发展整体上还处于机械自动化向数字自动化过渡阶段，如果以德国工业 4.0 作为参照系，比较一致的看法是我国总体上还处于 2.0 时代，部分企业在向 3.0 时代迈进。

三是关键技术和核心部件受制于人。高端传感器、智能仪器仪表、高档数控系统、工业应用软件等市场份额不到 5%，大型工程机械所需 30MPa 以上液压件全部进口，大型转载机进口部件占整机价值量的 50%～60%。

四是高端软件产品缺乏。我国制造业的"两化"融合程度相对较低，低端 CAD 软件和企业管理软件得到很好的普及，但应用于各类复杂产品设计和企业管理的智能化高端软件产品缺失，在计算机辅助设计、资源计划软件、电子商务等关键技术领域与发达国家差距依然较大。

五是企业系统集成能力较为薄弱，缺乏像西门子、GE 这样的国际级大型企业，质量和水平不高。

当前，智能制造已成为我国建设制造强国的主攻方向，加快发展智能制造的解决方案是推动中国制造迈向高质量发展、形成国际竞争新优势的必由之路。中国制造企业必须通过数字化转型提升产品创新与管理能力，提质增效，从而赢得竞争优势。

2．智能制造的发展趋势

我国制造业走过机械化、自动化、数字化等发展阶段，已经搭建起完整的制造业体系和制造业基础设施，在全球产业链中具有重要地位。这让中国具备了实现智能制造、推动全球产业链变革的可能性和基础实力。而智能制造未来将从以下几个方面推动企业转型升级。

（1）智能设计

智能设计是指将智能优化方法应用到产品设计中，利用计算机模拟人的思维活动进行辅助决策，以建立支持产品设计的智能设计系统，从而使计算机能够更多、更好地承担设计过程中的各种复杂任务，成为设计人员的重要辅助工具。目前在制造领域常见的智能设计包括以下几种。

1）衍生式设计。衍生式设计是指建立在数字化制造条件下的、基于协议与规则的、用户深度参与产品生成过程的设计方法。衍生式设计由设计师给出一个大致的设计空间（包含结构、体积、形态元素），计算机通过数据的计算可以高效地生成大量的设计方案，然后基于用户的限定筛选出符合设计要求的高质量方案。衍生式设计不但在方案数量上有优势，而且能产生出很多有创新的设计，构造设计师难以想象的复杂形态，激发设计师的灵感。

2）拓扑优化设计。拓扑优化设计以设计域内的孔洞有无、数量和位置等拓扑信息为研究对象，其基本思想是利用有限元技术、数值计算和优化算法，在给定的设计空间内，寻求满足各种约束条件（如应力、位移、频率和重量等），使目标函数（刚度、重量等）达到最优的孔洞连通形式或材料布局，即最优结构拓扑。

3）仿真设计。当所研究的系统造价昂贵、实验的危险性大或需要很长的时间才能了解系统参数变化所引起的后果时，仿真是一种特别有效的研究手段。仿真设计是通过使用计算机仿真软件辅助设计的方法。仿真软件的种类很多，在工程领域，有机构动力学分析、控制力学分析、结构分析、热分析、加工仿真等仿真软件系统。

4）可靠性优化设计。可靠性优化设计是指保证产品安全性能的前提下，借助优化技术实现结构造价或产品某些性能（如刚度、强度等）的最优设计。RBDO 将可靠性分析理论和确定性优化设计相结合，考虑载荷、材料特性、制造误差等不确定性因素的不确定性对确定性约束的影响，确保所有约束都处于安全区域。其中不确定性分析通常假设不确定性参数服从某种特定的概率分布。

5）多学科优化设计。多学科优化设计旨在解决大规模复杂工程系统设计过程中多个学科耦合和权衡问题的一种新的设计方法。它充分探索和利用工程系统中相互作用的协同机制，考虑各个学科之间的相互作用，从整个系统的角度优化设计复杂的工程系统。

（2）智能产品

智能产品通常包括机械、电气和嵌入式软件，具有记忆、感知、计算和传输功能。典型的智能产品包括智能手机、智能可穿戴设备、无人机、智能汽车、智能家电、智能售货机等，包括很多智能硬件产品。值得注意的是，智能装备也是一种智能产品。当前制造企业应该思考如何在产品上加入智能化的单元，提升产品的附加值。图 5-1 所示为智能机器狗。

图 5-1　智能机器狗

（3）智能装备

智能制造模式下的工业生产装备需要与信息技术和人工智能等技术进行集成与融合，从而使传统生产装备具有感知、学习、分析与执行能力。生产企业在装备智能化转型过程中可以从单机智能化或者单机装备互联形成智能生产线或者智能车间两方面着手。但是值得注意的是，单纯地将生产装备智能化还不能算真正意义上的装备智能化，只有将市场和消费者需求融入装备升级改造中，才算得上是真正实现全产业链装备智能化。图 5-2 所示为工业机器人。在智能制造领域，工业机器人作为一种集多种先进技术于一体的自动化装备，体现了现代工业技术的高效益、软硬件结合等特点，成为柔性制造系统、自动化工厂、智能工厂等现代化制造系统的重要组成部分。机器人技术的应用转变了传统的机械制造模式，提高了制造生产效率，为机械制造业的智能化发展提供了技术保障；优化了制造工艺流程，能够构建全自动智能生产线，为制造模块化作业生产提供了良好的环境条件，满足现代制造业的生产需要和发展需求。

图 5-2　工业机器人

（4）智能产线

很多行业的企业高度依赖自动化生产线，比如钢铁、化工、制药、食品饮料、烟草、芯片制造、电子组装、汽车整车和零部件制造等，实现自动化的加工、装配和检测，一些机械标准件生产也应用了自动化生产线，比如轴承。但是，装备制造企业目前还是以离散制造为主。很多企业的技术改造重点就是建立自动化生产线、装配线和检测线。因此，智能产线是一种由智能机器和人类专家共同组成的人机一体化系统，如图 5-3 所示。它在过程中能以一种高度柔性的方式，借助计算机模拟人类专家的智能活动。智能产线通过分析、推理、判断、构思和决策等，从而取代或者延伸制造环境中人的部分脑力劳动，且可以通过感知收集、存贮、完善、共享、集成、发展人类专家的智能。

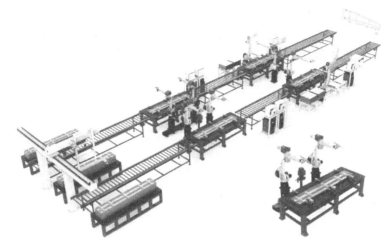

图 5-3　智能产线

（5）智能研发

离散制造企业在产品研发方面，已经应用了 CAD/CAM/CAE/CAPP/EDA 等工具软件和 PDM/PLM 系统，但是很多企业应用这些软件的水平并不高。企业要开发智能产品，需要机、电、软多学科的协同配合；要缩短产品研发周期，需要深入应用仿真技术，建立虚拟数字化样机，实现多学科仿真，通过仿真减少实物试验；需要贯彻标准化、系列化、模块化的思想，以支持大批量客户定制或产品个性化定制；需要将仿真技术与试验管理结合起来，以提高仿真结果的置信度。

（6）智能车间

智能车间以产品生产整体水平提高为核心，关注于生产管理能力提高、产品质量提高、客户需求导向的及时交付能力提高、产品检验设备能力提高、安全生产能力提高、生产设备能力提高、车间信息化建设提高、车间物流能力提高、车间能源管理能力提高等方面。通过网络及软件管理系统把数控自动化设备（含生产设备、检测设备、运输设备、机器人等所有设备）实现互联互通，达到感知状态（含客户需求、生产状况、原材料、人员、设备、生产工艺、环境安全等信息），分析实时数据，从而实现自动决策和精确执行命令的自组织生产的精益管理境界的车间。图 5-4 所示为智能车间。

（7）智能工厂

一个工厂通常由多个车间组成，大型企业有多个工厂。作为智能工厂，不仅生产过程应实现自动化、透明化、可视化、精益化，同时，产品检测、质量检验和分析、生产物流也应当与生产过程实现闭环集成。一个工厂的多个车间之间要实现信息共享、准时配送、协同作业。一些离散制造企业也建立了类似流程制造企业那样的生产指挥中心，对整个工厂进行指挥和调度，及时发现和解决突发问题，这也是智能工厂的重要标志。值得注意的是，智能工厂必须依赖无缝集成的信息系统支撑，主要包括 PLM（Product Lifecycle Management，产品生命周期管理）、ERP（Enterprise Resource Planning，企业资源计划）、CRM（Customer Relationship Management，客户关系管理）、SCM（Software Configuration Management，软件配置管理）和 MES（Manufacturing Execution System，制造执行系统）五大核心系统。大型企业的智能工厂需要应用 ERP 系统制定多个车间的生产计划，并由 MES 系统根据各个车间的生产计划进行详细排产，其中 MES 排产的力度是天、小时，甚至分钟。智能工厂是现代工厂信息化发展的新阶段，是在数字化工厂的基础上，利用物联网技术、设备监控技术加强信息管理和服务，清楚地掌握产销流程，提高生产过程的可控性，减少生产线上的人工干预，即时准确地采集生产线数据，以合理编排生产计划与生产进度，并通过绿色智能手段和智能系统等新兴技术的运用，构建一个高效节能、绿色环保、环境舒适的人性化工厂。

图 5-4　智能车间

（8）智能物流与供应链

制造企业内部的采购、生产、销售流程都伴随着物料的流动，因此，越来越多的制造企业在重视生产自动化的同时，也越来越重视物流自动化，自动化立体仓库、自动导引车（Automated Guided Vehicle，AGV）、智能吊挂系统得到了广泛的应用。而在制造企业和物流企业的物流中心，智能分拣系统、堆垛机器人、自动辊道系统的应用日趋普及，WMS（Warehouse Management System，仓库管理系统）和 TMS（Transport Management System，运输管理系统）也受到制造企业和物流企业的普遍关注。图 5-5 所示为智能分拣系统。

图 5-5　智能分拣系统

（9）智能管理

随着大数据、云计算等互联网技术、移动通信技术以及智能设备的成熟，管理智能化也成为可能。在整个智能制造系统中，企业管理者使用物联网、互联网等实现智能生产的横向集成，再利用移动通信技术与智能设备实现整个智能生产价值链的数字化集成，从而形成完整的智能管理系统。此外，生产企业使用大数据或者云计算等技术可以提高企业搜集数据的准确性与及时性，使智能管理更加高效与科学。

（10）智能服务

智能服务作为智能制造系统的末端组成部分，起到连接消费者与生产企业的作用，服务智能化最终体现在线上与线下的融合 O2O 服务（在线离线服务），即一方面生产企业通过智能化生产不断拓展其业务范围与市场影响力，另一方面生产企业通过互联网技术、移动通信技术将消费者连接到企业生产当中，通过消费者的反馈与意见不断提升产品服务质量和客户体验度。智能服务强调知识性、系统性和集成性，强调以人为本的精神，为客户提供主动、在线、全球化服务，它采用智能技术提高服务状态/环境感知、服务规划/决策/控制水平，提升服务质量，扩展服务内容，促进现代制造服务业这一新业态的不断发展和壮大。

（11）智能决策

智能决策组织或个人综合利用多种智能技术和工具，基于既定目标，对相关数据进行建模、分析并得到决策的过程。该过程综合约束条件、策略、偏好、不确定性等因素，可自动实现最优决策，以用于解决新增长时代日益复杂的生产、生活问题。事实上，今天智能决策之所以得到企业和市场的广泛关注，最为重要的原因是它作为工业智能化的价值核心，无论是在工业互联网的建设中还是在企业智能制造的转型中，都正在发挥更多的价值。

在中国智能制造的转型升级中，工业互联网正成为赋能企业增长的重要力量，而智能决策又是工业互联网建设中最为核心的环节。工业互联网的智能化体现在感知控制、数字模型、决策优化三个基本层次，基于海量工业数据全面感知，通过端到端的数据深度集成与建模分析，实现核心环节智能优化与决策，由自下而上的信息流与自上而下的决策流共同构成了应用优化闭环。从这个角度来说，以智能决策为核心的决策优化是工业互联网智能化的"大脑"，能够最大化发挥工业数据的价值，成为工业互联网价值实现的关键。

而智能决策要落地就必须综合利用多种智能技术和工具，而在这其中最为关键的两大技术支撑就是机器学习技术和运筹优化技术。具体而言，机器学习技术主要是通过强化学习、深度学习等算法实现预测，通常需要大量数据来驱动模型以实现较好的效果，它往往适用于描述预测类场景，如销量预测等；而运筹优化技术则是基于对现实问题进行准确描述刻画来建模，通过运筹优化算法在一定约束条件下求目标函数最优解，对数据量的依赖性弱，结果的可解释性强，它往往适用于规划、调度、协同类问题，如人员排班、补配货等场景。比如，在服装行业或者零售快销当中要进行一些补货的操作，就必须先对前端市场有一定的预测，再利用运筹优化这样的多级库存模型，才能更好地制定出补货的策略。

未来，智能制造将以智能产品和智能服务创新商业模式，以智能装备、智能产线、智能车间和智能工厂创新生产模式，以智能研发和智能管理、智能物流与供应链创新运营模式，最终实现智能决策。

5.2 智能制造与工业互联网

5.2.1 智能制造与工业互联网的区别

智能制造致力于实现整个制造业价值链的智能化，推进智能制造过程中需要诸多使能技术。工业互联网是智能制造现阶段的关键载体，是互联网、云计算、大数据、物联网、人工智能等新一代信息技术在制造业融合应用的产物。因此，工业互联网是实现智能制造的关键基础设施，或者说关键的使能技术。工业互联网是智能制造实现应有价值、让企业真正从中获益的必要条件和基石。

工业互联网是全球工业系统与高级计算、分析、感应技术以及互联网连接融合的一种结果。工业互联网的本质是通过开放的、全球化的工业级网络平台把设备、生产线、工厂、供应商、产品和客户紧密地连接和融合起来，高效共享工业经济中的各种要素资源，从而通过自动化、智能化的生产方式降低成本、增加效率，帮助制造业延长产业链，推动制造业转型发展。

总体看来，工业互联网侧重基于数据资产的智慧服务，将互联网技术和思维模式引入到工业的生产组织当中去，使得日常生产中的海量数据信息传递、集成、挖掘成为可能，主要由工业平台为企业提供定制化的服务，帮助企业上云。智能制造侧重于工业制造，是信息技术与制造技术的深度融合和集成，通过对市场用户的数据收集，优化制造产业链过程，最大程度提升效率，提高生产的灵活性和高质量，实现工厂智能自动化，是全球工业的终极目标。

5.2.2 智能制造与工业互联网的联系

从德国的"工业 4.0"、美国的"先进制造伙伴战略"到英国的"高价值战略"，工业互联网已成为主要工业国家抢占国际制造业竞争的制高点。作为当前产业变革的核心驱动和战略焦点，智能制造与工业互联网有着紧密的联系。

1. 工业互联网是智能制造的基础

智能制造与工业互联网有着紧密的联系，智能制造的实现主要依托两方面的基础能力。一是工业制造技术，包括先进装备、先进材料和先进工艺等，是决定制造边界与制造能力的根本；二是工业互联网，包括智能传感控制软硬件、新型工业网络、工业大数据平台等综合信息技术要素，是充分发挥工业装备、工艺和材料潜能，提高生产效率，优化资源配置效率，创造差异化产品和实现服务增值的关键。因此，工业互联网是智能制造的关键基础，为其变革提供了必需的共性基础设施和能力，同时也可以用于支撑其他产业的智能化发展。

智能制造是侧重于生产制造环节的，致力于产品全生命周期的数字化与智能化。智能制造的基础是生产和产品数据的采集、传输、处理、分析及应用，上述数据操作需要一个端到端的网络平台作为管道和载体，这个网络平台就是工业互联网，在结构上位于产线级和车间级之间。

2. 工业互联网助力智能制造

从能力供给角度讲，工业互联网主要通过五大技术来支持实现智能制造，包括工业软件技术、工业网络技术、工业平台技术、工业安全技术、工业智能技术。与传统互联网相比，工业互联网致力于通过生产要素的互联互通形成全面的数据驱动智能制造，在这个过程中，工业互联网自身也演进并构建出面向智能制造的三大优化闭环。其一，设备运行优化的闭环，基于对设备数据、生产数据的实时感知和边缘计算，实现设备的动态优化调整，构建智能机器和柔性产线；其二，生产运营优化的闭环，基于信息系统数据、制造执行系统数据、控制系统数据等的集成处理和大数据建模分析，实现生产运营管理的动态优化调整，形成各种场景下的智能生产模式；其三，面向企业协同、用户交互和产品服务优化的闭环，基于供应链数据、用户需求数据、产品服务数据等的综合集成和分析，实现企业资源组织和商业活动的创新，形成网络化协同、个性化定制、服务化延伸等新模式。

总体而言，智能制造与工业互联网都属于先进工业范畴的理念，既互有联系，也各不相同。智能制造源于人工智能的研究，是人工智能与制造技术的融合，是制造技术发展，特别是制造信息技术发展的必然，也是自动化和集成技术纵深发展的结果。工业互联网是工业与互联网结合的产物，整合了工业革命和网络革命的优势。因此，工业互联网是工业企业数字化转型的核心生产要素和推动力，而智能制造需要借助工业互联网打造全新的工业生态系统。

5.2.3　智能制造与工业互联网的融合

智能制造与工业互联网产业是支撑未来新型工业制造能力体系的重要方面，又可细分为高端智能装备、工业自动化、工业软件及其应用、工业互联网平台四部分。

1. 高端智能装备

制造装备智能化是先进制造技术、信息技术、智能技术的集成和融合，主要判断标准在于能否实现感知、分析、推理、决策、控制等功能。而智能制造装备是智能制造的重要构成，包括工业机器人、数控机床和增材制造设备等硬件工业基础设施，智能控制软件系统和以传感器为代表的检测设施。

当前，我国智能装备产业在低端市场具备一定的基础，但高端市场占比较低，基础工艺与算法成为关键技术方面的重要短板；还存在着创新能力薄弱、市场规模小、产业基础不牢等问题。例如，国产化产品主要集中在中低端（搬运机器人、喷涂机器人、中低档机床等）。

从长远来看，智能化、网联化的发展趋势将促进装备的协同智能演进，智能装备产业的新核心、新环节、新主体将会不断涌现。

2. 工业自动化

工业自动化涵盖工业控制、工业网络、工业传感器等多类产业，主要提供感知、控制、传输等类别的产品与解决方案，支持实现运营技术（OT）层面的智能制造能力。我国已部分实现国产化产品替代，但关键市场与技术的把控力仍然不强，核心产品与标准仍由国际企业主导。

在工业控制系统方面，德国企业在大中型可编程逻辑控制器（PLC）方面具有优势，占据全球市场份额仍然较大；国内企业主要在小型 PLC 方面占有部分份额。在技术层面，国外企业依然保持着微控制单元（MCU）、数字信号处理器（DSP）、现场可编程门阵列（FPGA）等核心元器件技术的垄断地位。

在工业网络方面，国外自动化企业掌控了主要市场以及网络核心标准。我国企业处于产业边缘环节，格局基本固化，短期难有改变。

着眼未来，新型算法将支撑产品形态和功能的变革，自动化与云计算企业将联合推动工业自动化向边缘智能发展。在产业层面则顺应技术发展趋势，由自动化企业牵头投资并整合人工智能研发，通过产品智能化升级来巩固市场地位。

3. 工业软件及其应用

工业软件是指在工业场景下进行研发设计、生产管理、运营管理的各类软件。工业软件正从复杂系统软件向便捷平台转变，工业 App 成为工业软件的新形态。工业 App 基于平台，承载工业知识和经验，运行在各类工业终端，以处理某类业务问题或面向某类业务场景为主，具有轻量化特征。

当前，我国工业软件研发设计产品缺失，市场规模小（但增速较高），关键技术积累缺乏。

着眼未来发展，通过软件架构的优化来推进工业 App 成为新形态，软件全面云化将促进订阅形式脱颖而出。软件架构技术将体现出微服务化、容器化、方法与系统（DevOps）等形式和理念，管理、仿真设计、生产控制等各类工业软件的全面云化即将来临。

4. 工业互联网平台

工业互联网平台作为工业云平台，旨在推进制造业的数字化、网络化、智能化，涵盖集海量数据采集和分析于一体的服务体系，支撑制造业资源弹性供给、广泛链接、高效配置。

我国正在大力推进工业互联网平台建设，形成了一定的规模和体系，但核心能力距离国外先进水平还有较大差距。着眼未来发展，我国应当不断构建针对工业大数据相关处理的开发环境，实施相关抽象知识经验的模型化、数字化、标准化，并进一步优化工业生产中设计制造与运营管理等环节的资源使用，形成资源整合、合作共赢的制造业变革新型生态。

5.3 智能制造与工业互联网应用实例

5.3.1 柔性生产制造

随着智能制造的发展以及进入深水区，柔性制造作为工业 4.0 智能制造皇冠上的明珠，其重要性和困难性引起了学术界和工业界的重视。实际上，柔性制造是智能制造的重要内容和发展方向，是制造业未来发展的驱动力。《中华人民共和国国民经济和社会发展第十四个五年规划和 2035 年远景目标纲要》明确提出培育发展柔性制造、个性定制等新模式。

柔性生产的概念首次出现于 1965 年，由英国的 Molins 公司首次提出。当时市场繁荣、竞争激烈，制造业需要更加先进的生产方式来满足日益增长的生产要求，于是柔性化生产应运而生。柔性生产建立在柔性制造的基础上，以市场为导向，按需生产，能够增强企业的灵活性和应变能力，提高生产效率，缩短生产周期，帮助企业适应多变的市场需求和激烈的市场竞争，具有强大的生命力。

柔性制造是指一种应对大规模定制需求而产生的新型生产模式。所谓"柔性"，是指制造系统（企业）对系统内部及外部环境的一种适应能力，也是指制造系统能够适应产品变化的能力。柔性可分为瞬时柔性、短期柔性和长期柔性。瞬时柔性是指设备出现故障后，自动排解故障或将零件转移到另一台设备上连续进行加工的能力；短期柔性是指系统在短时期内适应加工对象变化的能力，包括在任意时期混合进行加工 2 种以上零件的能力；长期柔性则是指系统在长期使用中能够加工各种不同零件的能力。迄今为止，柔性还只能定性地加以分析，尚无科学实用的量化指标。因此，凡具备上述 3 种柔性特征之一的、具有物料或信息流的自动化制造系统都可以称为柔性制造系统。

1. 柔性制造的特点

在工业制造中，柔性制造一般具有以下 7 个基本特征。

（1）机器柔性

机器柔性是指当要求生产一系列不同类型的产品时，机器能够随产品变化而加工不同难易程度的零件。

（2）工艺柔性

工艺柔性系统能够根据加工对象的变化或原材料的变化确定相应的工艺流程，其中包含两方面，一是工艺流程不变时自身适应产品或原材料变化的能力；二是制造系统为适应产品或原材料变化而改变相应工艺的难易程度。

（3）产品柔性

产品柔性包含两个方面的含义，一是产品更新或完全转向后，系统能够非常经济和迅速地生产出新产品的能力；二是产品更新后，对老产品有用特性的集成能力和兼容能力。

（4）维护柔性

维护柔性是指系统能够采用多种方式查询、处理故障，保障生产正常进行。

（5）生产能力柔性

生产能力柔性是指当生产量改变时系统也能经济地运行的能力。对于根据订货组织生产的制造系统，这一点尤为重要。

（6）扩展柔性

扩展柔性是指当生产需要的时候可以容易地扩展系统结构，增加模块，构成一个更大系统的能力。

（7）运行柔性

运行柔性是指利用不同的机器、材料、工艺流程来生产一系列产品的能力和对于用不同工序加工同样产品的能力。

总而言之，柔性生产的核心是柔性制造技术，而柔性制造技术是对各种不同形状加工对象实现程序化柔性制造加工的各种技术的总和。

图 5-6 显示了自动化生产线（生产单元）的柔性制造能力。所谓自动化生产线（生产单元）的柔性制造能力，其核心概念就是使用同一条产线，对工艺具备一定相似性、尺寸在一定范围内的不同产品进行制造加工及装配的能力。产线柔性生产是通过利用各种设备本身的兼容性，以及根据产品更换工装的方式，对多种类产品进行柔性制造的生产模式。对于军工、航空、航天等特殊行业，其产品基本都具有小批量、多种类的特性，而这种生产特性使得加工任务卡生成以后如何快速响应到产线、产线如何快速换产、生产过程状态如何实时监控以及生成的数据如何正向反作用于产线本身等相关技术成为柔性产线建设的核心问题，生产设备的加工能力是恒定的，加工单元只是把生产设备进行了整合，真正想要提高设备利用

率，必须通过信息化手段多角度优化各种设备的等待时间，这样才能将柔性生产线的生产能力发挥到最大。

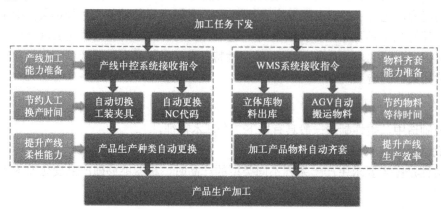

图 5-6 自动化生产线（生产单元）的柔性制造能力

柔性产线（生产单元）管控系统作为一种先进的制造管理系统，通过由上至下的纵向综合管理模式，打通与 MES 系统、产线中控系统、WMS 管理系统的信息传递路线，以下发加工任务卡为起点，实现加工任务自动下发、产线中控系统与 WMS 仓储物流管理系统同步接收任务指令、产线自动更换夹具、自动切换 NC 代码、仓储物流系统进行物料配送，以信息化的手段对产线的生产能力及柔性加工能力指标进行管控升级，从而整体化地提升产线的综合生产能力。

数字化智能柔性生产线的建设是一个综合性的系统工程，以集成各种设备、打通工艺流程的传统建设方式已经不满足现阶段柔性化、数字化乃至智能化的车间建设要求。只有站在一个全新的高度，以闭环的管理模式、先进的信息化技术手段为依托，统筹规划仓储、物流、搬运、工艺、生产以及成品转运等设备，从产线、车间乃至工厂的方案规划初期就进行自动化与信息化的深度融合、统一设计，才能使两者发挥最大的效用，使企业不仅仅是建设成几条自动化生产线去满足生产需求，而是打造成真正"多线一体，统一管控"的数字化智能柔性生产线。

2. 柔性制造的应用

柔性制造是一种智能型的生产方法，它将高科技"嵌进"到制造配置与制造产品中，实现硬配置的"软"提拔，并提升制造产品的性能和质量，因而不但能提高劳动生产率，还能提高产品的附加价值。

随着工业 4.0 时代的到来，"互联网+"为制造业带来更多可能。工业互联网、数字技术、人工智能改变着传统工业的生产与管理方式，让"个性定制""一件起订"的柔性化生产模式变为现实。工信部发布的《工业互联网创新发展行动计划（2021—2023 年）》提出："鼓励消费品、汽车、钢铁等行业企业基于用户数据分析挖掘个性需求，打造模块化组合、大规模混线生产等柔性生产体系，促进消费互联网与工业互联网打通，推广需求驱动、柔性制造、供应链协同的新模式。"作为智能制造的重要内容，随着工业互联网应用的深入，柔性制造将成为制造业未来发展的驱动力。

例如，李女士想给新家购置一台洗衣机。在家电市场逛了一圈之后，她发现，专柜里的成品有些功能合适，可样式自己不喜欢；有的外观让人满意，可性能又不称心。看来看去，最后她决定，干脆定制一台。"厂家生产什么就只能买什么"，相较于过去这种标准化、批量化的生产消费模式，近年来，消费者对于个性化、定制化产品的需求日益增强。在传统的规模化工业生产模式中，由于批量越大、生产效率越高，因而生产线相对固定单一，很难满足不同客户个性化、小批量的订单需求。

　　柔性制造是智能制造的重要内容之一。过去，一条生产线一般只能生产一种规格的产品，而且考虑到生产成本，一件产品要达到成百上千的起订量工厂才会生产。如果要生产定制产品或者接小订单，成本就会增加。如今，生产线经过升级改造，具有延展性。依托大数据、智能化技术，生产各环节实现了高效模块化拆解、可以进行不同的排列组合，一条生产线能够同时生产十几种产品，降低了企业的运维成本。在产品质量、生产成本不变，工期也不延长的情况下，可在大批量生产和小批量生产之间切换，哪怕是 10 件的订单也能快速完工。因此，柔性制造不仅是技术能力的提升，也是生产管理理念的革新。

5.3.2　工业机器人

　　工业机器人是面向工业领域的多关节机械手或多自由度的机器装置，它能自动执行工作，是靠自身动力和控制能力来实现各种功能的一种机器。它可以接受人类指挥，也可以按照预先编排的程序运行，现代的工业机器人还可以根据人工智能技术制定的原则纲领行动。

　　工业机器人与工业互联网的发展相辅相成，通过工业互联网打造全流程闭环数据传输分析系统，提升自动化和人工智能的效率。而 5G 技术的普及，有望赋予机器人更加完善的交互能力，更强大的分析和数据处理能力，很大程度上优化机器人的性能。

1. 工业机器人的特点与优势

工业机器人最显著的特点如下。

（1）可编程

生产自动化的进一步发展是柔性启动。工业机器人可以根据其工作环境变化的需要重新编程，因此它可以在小批量、高效的柔性制造过程中发挥良好的作用，是柔性制造系统的重要组成部分。

（2）拟人化

工业机器人在机械结构上有类似人的行走、腰转、大臂、小臂、手腕、手爪等部位，在控制上有计算机。此外，智能工业机器人还有许多类似于人类的生物传感器，如皮肤接触传感器、力传感器、负载传感器、视觉传感器、声传感器等。传感器提高了工业机器人对周围环境的自适应性。

（3）通用性

除专门设计的工业机器人外，一般工业机器人在执行不同的操作任务时具有良好的通用性。例如，不同的操作任务可以通过更换工业机器人手的末端操作器（爪子、工具等）来执行。

（4）涉及广

工业机械技术涉及广泛的学科，总结为机械与微电子学的结合——机电一体化技术。而第三代智能机器人不仅具有获取外部环境信息的各种传感器，还具有记忆能力、语言理解能力、图像识别能力、推理判断能力等，与人工智能技术密切相关。因此，机器人技术的发展必将推动其他技术的发展，机器人技术的发展和应用水平也可以验证国家科技和工业技术的发展水平。

工业机器人的优势如下。

（1）节约成本

工业机器人可以 24 小时进行操作，有效节省人工费用。另外，采用工业机械手操作的模式，自动流水线更能节省空间，使整厂规划更小、更紧凑。

（2）生产效率高

工业机器人生产一件产品的耗时是固定的。同样的生存周期内，使用机械手的产量也是固定的，不会忽高忽低。并且工业机器人的产品生产时间是固定的，产品的成品率也高，因此使用机器人生产更符合企业利益。

（3）安全系数高

采用工业机器人生产，可以更大程度保障工人工作的安全性。不会出现由于工作疏忽或者疲劳造成的工伤事故。此外，采用工业机器人操作，精确度更高，稳定性更高，安全性更强，可以保障人员安全。

（4）便于管理

以往企业中很难精确地保证每天的生产量，因为员工的出勤、工作效率都是变量，且容易受到外界因素的干扰。使用工业机器人生产后，用工人员减少，对于企业进行员工管理和生产管理更加高效。

2. 工业机器人的应用

工业机器人是一种通过重复编程和自动控制，能够完成制造过程中某些操作任务的多功能、多自由度的机电一体化自动机械装备和系统，它结合制造主机或生产线，可以组成单机或多机自动化系统，在无人参与下，实现搬运、焊接、装配和喷涂等多种生产作业。当前，工业机器人技术和产业迅速发展，在生产中应用日益广泛，已成为现代制造生产中重要的高度自动化装备。

（1）金属成形

金属成形机床是机床工具的重要组成部分，成形加工通常与高劳动强度、噪声污染、金属粉尘等联系在一起，有时处于高温高湿甚至有污染的环境中，工作简单枯燥，企业招人困难。工业机器人与成形机床集成，不仅可以解决企业用人问题，更可提高加工效率、精度和安全性，具有很大的发展空间。

工业机器人在金属成形领域主要有数控折弯机集成应用、压力机冲压集成应用、热模锻集成应用、焊接应用等几个方面。

（2）电子电气

工业机器人在电子类的 IC、贴片元器件这些领域的应用也较为普遍。目前世界工业界装机最多的工业机器人是 SCARA 型四轴机器人，第二位的是串联关节 6 轴机器人，这两类超过全球工业机器人装机量一半。

在电子电气领域，工业机器人在分拣装箱、撕膜系统、激光塑料焊接、高速码垛等一系列流程中表现出色。

（3）塑料工业

从汽车和电子工业到消费品和食品工业都有塑料的身影。塑料原材料通过注塑机和工具被加工成精细耐用的成品或半成品，这个过程往往少不了工业机器人。

工业机器人不仅适用于净室环境标准下作业，也可在注塑机旁完成高强度作业，提高各种工艺的经济效益。工业机器人快速、高效、灵活、结实耐用及承重力强等优势，确保塑料企业在市场中的竞争优势。

（4）铸造行业

铸造行业的作业使工人和机器遭受沉重负担，因为他们需要在高污染、高温、重力等极端的工作环境下进行多班作业。因此，绿色铸造被越来越多的企业所重视和推行。

铸造业从浇注、搬运延伸到了清理、码垛等工作，都能应用工业机器人来改善工作环境，提高工作效率、产品精度和质量，降低成本，减少浪费，并可获得灵活且高速持久的生产流程，满足绿色铸造的特殊要求。

5.4　本章小结

通过本章的学习，可以了解智能制造的定义与意义；了解智能制造的发展现状与发展趋势；了解智能制造与工业互联网的区别与联系；了解智能制造与工业互联网的融合；了解工业互联网与智能制造的应用实例。

【学习效果评价】

复述本章的主要学习内容	
对本章的学习情况进行准确评价	
本章没有理解的内容是哪些	
如何解决没有理解的内容	

注：学习情况评价包括少部分理解、约一半理解、大部分理解和全部理解 4 个层次。请根据自身的学习情况进行准确的评价。

5.5　练习题

一、选择题

1. 智能制造应当包含智能制造技术和（　　　）。
　　A. 机械技术　　　　B. 制造技术　　　　C. 工业系统　　　　D. 智能制造系统

2. （　　　）是指将智能优化方法应用到产品设计中，利用计算机模拟人的思维活动进行辅助决策，以建立支持产品设计的智能设计系统。
　　A. 技术设计　　　　B. 产品设计　　　　C. 智能设计　　　　D. 能力设计

3. 智能车间以（　　　）整体水平提高为核心。
　　A. 智能生成　　　　B. 产品生产　　　　C. 智能设计　　　　D. 工业运行

4. （　　　）是指一种应对大规模定制需求而产生的新型生产模式，是智能制造的重要内容之一，也是制造业未来发展的驱动力。

    A．柔性制造   B．生成制造   C．智能生产   D．工业生产

5．工业机器人是面向工业领域的多关节机械手或多自由度的（   ），它能自动执行工作，是靠自身动力和控制能力来实现各种功能的一种机器。

    A．工具   B．平台   C．应用模式   D．机器装置

二、简答题

1．请阐述什么是智能制造。

2．请阐述工业机器人的特点。

第6章　物联网与工业互联网

6.1　认识物联网

6.1.1　物联网简介

物联网和工业互联网都与数字化在制造行业的应用密切相关。物联网采用网络技术把设备连接起来，让工业设备可以互相通信和协作，是机器具备"智能化"能力的底层技术基础。

1. 物联网介绍

物联网（Internet of Things，IoT）是物物相连的互联网，是基于互联网之上的，使不可交流的物体与物体之间能进行交流通信。物联网的定义是通过射频识别（RFID）、红外感应器、全球定位系统、激光扫描器等信息传感设备，按约定的协议，把任何物品与互联网相连接，进行信息交换和通信，以实现对物品的智能化识别、定位、跟踪、监控和管理的一种网络。因此，物联网是在互联网基础上延伸和扩展的网络，其用户端延伸和扩展到任何物品与物品之间进行信息交换和通信。

例如，人们将传感器装备到电网、铁路、桥梁、隧道、公路、建筑、供水系统、大坝、油气管道以及家用电器等各种真实物体上，通过互联网连接起来，进而运行特定的程序，达到远程控制或者实现物与物的直接通信。图 6-1 所示为物联网的应用。

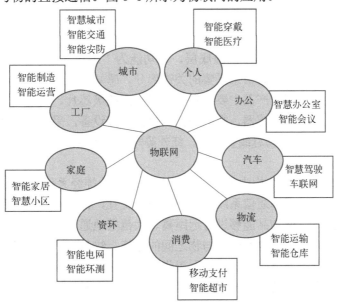

图 6-1　物联网的应用

2. 物联网的结构

物联网是互联网向世界万物的延伸和扩展，是实现万物互联的一种网络。在物联网中，将采集到的物品信息通过信息通信传输技术传输至数据处理中心，进而提取有效信息，再由数据处理中心通过信息通信传输至相应物品或执行相应命令操作。物联网涉及许多领域和关键技术，为了更好地梳理物联网系统结构、关键技术和应用特点，促进物联网产业的稳定快速发展，就要建立统一的物联网系统结构和标准的技术体系：感知层、网络层、应用层，如图 6-2 所示。物联网体系架构是系统框架的抽象性描述，是物联网实体设备功能行为角色的一种结构化逻辑关系，它为物联网开发和执行者提供了一个系统参考架构。

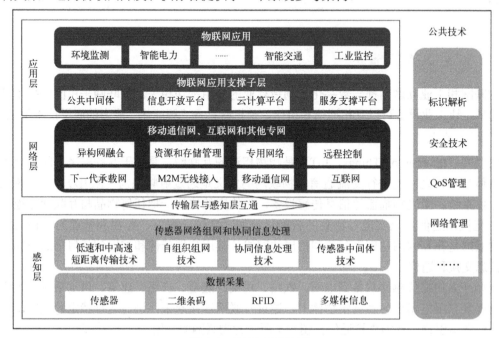

图 6-2 物联网体系结构

（1）感知层

感知层位于物联网体系结构中的最底层，其功能为"感知"，即通过传感网络获取环境信息。感知层是物联网的核心，是信息采集的关键部分。感知层的主要参与者是传感器厂商、芯片厂商和终端及模块生产商，产品主要包括传感器、系统级芯片、传感器芯片和通信模组等底层元器件。感知层首先通过传感器、数码相机、摄像头等设备，采集外部物理世界的数据，然后通过 RFID、条码、工业现场总线、蓝牙、红外等短距离传输技术传递数据。

（2）网络层

网络层位于物联网体系结构中的中间层，是物联网的神经系统，该层主要进行信息的传递。网络层借助于已有的网络通信系统可以完成信息交互，把感知层感知到的信息快速、可靠地传送到相应的数据库，使物品能够进行远距离、大范围地通信。此外，网络层可以根据感知层的业务特征优化网络，更好地实现物与物之间的通信、物与人之间的通信以及人与人之间的通信。网络层的参与者是通信服务提供商，提供通信网络，其中通信网络可以分为蜂窝通信网络和非蜂窝网络。值得注意的是，随着物联网业务种类的不断丰富、应用范围的扩大、应用要求的提高，通信网络也会从简单到复杂、从单一到融合过渡。

（3）应用层

应用层是物联网的最顶层，为用户提供实际应用场景服务，是最贴近应用市场的一层。随着社会对智能化发展的需求增加，物联网应用的发展空间逐步扩大。作为最接近终端用户的服务主体，大多数产业内企业都在密切关注市场的动向，积极挖掘和响应用户的应用需求，使得物联网的应用领域不断扩展，竞争最为激烈，呈现"多样化""碎片化"发展的特征。应用层可以分为消费驱动应用、政策驱动应用、产业驱动应用。消费驱动应用包括智慧出行、智能穿戴、智慧医疗、智能家居；政策驱动应用包括智慧城市、公共事业、智慧安防、智慧能源、智慧消防、智慧停车；产业驱动应用包括智慧工业、智慧物流、智慧零售、智慧农业、车联网、智慧地产等。目前，物联网已实际应用到家居、公共服务、农业、物流、服务、工业、医疗等领域，各个细分场景都具备巨大的发展潜力。图 6-3 显示了物联网各层架构的应用。在物联网的感知层和网络层的支撑下，物联网应用层已经能够对接多个产业。

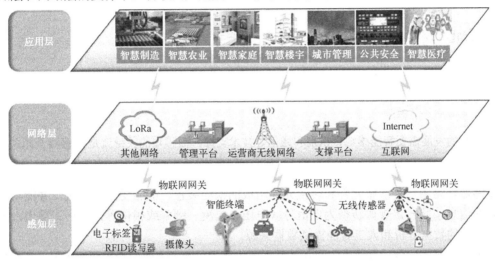

图 6-3　物联网各层架构的应用

此外，围绕物联网的三个逻辑层，还存在一个公共技术层。公共技术层包括标识与解析、安全技术、网络管理和服务质量（QoS）管理等具有普遍意义的技术，它们被同时应用在物联网技术架构的其他三个层次。

6.1.2　物联网的特点

从通信对象和过程来看，物与物、人与物之间的信息交互是物联网的核心。物联网的基本特征可概括为整体感知、可靠传输和智能处理。

1. 整体感知

物联网利用射频识别、二维码、智能传感器等感知设备感知获取物体的各类信息。例如，物联网上部署的传感器，每个传感器都是一个信息源，不同类别的传感器所捕获的信息内容和信息格式不同。因此，人们可以在物联网上部署海量的多种类型传感器，传感器按一定的频率周期性地采集环境信息，并不断更新数据。

2. 可靠传输

物联网通过互联网将物体的信息实时准确地传递出去。物联网技术的重要基础和核心仍旧是互联网，物联网通过有线网络和无线网络与互联网融合，将物体的信息实时准确地传递出去。因此，可靠传输对整个网络高效、正确地运行起到了很重要的作用，是物联网的一个重要特征。

3．智能处理

物联网本身也具有智能处理的能力，能够对物体实施智能控制。物联网将传感器和智能处理相结合，利用云计算、模式识别等各种智能技术扩充其应用领域。例如，物联网从传感器获得的海量信息中分析、加工和处理出有意义的数据，以适应不同用户的不同需求，发现新的应用领域和应用模式，并利用大数据、云计算等相关技术对海量的数据和信息进行分析和处理，对物体实施智能化控制。

6.2 物联网关键技术

6.2.1 传感器技术

物联网的发展需要智能感知、识别和通信等技术支撑，而感知的关键就是传感器及相关技术。

1．传感器概述

传感器，是由一种敏感元件和转换元件组成的检测装置，能感受到被测量，并能将检测和感受到的信息按照一定规律转换为电信号（电压、电流、频率或相位等）的形式输出，最终为物联网应用的数据分析和人工智能提供数据来源。

在现代工业化社会，自动化生产几乎都需要传感器。除了工业生产需要传感器，还有环境保护、旅游娱乐、城市建设、医学诊断、科技研发、生物工程等领域都广泛地应用了传感器。图 6-4 所示为图像传感器，图 6-5 所示为温度传感器，图 6-6 所示为气体传感器，图 6-7 所示为烟雾传感器，图 6-8 所示为压力传感器，图 6-9 所示为加速度传感器，图 6-10 所示为距离传感器。

图 6-4　图像传感器

图 6-5　温度传感器

图 6-6　气体传感器

图 6-7　烟雾传感器

图 6-8 压力传感器

图 6-9 加速度传感器

图 6-10 距离传感器

图像传感器是一种将光学影像转换成电子信号的设备，广泛应用在数码相机和其他电子光学设备中。早期的图像传感器采用模拟信号，如摄像管。

在人们的日常生活中，经常见到温度计、热水器、微波炉、冰箱等，这些物品中都会应用到一个重要的器件——温度传感器。温度传感器是一种测量物体冷热程度的设备，以可读的形式通过电信号提供温度测量结果。比较常见的是热电偶温度传感器和热电阻温度传感器。

气体传感器是指将被检测的气体分子与气敏材料发生的物理或化学反应所产生的物理或化学量变化，转变为可有效测量的电信号、光信号、声信号等，从而实现对气体种类和浓度进行测量的一种传感器。

烟雾传感器根据探测原理的不同，常用的有化学探测和光学探测两种。前者利用了放射性镅 241 元素，在电离状态下产生的正、负离子在电场作用下定向运动产生稳定的电压和电流。一旦有烟雾进入传感器，影响了正、负离子的正常运动，使电压和电流产生了相应变化，通过计算就能判断烟雾的强弱。烟雾传感器主要应用在火情报警和安全探测等领域。

压力传感器是能感受压力信号并能按照一定的规律将压力信号转换成可用输出电信号的器件或装置。压力传感器通常由压力敏感元件和信号处理单元组成。按测试压力类型的不同，压力传感器可分为表压传感器、差压传感器和绝压传感器。压力传感器是工业实践中最常用的一种传感器，其广泛应用于各种工业自控环境，涉及水利水电、铁路交通、智能建筑、生产自控、石化、油井、电力、船舶、机床、管道等众多行业。

加速度传感器是一种能感受加速度并转换成可用输出信号的传感器，具有测量精准、性能稳定、可靠性高、使用灵活等优点，被广泛用于多个领域中。加速度传感器有两种：一种是角加速度传感器，是由陀螺仪改进而来的。另一种就是加速度传感器，它也可以按测量轴分为单轴加速度传感器、双轴加速度传感器和三轴加速度传感器。目前，加速度传感器已经广泛应用于游戏控制、手柄振动和摇晃、汽车制动启动检测、地震检测、工程测振、地质勘探、振动测试与分析以及安全保卫振动侦察等多个领域。

距离感应器又叫位移传感器，距离感应主要是利用各种元件检测对象物的物理变化量，通过将该变化量换算为距离，来测量从传感器到对象物的距离位移的机器。根据使用元件不同，将距离传感器分为光学式位移传感器、线性接近传感器、超声波位移传感器等。

2. 传感器的组成

传感器一般由敏感元件、转换元件、信号调理电路三部分组成，有时还需要外加辅助电源电路提供转换能量。传感器的敏感元件是指传感器中能直接感受或响应被测量的部分；转换元件是指传感器中能将敏感元件感受或响应的被测信息转换成适合于传输或测量的电信号；由于传感器输出信号一般都很微弱，因此传感器输出的信号一般需要进行信号调理与转换、放大、运算与调制之后才能进行显示和参与控制，这部分功能通常由信号调理电路来完成。图 6-11 所示为传感器的组成。

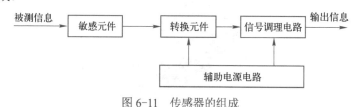

图 6-11　传感器的组成

3. 传感器的应用

（1）智能手机

智能手机之所以智能，离不开各种各样的智能传感器。现在智能手机中比较常见的智能传感器有距离传感器、光线传感器、重力传感器、指纹识别传感器、图像传感器、三轴陀螺仪和电子罗盘等。例如指纹识别传感器可以采集指纹数据，然后进行快速分析与认证，免去烦琐的密码操作，快速解锁。部分高端智能手机还配置有气压传感器，能测量气压。气压传感器的数据能用来判断手机所处位置的海拔高度，有助于提高 GPS（全球定位系统）的精度。

（2）智能机器人

传感器是机器人技术中至关重要的部分，它可以帮助机器人感知周围环境的变化，机器人根据传感器的信息进行相应的决策和行动。正因为有了传感器，机器人才具备了类似人类的知觉功能和反应能力。

（3）虚拟现实

虚拟现实中的传感设备主要包括两部分：一部分用于人机交互而穿戴于操作者身上的立体头盔显示器、数据手套、数据衣等，另一部分是用于正确感知而设置在现实环境中的各种视觉、听觉、触觉、力觉等。实现 AR/VR，提高用户体验，需要用到大量用于追踪动作的传感器。比如 FOV 深度传感器、摄像头、陀螺仪、加速计、磁力计和近距离传感器等。当前，每家 VR 硬件厂商都在使用自己的技术，索尼使用 PlayStation 摄像头作为定位追踪器，而 Vive 和 Oculus 也在使用自己的技术。

（4）智能家居

传感器是智能家居控制系统实现控制的基础，随着技术的发展，越来越多的传感器被用到智能家居系统中。智能家居传感器是家居中的"眼鼻耳"，因为智能家居首先离不开对居住环境"人性化"的数据采集，也就是说，把家居环境中的各种物理量、化学量、生物量转化为可测量的电信号装置与元件。此外，智能家居领域需要使用传感器来测量、分析与控制系统设置，家中使用的智能设备涉及位置传感器、接近传感器、液位传感器、流量和速度控制、环境监测、安防感应等传感器技术。

　　工业互联网时代，传感器是网络互联数据产生的根源，是工业互联网的"神经末梢"，为构建工业互联网全生态提供基础的数据支撑。随着新型、低成本、微功耗、高性能工业传感器的不断推出，传感器应用的成本将不断降低。作为新基建的重要组成部分，工业互联网的建设，将对传感器产业产生全方位、深层次、革命性的影响，我国传感器产业将迎来前所未有的发展机遇。

6.2.2　识别技术

1. 条码技术

　　条码技术是信息数据自动识别、输入的重要方法和手段。由于计算机的普及，条码现已广泛地应用于自动化管理的各个领域，如商业、交通运输、通信、图书馆、生产自动化、办公自动化，并逐步扩大到各行各业和人们的日常生活之中。

　　条码是利用光电扫描阅读设备识别并读取相关信息的一种特殊代码，条码是由一组按照固定规则排列的条、空及字符、数字、字母组成的（"条"指对光线反射率较低的深色部分，"空"指对光线反射率较高的浅色部分）用以表示一定信息。也就是说，条码是一个标记，表示一定的信息，不同的条码有不同的含义。在条码中，条和空表示的信息是供光电扫描自动识别装置识读的，字符代码表示的信息方便直接读取。在制造业中，每一件产品的条码都是唯一的，条码技术通过对货物上的条码进行自动扫捕，实现对货物信息的自动输入和确认。图 6-12所示为条码。

图 6-12　条码

2. RFID 技术

　　RFID（Radio Frequency IDentification，射频识别）是一种通信技术，可通过无线电信号识别特定目标并读写相关数据，而识别系统与特定目标之间无须建立机械或光学接触。RFID 通过射频信号自动识别目标对象并获取相关数据，识别工作无须人工干预，可工作于各种恶劣环境。

　　由于 RFID 技术支持"非接触式自动快速识别"，因此，标签识别也就成了所有 RFID 技术相关应用的最为基本的功能。为实现标签识别功能，一个典型的 RFID 应用系统包括 RFID 标签、阅读器（含天线）和交互系统三个主要组成部分，如图 6-13 所示。

　　当物品进入阅读器天线辐射范围后，物品上的标签接收到阅读器发出的射频信号，无源的被动标签凭借感应电流所获得的能量发出存储在标签中的数据，有源的主动标签则主动发送存储在标签芯片中的数据。阅读器读取数据、解码并直接进行简单的数据处理，发送至交互系统；交互系统根据逻辑运算判断标签的合法性，针对不同的设定进行相应的处理和控制，由此实现 RFID 系统的基本功能。

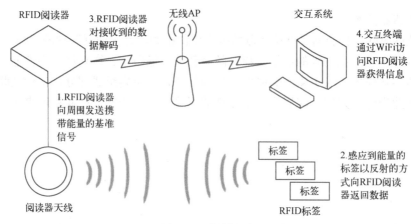

图 6-13 标签识别

目前 RFID 技术正在改变着制造业传统的生产方式,通过将RFID 系统与企业现有的制造执行系统和制造信息管理系统连接,制造商可以实时地获取产品在生产各个环节中的信息,为企业制定合理的生产计划提供科学的依据。RFID 技术的应用将会对制造信息管理、产品质量监控、产品跟踪和资产管理等产生深远的影响,RFID 技术将大幅度地提高生产率和节省生产成本。

(1)制造信息管理

对制造商来说,生产线及时且准确的反馈信息是十分重要的。以往只能通过人工统计出这些信息,费时费力,且不能做到非常精确。RFID 技术可以实现对生产线上的产品全程跟踪,自动地记录产品在生产线各个节点的操作信息,并将这些信息实时地传递到后台管理系统,这样管理部门就能及时了解生产线的生产情况甚至某个产品所在的位置,可以实现更高层次的质量控制和各种在线测量。

(2)产品质量监控

RFID 系统提供的实时产品信息可以用来保证正确地使用劳动力、机器、工具和部件。具体地讲,就是当材料和零部件通过生产线时可以进行实时控制。RFID 系统还能提供附加的产品信息和对产品实施在线测试,从而保证对产品执行的操作满足生产标准的要求,确保生产线上每个产品的质量稳定、可靠。

(3)产品跟踪

RFID 系统可实现产品在生产过程中的全程自动跟踪,可以自动记录产品在生产线各个节点的所有信息。对于有质量瑕疵的产品,通过 RFID 系统提供的产品信息以及产品在线测量的结果,很容易发现产品在哪个环节出现了问题。如果由于疏忽导致有质量问题的产品进入市场,通过 RFID 系统提供的产品生产和流通信息,质量管理部门就可以查询到该产品的生产厂商、生产日期、合同号、原料来源和生产过程等信息,从而可以采取相应的措施改善产品的质量。

(4)资产管理

RFID 系统可提供生产线上设备的运行状态、工作性能和安放位置等信息,资产管理部门可以根据这些信息合理调配劳动力的使用,科学地安排生产线上设备的养护和维修,把设备的工作性能调整到最佳工作状态,有助于提高资产的价值,优化资产的性能,最大化地提高资产的利用率。

RFID 技术正在改变着制造业传统的管理方式，通过 RFID 中间件，制造商可以将 RFID 系统与企业现有的制造管理系统相连接，可以成功搭建更为强大的信息链，管理部门可以随时获得生产线上产品的准确信息，为企业制定合理的生产计划提供科学的依据，从而可以增强生产力，提高资产的利用率。

3．生物识别技术

与传统身份鉴定相比，生物识别技术具有随身性、唯一性、稳定性、广泛性、方便性、可采集性、可接受性等特点，正在国防、金融等领域迅速普及。

（1）人脸识别

人脸与人体的其他生物特征（指纹、虹膜等）一样与生俱来，它的唯一性和不易被复制的良好特性为身份鉴别提供了必要的前提。人脸识别是基于人的脸部特征信息进行身份识别的一种生物识别技术。人脸识别通常使用摄像机或摄像头采集含有人脸的图像或视频流，并自动检测和跟踪人脸，进而对检测到的人脸进行脸部识别的一系列相关技术，通常也叫作人像识别或面部识别。

（2）指纹识别

每个指纹都有几个独一无二的可测量的特征点，每个特征点都有大约 7 个特征，人的十个手指有最少 4900 个独立可测量的特征。指纹识别技术通过分析指纹可测量的特征点，从中抽取特征值，然后进行认证。当前，我国第二代身份证便实现了指纹采集，且各大智能手机都纷纷实现了指纹解锁功能。与其他生物识别技术相比，指纹识别早已经在消费电子、安防等产业中广泛应用，通过时间和实践的检验，技术方面也在不断地革新。

（3）声纹识别

声纹识别是一种行为识别技术，是通过测试、采集声音的波形和变化，与登记过的声音模板进行匹配。声纹识别是一种非接触式的识别技术，实现方式非常自然。但是，声纹识别的应用有一些缺点，比如同一个人的声音具有易变性，易受身体状况、年龄、情绪等的影响；不同的麦克风和信道对识别性能有影响；环境噪声对识别有干扰；混合说话人的情形下人的声纹特征不易提取等。所以声纹识别目前仍主要用于一些对于身份安全性要求并不太高的场景当中。

总体上来说，随着时代的发展、技术的不断进步，生物识别技术也将迎来新的变化和需求，生物识别技术与互联网、物联网的交集将成为各行业的着力点。当前单一的生物识别技术各有优缺点，在应用上难免会出现一些问题。所以，在一些安全等级要求较高的应用场景当中，往往会采用两种甚至两种以上的生物识别技术进行验证。不过，随着物联网时代的到来，生物识别将拥有更为广阔的市场前景。

6.2.3　定位技术

1．室外定位

目前应用于室外定位的主流技术主要有卫星定位和基站定位两种。

（1）卫星定位

卫星定位即通过接收卫星提供的经纬度坐标信号来进行定位，卫星定位系统主要有：美国的全球定位系统（GPS）、俄罗斯的格洛纳斯（GLONASS）系统、欧洲的伽利略（GALILEO）系统、中国的北斗卫星导航（北斗）系统。

GPS 由三部分组成：空间部分、地面控制部分、用户设备部分。空间部分由 24 颗工作卫星组成，它们均匀分布在 6 个轨道面上（每个轨道面 4 颗），卫星的分布使得在全球任何地方任何时间都可观测到 4 颗以上的卫星，并能保持良好定位解算精度的几何图像；地面控制部分主要由监测站、主控站、备用主控站、信息注入站构成，主要负责 GPS 卫星阵的管理控制；用户设备部分主要是 GPS 接收机，主要功能是接收 GPS 卫星发射的信号，获得定位信息和观测量，经数据处理实现定位。

北斗卫星导航系统是我国重要的时空基础设施，北斗导航技术与地基增强技术、5G 等多种技术融合，可以极大地扩展导航的范围，有效提升时空信息的精准度，为用户提供稳定可靠的服务。与此同时，北斗系统提供精准导航定位数据。随着北斗三号系统性能的持续提升，北斗作为物联网的重要组成部分，在感知层方面，北斗的定位、授时功能可完成精准时间信息和位置信息感知，在网络层方面，北斗短报文通信功能可实现感知信息和控制信息的全天候、全天时、无缝传递。并且北斗系统能够提供精准导航定位数据，大幅提升如港口、物流等特定领域的数据精准度和实时性。

值得注意的是，在卫星定位的过程中，除了时间系统上的误差外，其实还存在许多其他的误差，如大气引起的误差、相对论效应和用户端的误差等，这些误差的存在将使手机定位发生米级以上的偏差。

图 6-14 所示为卫星定位民用系统的示意图。在民用系统中通过地面的监测站，将高精定位民码（从导航卫星直接提供的服务来讲，可以分为民码和军码，民码是开放的，民码的 ICD 文件是公开的，全世界所有的厂家和生产商都可以去下载相应的 ICD 文件，使用卫星导航的民码来进行定位）的观测误差进行分析，再将这些误差进行建模，将相应的误差修正信息发送给用户。用户通过接收地面基准站的误差修正信息，来减小自己的观测量受误差的影响，提高导航定位的精度。

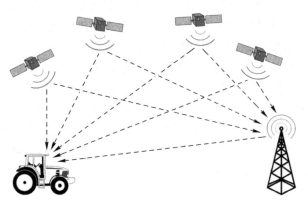

图 6-14　卫星定位民用系统的示意图

（2）基站定位

基站定位一般应用于手机用户，手机基站定位服务又叫作移动位置服务（Location Based Service，LBS），它是通过电信移动运营商的网络（如 GSM 网）获取移动终端用户的位置信息。手机等移动设备在插入 SIM 卡开机以后，会主动搜索周围的基站信息，与基站建立联系，而且在可以搜索到信号的区域，手机能搜索到的基站不止一个，只不过在进行通信时会选取距离最近、信号最强的基站作为通信基站。图 6-15 所示为基站定位。

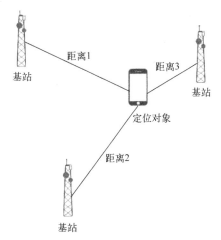

图 6-15　基站定位

基站定位的原理如下：手机距离基站越近，信号越强；距离基站越远，则信号变差。因此可以根据手机收到的信号强度大致估计和基站距离的远近。

不过值得注意的是，基站定位时信号很容易受到干扰，这决定了它定位的不准确性。

2. 室内定位

室内定位即通过技术手段获知人们在室内所处的实时位置或者行动轨迹，基于这些信息能够实现多种应用。例如，大型商场中的商户能够通过室内定位技术获知哪些地方人流量最大，客人们通常会选择哪些行动路线等，从而更科学地布置柜台或者选择举办促销活动的地点。此外，通过部署室内定位技术，电信运营商能够更好地找到室内覆盖的"盲点"和"热点"区域，更好地在室内为用户提供通信服务。

（1）WiFi 定位技术

目前 WiFi 是相对成熟且应用较多的技术，由于 WiFi 已普及，因此不需要再铺设专门的设备用于定位。WiFi 定位技术具有便于扩展、可自动更新数据、成本低的优势，因此最先实现了规模化。WiFi 定位一般采用"近邻法"判断，即最靠近哪个热点或基站，即认为处在什么位置，如附近有多个信源，则可以通过交叉定位（三角定位）提高定位精度。WiFi 定位可以实现复杂的大范围定位，但精度只能达到 2m 左右，无法做到精准定位，因此适用于对人或者车的定位导航，可用于医疗机构、主题公园、工厂、商场等各种需要定位导航的场合。

（2）红外定位技术

红外线是一种波长在无线电波和可见光波之间的电磁波。红外定位主要有两种实现方法，一种是将定位对象附上一个会发射红外线的电子标签，通过室内安放的多个红外传感器测量信号源的距离或角度，从而计算出对象所在的位置。这种方法在空旷的室内容易实现较高精度，可实现对红外辐射源的被动定位。另一种红外定位的方法是红外织网，即通过多对发射器和接收器织成的红外线网覆盖待测空间，直接对运动目标进行定位。这种方式的优势在于不需要定位对象携带任何终端或标签，隐蔽性强，常用于安防领域，劣势在于实现精度较高的定位需要部署大量红外接收和发射器，成本非常高，因此只有高等级的安防才会采用此技术。

（3）蓝牙定位技术

蓝牙定位基于 RSSI（Received Signal Strength Indication，接收信号强度指示）定位原理，实现过程如下：在传输数据包中加入接收信号强度机制，由 Beacon（建立在低功耗蓝牙协议基础上的一种广播协议）每隔一定的时间广播一个数据包，作为独立的蓝牙主机（设备），手机等在执行扫描动作时会间歇地接收到 Beacon 广播的数据包并反馈，当设备进入范围内时，估算系统中各蓝牙设备之间的距离。这种技术可以使定位系统确定特定设备位置的精确度达到米级。目前蓝牙 Beacon 技术的应用场景非常多，具体的应用场景可以根据不同行业定制，如 Beacon 部署在停车场内就可以为用户导航、寻车。目前国内应用的场景主要包括智慧城市、景区、商圈、酒店、广告营销、博物馆、停车场、会展等。图 6-16 所示为蓝牙定位。

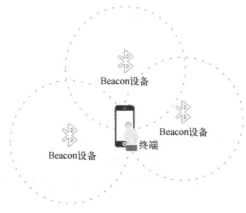

图 6-16　蓝牙定位

（4）UWB

UWB（Ultra-Wide Band，超宽带）室内定位技术是一种高精度的室内定位系统，可以准确追踪和定位人员在建筑物内的位置。该技术是应用于无线通信领域的一种低功耗的无线电技术，采用纳秒级或亚纳秒级的脉冲实现无线通信，它能够通过安装在建筑物内的定位基站和定位标签实现对人员的精确定位。

UWB 室内定位系统具备穿透性强、绕射性强、传输距离远等很多特点，适用于很多复杂的环境。例如在工业生产中，UWB 室内定位系统可以帮助传统工厂实现数字化管理。该定位系统通过在工厂内部布设光纤连接基站，大范围覆盖，对工厂内员工、物资、周转车等实行精确定位，精度高达厘米级。系统可实现历史轨迹查询、电子围栏报警、导航管理、生产调度等功能，节约管理成本，提高生产率。

在机场内，UWB 室内定位系统可以通过移动设备给旅客提供导航路径，旅客可轻松找到候机区域、登机口、行李领取处等，避免错过航班。此外，在机场管理方面可以通过 UWB 定位分析不同区域的旅客人员密度信息，能够加快排队进度测量，精简乘客流量，以减少机场拥堵的发生。

6.3　工业物联网

6.3.1　工业物联网概述

工业物联网（Industrial Internet of Things，IIoT）指的是物联网在工业的应用。具体来说，工业物联网是物联网和互联网服务的交叉网络系统，同时也是自动化与信息化深度融合的突破口。

1．认识工业物联网

国际上对工业物联网的定义有很多，但人们普遍认为物联网指的就是通过各种类型的传感器实现物与物、物与人、人与人之间按需的信息获取、传递、储存、认知、分析和使用。

工业物联网将具有感知、监控能力的各类采集传感器、控制传感器或控制器，以及移动通信、智能分析等技术不断融入工业生产过程的各个环节，从而大幅提高制造效率，改善产品质量，降低产品成本和资源消耗，最终实现将传统工业提升到智能化的新阶段。

通常而言，工业物联网指的是物联网在工业的应用。工业互联网涵盖了工业物联网，进一步延伸到企业的信息系统、业务流程和人员。因此，也可以说，工业物联网是工业互联网中的基建，它连接了设备层和网络层，为平台层、软件层和应用层奠定了坚实的基础。

2．工业物联网架构

工业物联网参考体系架构由用户域、目标对象域、感知控制域、服务提供域、运维管控域和资源交换域组成，如图 6-17 所示。

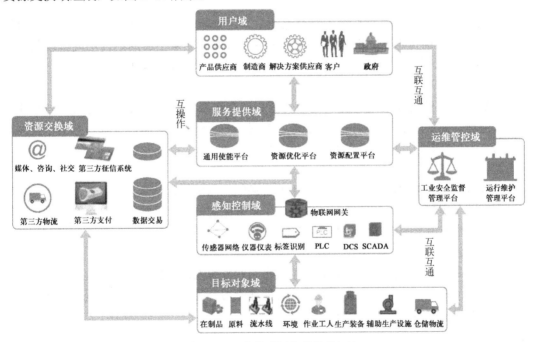

图 6-17　工业物联网参考体系架构

（1）用户域

用户域是支撑用户接入工业物联网、使用工业物联网服务的接口系统，具体用户包括产品供应商、制造商、解决方案供应商、客户和政府等。

（2）目标对象域

目标对象域主要为在制品、原料、流水线、环境、作业工人等，这些对象被感知控制域的传感器、标签所感知、识别和控制，在其生产、加工、运输、流通、销售等各个环节的信息被获取。

（3）感知控制域

感知控制域负责采集数据，并将数据通过工业物联网网关最终传送给服务提供域。

（4）服务提供域

服务提供域主要包括通用使能平台、资源优化平台和资源配置平台，提供远程监控、能源管理、安全生产等服务。

（5）运维管控域

运维管控域从系统运行技术性管理和法律法规符合性管理两大方面保证工业物联网其他域的稳定、可靠、安全运行等，主要包括工业安全监督管理平台和运行维护管理平台。

（6）资源交换域

运维管控域根据工业物联网系统与其他相关系统的应用服务需求，实现信息资源和市场资源的交换与共享功能。

3．工业物联网的特征

工业物联网具有六大典型特征，分别是智能感知、泛在连通、精准控制、数字建模、实时分析和迭代优化。

（1）智能感知

智能感知是工业物联网的基础。面对工业生产、物流、销售等产业链环节产生的海量数据，工业物联网利用传感器、射频识别等感知手段获取工业全生命周期内不同维度的信息数据，具体包括人员、机器、原料、工艺流程和环境等工业资源状态信息。

（2）泛在连通

泛在连通是工业物联网的前提。工业资源通过有线或无线的方式彼此连接或与互联网相连，形成便捷、高效的工业物联网信息通道，实现工业资源数据的互联互通，拓展了机器与机器、机器与人、机器与环境之间连接的广度和深度。

（3）精准控制

精准控制是工业物联网的目的。通过工业资源的状态感知、信息互联、数字建模和实时分析等过程，基于虚拟空间形成的决策，转换成工业资源实体可以理解的控制命令，进行实际操作，实现工业资源精准的信息交互和无间隙协作。

（4）数字建模

数字建模是工业物联网的方法。数字建模将工业资源映射到数字空间中，在虚拟的世界里模拟工业生产流程，借助数字空间强大的信息处理能力，实现对工业生产过程全要素的抽象建模，为工业物联网实体产业链运行提供有效决策。

（5）实时分析

实时分析是工业物联网的手段。针对所感知的工业资源数据，通过技术分析手段，在数字空间中进行实时处理，获取工业资源状态在虚拟空间和现实空间的内在联系，将抽象的数据进一步直观化和可视化，完成对外部物理实体的实时响应。

（6）迭代优化

迭代优化是工业物联网的效果。工业物联网体系能够不断地自我学习与提升，通过将工业资源数据处理、分析和存储，形成有效的、可继承的知识库、模型库和资源库。面向工业资源制造原料、制造过程、制造工艺和制造环境，进行不断迭代优化，达到最优目标。

4．工业物联网的实施

工业物联网的实施通常包括四个阶段：智能感知控制阶段、全面的互联互通阶段、深度的数据应用阶段、创新的服务模式阶段。

（1）智能感知控制

工业物联网感知控制阶段主要实现物联网泛在化的末端智能感知，由多样化采集和控制模块组成，包括各种类型的传感器、RFID，以及中短距离的传感器与无线传感网络等，实现工业物联网的数据采集和设备控制的智能化。

（2）全面的互联互通

工业物联网借助各类传感器、RFID 等实现数据采集，通过工业网关、短距离无线通信、低功耗广域网和 OPC UA 等互联互通技术，将信息化共性技术与行业特征有效整合，实现无线通信网络、工业以太网、移动通信网络等异构网络的安全、高效融合，充分发挥网络基础设施的应用价值，实现服务模式创新及流程优化。

（3）深度的数据应用

工业物联网利用数据挖掘、数据仓库、分布式存储等技术手段，基于云计算平台技术，进行数据建模、分析和优化，实现多源异构数据的深度开发应用。通过对数据进行集成化收集和处理，不断对数据进行整理，解决数据提取、集成及数据性能优化问题。从数据仓库中提取隐藏的预测性信息，挖掘出数据间潜在的关系，快速而准确地找出有价值的信息，有效提高系统的决策支持能力。

（4）创新的服务模式

工业物联网服务模式的创新主要集中在定制服务、增值服务、运维服务、升级服务、培训服务、咨询服务和实施服务等方面，广泛应用于智能工厂、智能交通、工艺流程再造、环境监测、远程维护、设备租赁等物联网应用示范领域，全方位构建工业物联网创新的服务模式生态圈，提升产业价值，优化服务资源。

5. 工业物联网的技术趋势

（1）终端智能化

工业物联网终端智能化主要体现在两个方面：一是底层传感器设备自身向着微型化和智能化的方向发展，为工业物联网终端智能化的发展奠定基础；另一方面是工业控制系统的开放性逐渐扩大，使得工业控制系统与各种业务系统的协作成为可能。

（2）连接泛在化

工业物联网的网络连接是建立在工业控制通信网络基础之上，工业控制通信网络经历了现场总线、工业以太网和工业无线等多种工业通信网络技术，负责将人机界面（HMI）、数据采集与监视控制系统（SCADA）、可编程逻辑控制器（PLC）、分布式控制系统（DCS）等监控设备与系统，同生产现场的各种传感器、变送器、执行器、伺服驱动器、运动控制器，甚至数控机床（CNC）、工业机器人和成套生产线等生产装备连接起来。

（3）计算边缘化

边缘计算指在靠近物或数据源头的网络边缘侧，融合网络、计算、存储、应用核心能力的开放平台，就近提供边缘智能服务，以满足行业数字化在敏捷连接、实时业务、数据优化、应用智能、安全与隐私保护等方面的关键需求。边缘计算中数据不用再传到遥远的云端，在边缘侧就能解决，更适合实时的数据分析和智能化处理，具有安全、快捷、易于管理等优势，能更好地支撑本地业务的实时智能化处理与执行，满足网络的实时需求，从而使计算资源更加有效地得到利用。

（4）网络扁平化

工业物联网的体系架构正在简化，系统性能得到进一步提升的同时降低软件维护成本。目前国内外已经建立服务于生产制造的全互联制造网络扁平化技术体系，使信息在真实世界和虚拟空间之间智能化流动，实现对生产制造的实时控制、精确管理和科学决策进行大量的研究与探索。

（5）服务平台化

服务平台化能够极大地提升工业物联网的灵活性，并扩展用户的规模，增强数据的安全性，从而根据用户实际需求提供设备远程管理、预防性维护和故障诊断等服务。在平台化和服务化技术的推动下，未来工业互联网的生态体系也将会发生一些新的变化。例如，工业互联网的商业模式会变得更加明显，并进入逐渐成熟的阶段。

6.3.2 工业物联网应用

工业物联网是物联网在工业领域的应用。工业物联网在能源、交通运输（铁路和车站、机场、港口）、制造（采矿、石油和天然气、供应链、生产）等应用领域发挥重要作用。

工业物联网为企业提供的好处之一是预测性维护。这涉及组织使用从工业物联网系统生成的实时数据来预测机器中的缺陷，例如，在部件发生故障或机器发生故障之前采取措施解决这些问题。

工业物联网的另一个共同的好处是工业安全生产管理。工业物联网已成为煤炭、钢铁、有色等行业保障安全生产的重要技术手段。把传感器、无线射频识别、移动通信等技术嵌入和装配到矿山设备、油气管道、矿工设备中，可以感知危险环境中工作人员、设备机器、周边环境等方面的安全状态信息，将现有的网络监管平台提升为系统、开放、多元的综合网络监管平台，可以监测温度、湿度、瓦斯浓度等，对采掘、提升、运输、通风、排水、供电等关键生产设备进行状态监测和故障诊断，建设和完善安全监测网络系统，实现实时感知、准确辨识、快捷响应及有效控制，提升安全生产过程监控和应急响应水平。工业物联网技术帮助现场服务技术人员在客户设备出现问题之前识别潜在问题，使技术人员能够提前解决问题。

此外，工业物联网还可以提高客户满意度。当产品连接到物联网时，制造商可以捕获和分析有关客户如何使用其产品的数据，使制造商和产品设计人员能够定制未来的物联网设备并构建更多以客户为中心的产品路线图。

不仅如此，工业物联网还改善了企业的智能化管理水平。工业物联网技术将工业网关和云平台结合使用，最终实现设备的智能化管理。例如，在空压机投产使用后，设备制造商想要了解相关运行数据，通过对空压机数据的采集，一方面了解设备正常的运转情况，另一方面可以将数据作为设备设计换代的参考因素。

最后，工业物联网还促进了企业的节能减排。工业物联网技术在钢铁、有色金属、电力、化工、纺织、造纸等"高能耗、高污染"行业得到应用，支持其智能排污监控系统的建立与完善，实现智能排污自动监控装置、水质数据监控装置、水质参数检测仪等设备的集成应用，对重点排污监控企业实行实时监测自动报警、远程关闭排污口，防止突发性环境污染事故发生，有效地促进了这些行业的节能减排。

1. 工业物联网与智慧城市

智慧城市是数字化的智能场景，也是物联网应用的重要场景，其中工业物联网作为重要的组成部分，影响着智慧城市的发展。它是结合物联网、云计算、大数据和空间地理等智能技术打造的新型城市，使得城市管理、交通运输、医疗和公众安全等基础设备管理更加高效智能，从而使区域内的市民、企业、政府都能获得实在的便利和好处。

（1）智慧能源

电热气等能源是城市能源的主要构成部分，事关人民生活和工商业的生产，可以通过工业物联网网关实现数字化智能应用。通过城市无处不在的无线网络，网关可以将采集到的数据实时上传能源云平台，实现区域内水电热气等能源的动态可视化展示，进而实现智能分析、高效管理、及时反馈，提升能源管理的智能水平。

（2）智慧环保

城市环境治理也是民生关注的重要环节。通过传感器、仪器仪表等设备的数据上云，可以实现环境参数的监控和应用，扩大环境感知的范围和应用能力。通过空气、水质等数据监测，可以随时了解城区各地的数据，出现异常情况就能自动接收到通知，及时管控采取措施，打造更加智慧的环保型社会。

（3）智慧交通

智慧交通是城市文明与智慧治理的高度展现，常包含道路通勤、智能停车、道路导航等多种方式。例如为了更好地提升交通运输部门的管理效率，管理部门可以借助物联网技术，实时地获取道路交通网络的运行状况，并掌握交通流的时间和空间分布等信息，在此基础上，挖掘出交通出行的规律，从而达到对交通进行精细化管理的目的。此外，为了更好地提升交通的安全保障能力，交通部门需要利用物联网技术来感知公路基础设施的安全状况，并实现道路故障和突发事件的自动化预警，从而帮助交通管理部门制定控制方案和应急救援方案等。

（4）智慧医疗

物联网技术和智慧医疗之间存在密切联系和交集。首先，智慧医疗和工业物联网都是以物联网为基础的新兴技术，都依赖于传感器、设备、网络和数据存储等技术，实现物理世界和数字世界的连接和互通。

此外，工业物联网技术还可以实现智能化的医疗设备监测和管理，包括医疗设备的故障诊断、预测维护、远程监测等方面的功能。通过设备互连和数据采集，可以实时监测医疗设备的运行状态和故障情况，及时进行维护和保养，减少设备故障和损坏，保障医疗服务的连续性和安全性。

（5）智慧社区

通过物联网技术在社区的应用实现智慧社区的模块化，使智慧社区信息系统集成、生态设计、网络化、设备倾向于智能化；实现网络化的社区生活，彻底改变人们的生活环境和生活状态。

2. 工业物联网与智慧工厂

智慧工厂代表了高度互联和智能化的数字时代，工厂的智能化通过互联互通、数字化、大数据、智能装备与智能供应链五大关键领域得以体现。典型的智慧工厂包括生产设备互联、物品识别定位、能耗自动检测、设备状态监测、产品远程运维、配件产品追溯、生产业绩考核以及工厂环境监测等目前存在的实际应用。

目前，智慧工厂相比于传统工业制造具有几个明显的技术革新。

1）智能的感知控制：通过智能感知技术随时随地对工业数据进行采集。

2）全面的互联互通：通过多种通信技术标准，将采集到的数据实时准确地传递出去。

3）深度的数据应用：利用云计算、大数据等技术，对数据进行建模、分析和优化，实现对海量数据的充分挖掘和利用。

4）创始的服务模式：利用信息管理、智能终端和平台等技术，实现传统工业智能化改造，提升产业价值、优化服务资源和激发产业创新。

智慧工厂首先要解决的问题就是智能的感知控制，通过随时随地地进行工业数据的采集来获取关键的工业数据，如图 6-18 所示。在技术实现方面，通过各种感知控制技术可以解决实际问题，这就涉及传感器、设备识别、工业控制、数据监控、平台运维等多方面的技术。

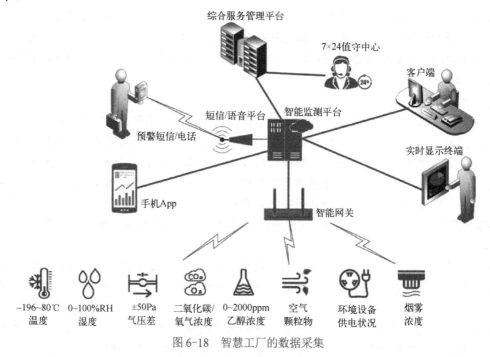

图 6-18 智慧工厂的数据采集

第二个需要解决的问题是设备与数据的全面互联互通，如何将采集到的数据实时准确地传递出去，并保证信号传输的安全可靠以及兼容不同设备是非常重要的技术挑战。应对这个问题需要的技术包括工业以太网、短距离无线通信和低功耗的工业广域网等技术和相关解决方案。

有了数据获取和数据传输，智慧工厂的智能化核心体现来自于对数据的深度应用。利用云计算、大数据等相关技术，对数据进行建模、分析和优化，实现对海量数据的充分挖掘和利用。这方面涉及的数据处理技术除了人们熟知的云计算等算法和设备服务之外，还包括数据清洗、数据分析、数据建模以及数据存储等。

最后，智慧工厂面临的最特别的挑战将是服务模式的创新，融合信息管理、智能终端和平台等技术，实现传统工业的智能化改造。这方面涉及很多技术之外的服务模式创新，而其中最特别的一点是安全管理技术，特别是加密认证、防火墙和入侵检测等技术环节，保障智慧工厂的全面安全性。通过连接网络，客户可以从工厂内部和外部监控机械的运行状态、交换数据、更改生产指令和重新编写 MCU 存储程序来更新设备的设置。这就要求系统制造商需要提供一个更安全、更可靠、人机界面更友善且可重复编程的集成解决方案。

6.4 本章小结

通过本章的学习，可以了解到物联网的结构与特点；了解物联网的关键技术；了解工业物联网的架构与特征；了解工业物联网的应用。

【学习效果评价】

复述本章的主要学习内容	
对本章的学习情况进行准确评价	
本章没有理解的内容是哪些	
如何解决没有理解的内容	

注：学习情况评价包括少部分理解、约一半理解、大部分理解和全部理解 4 个层次。请根据自身的学习情况进行准确的评价。

6.5 练习题

一、选择题

1. （　　）是物联网的最顶层，为用户提供实际应用场景服务，是最贴近应用市场的一层。
　　A. 应用层　　　　B. 制造层　　　　　　C. 工业层　　　　D. 感知层
2. 物联网本身也具有智能处理的能力，能够对物体实施（　　）。
　　A. 技术控制　　　B. 智能控制　　　　　C. 引导　　　　　D. 访问
3. 智能手机之所以智能，离不开各种各样的智能（　　）。
　　A. 内存　　　　　B. 模式　　　　　　　C. 传感器　　　　D. 材料
4. 工业物联网是物联网在（　　）的应用。
　　A. 商业领域　　　B. 工业领域　　　　　C. 科学领域　　　D. 制造领域
5. （　　）将工业资源映射到数字空间中，在虚拟的世界里模拟工业生产流程，借助数字空间强大的信息处理能力，实现对工业生产过程全要素的抽象建模，为工业物联网实体产业链运行提供有效决策。
　　A. 数据建模　　　B. 数字建模　　　　　C. 开源平台　　　D. 智能模式

二、简答题

1. 请阐述什么是物联网。
2. 请阐述什么是工业物联网。

第 7 章　5G 与工业互联网

7.1　5G 简介

7.1.1　认识 5G

通过工业设备联云上网，实现产业链智能协同，工业互联网已成为工业企业数字化转型的关键力量。借助 5G 网络的大宽带、低延时等优势确保海量数据高速传输，5G 与工业互联网的融合正在加速我国新型工业化进程，为中国经济发展注入新动能。

1. 5G 介绍

5G 是第五代移动通信技术（5th Generation Mobile Communication Technology）的简称，是 4G 之后的下一代移动通信网络标准，其上网速度将比 4G 高出 100 多倍，运营商的服务能力也极大增强，5G 网络对家庭现有的宽带连接形成有益的补充。5G 是新一代移动通信技术发展的主要方向，是信息基础设施的重要组成部分。与 4G 相比，5G 是它的延伸，不仅进一步提升用户的网络体验，同时还满足了万物互联的应用需求。

从用户体验看，5G 具有更高的速率、更宽的带宽，只需几秒即可下载一部高清电影，能够满足消费者对虚拟现实、超高清视频等更高的网络体验需求。

从行业应用看，5G 具有更高的可靠性、更低的时延，能够满足智能制造、自动驾驶等行业应用的特定需求，拓宽融合产业的发展空间，支撑经济社会创新发展。

2. 5G 的应用场景

与 4G 相比，5G 网络是高度集成的，是一种范式的转换，5G 网络的新范式包括具有海量带宽的极高载波频率、顶级基站、高密度设备，以及前所未有的天线数量。根据国际电信联盟无线电通信局（ITU-R）的标准，5G 的三大应用场景分别为增强移动宽带（eMBB）、超高可靠、超低时延通信（uRLLC）、大规模物联网（mMTC），其中包括移动互联网、工业互联网和汽车互联网以及其他具体场景。此外，5G 还将提供跨多技术网络的融合网络通信，以及与卫星、蜂窝网络、云、数据中心和家庭网关合作的开放通信系统。

（1）eMBB

增强移动宽带以人为中心的应用场景，集中表现为超高的数据传输速率、广覆盖下的移动性保证等，可以最直观改善移动网速。从 eMBB 层面来看，它是原来移动网络的升级，让人们体验到极致的网速。因此，eMBB 是 5G 发展初期面向个人消费市场的核心应用场景。

eMBB 典型应用包括超高清视频、虚拟现实、增强现实等。这类场景首先对带宽要求极高，关键的性能指标包括 100Mbit/s 用户体验速率（热点场景可达 1Gbit/s）、数十千兆比特每秒（Gbit/s）峰值速率、每平方公里数十太比特每秒（Tbit/s）的流量密度、每小时 500km 以上的移动性等；其次，涉及交互类操作的应用还对时延敏感，例如虚拟现实沉浸体验对时延要求在十毫秒量级。

（2）uRLLC

uRLLC 实际上涉及两个方面的内容，一个是超可靠，另一个是低时延通信，在此场景下，连接时延要达到 1ms 级别，而且要支持高速移动（500km/h）情况下的高可靠性（99.999%）连接。uRLLC 对于工业互联网至关重要，智慧工厂、工业自动化等工业互联网的热门场景，大多是基于 uRLLC 等场景开展的试验示范项目，因此，uRLLC 对于 5G 的发展有着深刻意义。

uRLLC 典型应用包括工业控制、无人机控制、智能驾驶控制等。这类场景聚焦对时延极其敏感的业务，高可靠性也是其基本要求。自动驾驶实时监测等要求毫秒级的时延，汽车生产、工业机器设备加工制造时延要求为十毫秒级，可用性要求接近 100%。

（3）mMTC

大规模物联网是依靠 5G 强大的连接能力，促进垂直行业融合。5G 强大的连接能力可以促进各垂直行业（智慧城市、智能家居、环境监测等）的快速深度融合。这一场景下，数据速率较低且时延不敏感，终端成本更低，电池寿命更长且可靠性更高，真正能实现万物互联。在万物互联下，依靠人们身上、身边的各类传感器和终端能构建一个智能化的生活，使人们的生活方式发生颠覆性的变化。

mMTC 典型应用包括智慧城市、智能家居等。这类应用对连接密度要求较高，同时呈现行业多样性和差异化。智慧城市中的抄表应用要求终端低成本、低功耗，网络支持海量连接的小数据包；视频监控不仅部署密度高，还要求终端和网络支持高速率；智能家居业务对时延要求相对不敏感，但终端可能需要适应高温、低温、震动、高速旋转等不同家居电器工作环境的变化。

值得注意的是，5G 的三大应用场景，最重要的不是带宽的提升，而是物联网，而 uRLLC 和 mMTC 主要面向物联网的应用需求。

3．5G 的发展情况

目前中国已经建成了全球最大规模的 5G 网络，并在各个领域推出了多种基于 5G 的创新应用。例如，在工业制造领域，5G 技术可以支持智能工厂的建设，实现远程操作、无人值守、智能化管理等。在智慧城市领域，5G 技术可以实现交通信号灯的智能化调度，提高交通效率；还可以实现环境监测、智慧停车、智能安防等功能。在医疗健康领域，5G 技术可以支持远程医疗、医疗影像诊断、智能健康监测等应用。

对于一个国家来说，5G 技术具有重要意义。它可以提高信息传输效率，降低通信成本，增强网络可靠性，支持更多复杂而智能的应用场景。它可以促进工业制造、智慧城市、远程医疗、智能交通、虚拟现实等方面，为社会提供更高效、更便捷、更安全的服务。因此，各国都会重视 5G 技术的发展，并采取有效的措施来推进 5G 网络建设和应用。

5G 技术将带来巨大的变革和价值，它将开启一个全新的数字时代，让人类进入一个万物互联的智慧社会。而 6G 技术则是 5G 技术的进一步发展和延伸，预计将在 2030 年左右实现商用。6G 技术将具有更高的速率、更低的时延、更强的可靠性、更广的覆盖、更多的 5G 技术给人类带来的巨大变革和价值是无法用数字和语言来衡量的。它将开启一个全新的数字时代，让人类进入一个万物互联的智慧社会。而在这个智慧社会中，人们将享受到更加便捷、高效、安全的生活，同时也将面临前所未有的挑战和风险。

7.1.2　5G 的特点

5G 的特点主要有高速度、泛在网、低功耗和低时延。

1. 高速度

相对于 4G，5G 要解决的第一个问题就是高速度。只有网络速度大幅度提升，用户体验与感受才会有较大提高。在传统互联网和 3G 时代，受到网络速度影响，流量是非常珍贵的资源，所有的社交软件都是访问机制，就是用户只有上网才能收到数据。而 4G 时代，网络速度提高，带宽不再是极为珍贵的资源了，社交应用就变成了推送机制，所有的信息都可以推送到人们的手机上，这样的改变让用户体验井喷式增长。5G 时代，网速大大提升，也必然会对相关业务产生巨大影响，不仅会让传统的视频业务有更好的体验，同时也会催生出大量的市场机会与运营机制。例如，5G 的上传速度达到 100Mbit/s 左右，网络贴片技术还可以保证某些用户不受拥堵的影响，直播的效果会更好，在此背景下，每一个用户都可能成为一个直播电视台。同时，5G 的高速度还支持远程医疗、远程教育等从概念转向实际应用。远程医疗可行的基础就是低成本，同时又需要高清晰的图像传输，需要低延时的操作，这些都要以高速度的网络作为基础。

2. 泛在网

随着业务的发展，网络业务需要无所不包，广泛存在。只有这样才能支持更加丰富的业务，才能在复杂的场景上使用。泛在网有两个层面的含义。一是广泛覆盖，二是纵深覆盖。

广泛是指人们社会生活的各个地方，需要广覆盖，以前高山峡谷就不一定需要网络覆盖，因为生活的人很少，但是如果能覆盖 5G，可以大量部署传感器，进行环境、空气质量甚至地貌变化、地震的监测，这就非常有价值。5G 可以为更多这类应用提供网络。

纵深是指人们生活中虽然已经有网络部署，但是需要进入更高品质的深度覆盖。人们今天家中已经有了 4G 网络，但是家中的卫生间可能网络质量不是太好，地下停车库基本没信号，5G 的到来可把以前网络品质不好的卫生间、地下停车库等都用很好的 5G 网络广泛覆盖。

值得注意的是，在一定程度上，泛在网比高速度还重要，泛在网是 5G 体验的一个根本保证。

3. 低功耗

5G 要支持大规模物联网应用，就必须要有功耗的要求。这些年，可穿戴产品有一定发展，但是遇到很多瓶颈，最大的瓶颈是体验较差。以智能手表为例，每天充电，甚至不到一天就需要充电。所有物联网产品都需要通信与能源，虽然今天通信可以通过多种手段实现，但是能源的供应只能靠电池。若通信过程中要消耗大量的能量，就很难让物联网产品被用户广泛接受。

低功耗主要采用两种技术手段来实现，分别是美国高通等主导的 eMTC 和华为主导的 NB-IoT。eMTC（Enhanced Machined Type Communication，增强型机器类型通信）基于 LTE 协议演进而来，为了更加适合物与物之间的通信，也为了成本更低，该技术对 LTE 协议进行了裁剪和优化。eMTC 基于蜂窝网络进行部署，其用户设备通过支持 1.4MHz 的射频和基带带宽，可以直接接入现有的 LTE 网络。eMTC 支持上下行最大 1Mbit/s 的峰值速率。NB-IoT 的构建基于蜂窝网络，只消耗大约 180kHz 的带宽，可直接部署于 GSM 网络、UMTS 网络或 LTE 网络，以降低部署成本、实现平滑升级。NB-IoT 是一种基于蜂窝的窄带物联网技术，也是低功耗广域网（Low Power Wide Area，LPWA）的最佳连接技术，NB-IoT 提供了完整的 OpenCPU（以模块作为主处理器的应用方式）解决方案，可为客户节省表计应用中的外部 MCU、晶体器件的成本。NB-IoT 承载着智慧家庭、智慧出行、智慧城市等智能世界的基础连接任务，广泛应用于如智能表计、智慧停车、智慧路灯、智慧农业、白色家电等多个方面，是 5G 时代下的基础连接技术之一。NB-IoT 和 eMTC 面向 5G 的海量连接（mMTC）场景，是 5G 物联网的基础。

低功耗的要求非常广泛，例如对于河流的水质监测，几十千米或是几千米设立一个监测点，监测结果不够准确，要找到污染源非常困难，而设立大量常规监测点的成本又太高，这就需要设立大量成本低的监测点以便及时回传数据。如果采用低功耗技术，将监测器布置在河流沿线，半年换一次电池，维护的成本就很低，从而形成有价值的应用。

4．低时延

所谓网络延迟，通俗来讲，就是数据从源节点传到目的节点所用的时间。5G 低时延的实现遵循的思路是一方面要大幅度降低空口传输时延，另一方面要尽可能减少转发节点，并缩短源节点到目的节点之间的"距离"。此外，实现 5G 低时延还须兼顾整体，从跨层考虑和设计角度出发，使得空口、网络架构、核心网等不同层次的技术相互配合，让网络能够灵活应对不同垂直业务的时延要求。因此，相比当前的 4G 网络，5G 将支持低于 1ms 的时延。例如，一直以来，5G 被认为是无人驾驶普及的关键，无人驾驶汽车的安全性是所有相关企业考虑的首要问题。5G 网络的低时延、大带宽是实现自动驾驶远程高精度控制和高可靠性的重要保障。

低时延还有一个重要应用领域，就是工业控制。这个领域对于时延要求最高，一台高速度运转的数控机床发出停机的命令，这个信息如果不及时送达，而是有很高的时延，就无法保证生产出的零件是高精密的。低时延就是把信息送达后，机床马上作出反应，这样才能保证精密度。

此外，还有很多行业的应用场景需要依赖 5G 的低时延特性才能得以发展，尤其是那些需要精密处理的高科技领域，低时延的 5G 大有可为，未来将会发挥更大的作用。

7.2　5G 关键技术

7.2.1　大规模 MIMO 技术

工业互联网作为新工业革命的关键体和重要基石，日益成为世界各国实现新增长的共同选择。为抢抓工业互联网发展先机，主要国家纷纷围绕前沿技术、关键平台、行业应用等展开相关部署，并通过强化战略指引，加快产业生态构建，加强要素保障等营造发展环境。目前，美、欧、日、中等多极并进的总体格局正在形成，各主体间的竞合程度不断升级，全球工业互联网已进入加速发展期。

1. 大规模 MIMO 概述

多输入多输出技术（Multiple-Input Multiple-Output，MIMO）是指在发射端和接收端分别使用多个发射天线和接收天线，使信号通过发射端与接收端的多个天线传送和接收，从而改善通信质量。要提升无线网速，主要的办法之一是采用多天线技术，即在基站和终端侧采用多个天线，组成 MIMO 系统。MIMO 系统被描述为 $M×N$，其中 M 是发射天线的数量，N 是接收天线的数量（比如 4×2 MIMO）。大规模 MIMO 技术就是采用更大规模数量的天线，该技术能充分利用空间资源，通过多个天线实现多发多收，在不增加频谱资源和天线发射功率的情况下，可以成倍地提高系统信道容量，被视为下一代移动通信的核心技术。

2. 大规模 MIMO 基本特征

大规模 MIMO 无线通信的基本特征如下。

在基站覆盖区域内配置数十根甚至数百根以上天线，较 4G 系统中的 4（或 8）根天线数增加一个量级以上，如图 7-1 所示，这些天线以大规模阵列方式集中放置；分布在基站覆盖区内的多个用户，在同一时频资源上，利用基站大规模天线配置所提供的空间自由度，与基站同时进行通信，提升频谱资源在多个用户之间的复用能力、各个用户链路的频谱效率以及抵抗小区间干扰的能力，由此大幅提升频谱资源的整体利用率；与此同时，利用基站大规模天线配置所提供的分集增益和阵列增益，每个用户与基站之间通信的功率效率也可以得到进一步显著提升。

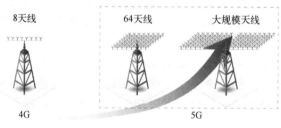

图 7-1　大规模 MIMO 中的天线数

很显然，大规模 MIMO 无线通信通过显著增加基站侧配置天线的个数，以深度挖掘利用空间维度无线资源，提升系统频谱效率和功率效率。

大规模 MIMO 带来的好处是：第一，空间分辨率与现有 MIMO 相比显著增强，能深度挖掘空间维度资源，使得网络中的多个用户可以在同一时频资源上利用大规模 MIMO 提供的空间自由度与基站同时进行通信，从而在不需要增加基站密度和带宽的条件下大幅度提高频谱效率；第二，大规模 MIMO 可将波束集中在很窄的范围内，从而大幅度降低干扰；第三，可大幅降低发射功率，从而提高功率效率；第四，当天线数量足够大时，最简单的线性预编码和线性检测器趋于最优，并且噪声和不相关干扰都可忽略不计。

值得注意的是，大规模 MIMO 的不利之处在于，系统必须用非常复杂的算法来找到用户的准确位置，否则就不能精准地将波束对准这个用户。

3. 大规模 MIMO 新特性

天线阵列的变大使得大规模 MIMO 系统显现出许多有别于传统 MIMO 的新特性。

（1）随机变化的特性趋于确定

在传统 MIMO 中，由于天线数较少，发送端和接收端形成的信道都具备各自的个体性和独特性，相互之间关联性较小。然而，当天线数增加到无穷时，原本属于随机的信道矩阵，此时各元素间将存在一定的确定性，这样矩阵可以通过某些方式进行分解或者拓展，实现整体运算复杂度的降低。除此之外，天线阵列的孔径越大，其精确度也将变得越高。

（2）降低用户间干扰及不相关性

随着基站侧天线数量的增加，用户间信道趋于正交，而当基站天线数趋于无穷时，严重影响通信系统性能的热噪声和不相干的小区间干扰可以忽略不计。它可以用上百的天线增加有用信号功率，增加信干比。同时避免了基站间的相互协调合作，降低算法复杂度。

（3）提高系统频谱效率

大规模 MIMO 通信技术通过大幅提高基站侧的天线数量，充分利用空间维度天线资源，提高系统频谱利用率。

7.2.2　网络切片技术

网络切片技术就是把运营商的物理网络切分成多个虚拟网络，每个网络适应不同的服务需求，这可以通过时延、带宽、安全性、可靠性来划分不同的网络，以适应不同的场景。通过网络切片技术在一个独立的物理网络上切分出多个逻辑网络，从而避免了为每一个服务建设一个专用的物理网络，这样可以大大节省部署的成本。

例如，在同一个 5G 网络上，电信运营商会把网络切分为智能交通、无人机、智慧医疗、智能家居以及工业控制等多个不同的网络，将其开放给不同的运营者，这样一个切片网络在带宽、可靠性能力上也有不同的保证，计费体系、管理体系也不同。在切片网络中，各个业务提供商不像 4G 一样都使用一样的网络、一样的服务，而是向用户提供不一样的网络、不同的管理、不同的服务、不同的计费，让业务提供者更好地使用 5G 网络。图 7-2 所示为端到端网络切片。

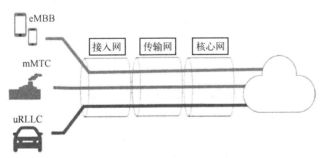

图 7-2　端到端网络切片

7.2.3　软件定义网络

软件定义网络（Software Defined Network，SDN）是一种将网络基础设施层（也称为数据面）与控制层（也称为控制面）分离的网络设计方案。网络基础设施层与控制层通过标准接口连接，比如 OpenFlow（首个用于数据和控制面互联的开放协议）。

SDN 将网络控制面解耦至通用硬件设备上，并通过软件化集中控制网络资源。控制层通常由 SDN 控制器实现，基础设施层通常被认为是交换机，SDN 通过南向 API（比如 OpenFlow）连接 SDN 控制器和交换机，通过北向 API 连接 SDN 控制器和应用程序，如图 7-3 所示。

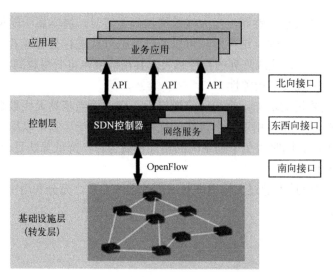

图 7-3　SDN

SDN 实现了控制层面和转发（数据）层面的解耦分离，使网络更开放，可以灵活支撑上层业务/应用。对运营商而言，SDN 实现了动态控制方面的诸多创新，包括分组数据连接、可变 QoS、下行链路缓冲、在线计费、数据包转换和选择性链接等。SDN 带来的敏捷特性，可以更好地满足 5G 时代不同应用的不同需求，让每一个应用都有特定的带宽、延迟等。同时，IT 人员还能借助 SDN 的可编程性，将网络资源变成独立的、端到端的"切片"，包括无线、回程、核心和管理域。有了 SDN 架构的支撑，运营商真正实现了将网络作为一种服务，并在连续提供服务的同时有效地管理网络资源。SDN 还将为运营商提供最佳数据传输路径，进一步优化运营商的网络。综合来看，基于 SDN 构建的 5G 架构，将会进一步降低运营商的市场资本性支出，让运营商有更多的资金去实现服务的创新，将网络真正转化为价值收益。具备降低市场资本性支出以及激发创新的优势。

7.2.4　毫米波

5G 与 2/3/4G 最大的区别之一是引入了毫米波。毫米波（mmWave），指 RF（Radio Frequency，射频）频率在 30～300GHz 之间，波长为 1～10mm，工作频率介于微波与远红外波之间的无线电波。毫米波通信就是指以毫米波作为传输信息的载体而进行的通信。

毫米波有极高的带宽，可利用总带宽高达 135GHz，是传统微波波段带宽的 5 倍，在频段资源紧张的今天有巨大吸引力；毫米波的波束很窄，能更精准地分辨目标物并还原目标物细节；与激光相比，毫米波对气候要求更低，与微波相比，毫米波元器件尺寸更小，毫米波设备更容易小型化。因此 5G 毫米波适合在车站、机场、体育场这些同一区域、同一时间、大量用户的场景使用。

毫米波由于其频率高、波长短，具有如下特点。

频谱宽，配合各种多址复用技术的使用可以极大提升信道容量，适用于高速多媒体传输业务；可靠性高，大量现场试验结果表明，毫米波对于沙尘和烟雾具有很强的穿透力，几乎能无衰减地通过沙尘和烟雾；方向性好，毫米波受空气中各种悬浮颗粒物的吸收较大，使得传输波束较窄，增大了窃听难度，适合短距离点对点通信；波长极短，所需的天线尺寸很小，易于在较小的空间内集成大规模天线阵。

　　除了优点之外，毫米波也有一个主要缺点，那就是不容易穿过建筑物或者障碍物，并且可以被叶子和雨水吸收。这也是为什么 5G 网络将会采用小基站的方式来加强传统的蜂窝塔。毫米波通信系统中，信号的空间选择性和分散性被毫米波高自由空间损耗和弱反射能力所限制，又由于配置了大规模天线阵，很难保证各天线之间的独立性，因此，在毫米波系统中天线的数量要远远高于传播路径的数量。

　　总而言之，5G 毫米波带宽高、时延低、容量高。在日常生活中，5G 毫米波可以帮助用户秒速下载蓝光视频。在专业场景，5G 毫米波可以实现工业机器人的远程控制、自主工厂运输、远程医疗等。在传统制造业领域，面临着工业终端算力不足、工业数据协议标准不统一、联网能力差等诸多的困难。而 5G 毫米波可以有效解决许多难题，毫米波具有光纤级的超大带宽和超低时延，还拥有超大用户容量等特性，可以满足工业互联网海量数据传输、海量物联网设备接入，以及对响应速度的严苛要求。

7.3　5G 与工业互联网的融合与应用

7.3.1　5G 支持的工业业务场景

　　5G 能够满足高质量、高效率、高速的数据传输，从而使工业互联网中各类型的机器、设备间的即时通信成为可能。

1. 远程设备运维

　　5G 作为最新一代蜂窝移动通信技术，它提供了更快的数据传输速率、更低的时延、更高的可靠性和更大的容量来承载更多的网络连接，可以满足某些特殊的远程工业用例所需要的网络性能。大型企业的生产场景经常涉及跨工厂、跨地域设备维护，远程问题定位等，5G 技术在这些方面的应用，可以提升运行和维护效率，降低成本。

　　制造企业可以利用 5G 大带宽、广连接等传输特性和灵活布网优势，实时监测远程生产设备全生命周期的工作状态，使生产设备的维护工作突破工厂边界，实现跨工厂、跨地域的远程故障诊断和维修。同时，广连接、低时延的 5G 网络还可以将工厂内海量的生产设备及关键部件进行互联，提升生产数据采集的及时性与智能感知能力，为生产流程优化、能耗管理提供网络支撑。

　　设备通过布置大量传感器，自动采集设备周围的温度、湿度、图像等环境信息和设备运行的参数数据，这些数据再通过 5G 网络传输到设备供应的远端云平台，通过云端部署的设备状态分析等应用进行数据分析和处理，启动预防性维护，实时进行专业的设备运维。三维模型的实时渲染需要极大的带宽支持，基于 5G 的 VR 技术运用于工业生产的故障检测中，可提升检测的安全性。借助 5G 的高速运算能力，可以有效识别异常数据，将数据与专家系统中的故障特征对比，形成基于 5G 的故障诊断系统。在线实时状态监测系统可以有效地实现预测性维护，预知设备故障，预防非计划停机，保证设备长周期、满负荷、安全可靠地运行，减少维修和大修时间以及维修间隔，降低维修成本和生产成本。

2. 工业设备联网

提到工厂内的应用，最容易想到的还是控制。工业控制大致分为设备级、产线级和车间级，其中设备级和产线级对可靠性和延时要求很高，又很少移动，因此在 uRLLC 完成前，目前主要还需要现场总线等有线方式。

随着工业互联网的发展，越来越多的车间设备开始接入工厂内网，对工厂内网的灵活性和带宽要求越来越高。目前传统工厂有线网络可靠性带宽高，但是灵活性较差，并且无线网络的覆盖范围、接入数量等都存在不足。兼具灵活性、高带宽和多终端接入特点的 5G 成为承载工厂内设备接入和通信的新选择。

例如，5G 无线技术可以使工厂内的各种控制、质量、管理、可视和安全领域的行业应用场景向柔性化、自动化和无线化的方向演进；5G 云网一体化的属性，可以解决现场应用云端实时控制问题；5G 企业专网方案，可以提供安全可靠的网络支撑；网络切入、公有云、私有云、边缘云的融合战略为企业提供高性价比的 5G 解决方案选择。

3. 工业机器人控制

得益于超高的传输速度和极低的延迟，通过 5G 技术在智能制造领域将能实现对生产流程全面且持续的监控。就在机器人领域的应用来说，5G 带来的无线连接技术和云端技术，将给工业机器人的智能化生产带来更大的灵活性和成本优势。

当前工厂中应用的 WiFi 无线通信方式存在着易受到干扰、覆盖范围不足等多种缺陷。而 5G 技术成熟后，在工厂应用过程中基于 5G 技术的 eLTE（无线集群技术）相关技术也顺势出现，它有着相对比较强的抗干扰性。与此同时，5G 技术与现有的网络相比，能将连接的设备数量以数十倍的量级增加，由此可以收集更多的数据。

可以想象未来 10 年内，5G 网络覆盖到工厂各个角落。5G 技术控制的工业机器人，已经从玻璃柜里走到了玻璃柜外，不分日夜地在车间中自由穿梭，进行设备的巡检和修理，送料、质检或者高难度的生产动作。机器人成为中、基层管理人员，通过信息计算和正确判断，进行生产协调和生产决策。这里只需要少数人承担工厂的运行监测和上级的管理工作。机器人成为人的得力助手，替代人完成人难以完成的工作，人和机器人在工厂中得以共生。

4. 工业产品质量检测

现阶段工业产品的质量检测基于传统人工检测手段，稍微先进一点的检测方法是将待检测产品与预定缺陷类型库进行比较，上述方法的检测精度和检测效率均无法满足现阶段高质量生产的要求，缺乏一定的学习能力和检测弹性，导致检测精度和效率较低。而且由于计算能力较弱，4G 的时延过高、带宽较低，数据无法系统联动，处理都在线下进行，耗费极大的人力成本。

基于 5G 的大带宽、低时延，通过 5G+AI+机器视觉能够观测微米级的目标，获得的信息量是全面且可追溯的，相关信息可以方便地集成和留存，从而改变整个质量检测的流程。区别于传统的人工观察，视觉检测能够清晰地观测物料的表面缺陷，视觉检测包含更大的数据量，需要更快的传输速度，5G 能够完全解决视觉检测的传输问题。

5. 可视化工厂

在智能工厂生产的环节中涉及物流、上料、仓储等方案判断和决策，生产数据的采集和车间工况、环境的监测愈发重要，能为生产的决策、调度、运维提供可靠的依据。传统的 4G 通信条件下，工业数据采集在传输速率、覆盖范围、延迟、可靠性和安全性等方面存在局限性，无法形成较为完备的数据库。

5G 技术能够为智能工厂提供全云化网络平台。精密传感技术作用于不计其数的传感器并在极短时间内进行信息状态上报，大量工业级数据通过 5G 网络收集并存储到庞大的数据库中，最终由工业机器人结合云计算的超级计算能力进行自主学习和精确判断，给出最佳解决方案，真正实现可视化的全透明工厂。

6. 物流管理

在 RFID、EDI 等技术的应用下，智能物流供应的发展几乎改善了传统物流仓储的种种难题。但现阶段 AGV（自动导引运输车）调度往往采用 WiFi 通信方式，存在着易被干扰、切换和覆盖能力不足问题。4G 网络已经难以支撑智慧物流信息化建设，如何高效快速地利用数据区协调物流供应链的各个环节，从而让整个物流供应链体系低成本且高效地运作是制造业面临的重点和难题。

5G 具有大宽带的特点，有利于参数估计，可以为高精度测距提供支持，实现精准定位。5G 网络延时低的特点，可以使得物流各个环节都能够更加快速、直观、准确地获取相关的数据，物流运输、商品装捡等数据能更为迅捷地达到用户端、管理端以及作业端。此外，5G 的高并发特性还使得在同一工段同一时间点由更多的 AGV 协同作业。

7.3.2　5G 与工业互联网的应用

建设工业互联网，不仅需要实现数字化、智能化生产组织管理，还要推动工业产业的网络化发展，以便使设计企业、生产制造企业等各个企业有效、协同地开展工作，在延长产业链条的同时提高行业生产效率。

5G 技术是工业互联网持续发展的核心技术，它可以有效地解决移动性差、组网效率不高、极端环境难以铺装等诸多问题，可以有效地满足工业互联网大规模的数据采集、感知、实时传输、远程监控等工业化生产需求，已然成为工业互联网深化发展的强大动力。伴随着 5G 的高速发展，5G 应用也得到了充分的提升，飞机、船舶、汽车、电子、新能源、矿业等一批国家的支柱性产业，都在进行"5G+工业互联网"的创新，而 5G 正以更快的速度向各个行业、各个领域渗透。如 5G 与数字影视、AR、VR、无人机、机器人、机器视觉等的融合。加快工业互联网的发展，推动 5G 信息技术与制造业的深度融合，5G 是技术和产业变革的必然趋势，是加快建设制造强国和网络强国的重要手段。

图 7-4 显示了由 5G 技术实现的数字化工厂。其中 5GSA 是指专属于 5G 独立组网的流量，5GMEC 是指 5G 多接入边缘计算。所谓 5G 工厂就是一座实现"数字"完备的现代化工厂。小到工厂大门的进出安防、员工停车场的太阳能板顶棚，大到车间整个产线、仓库进出货物运转，工厂内的"一草一木"皆已全面实现数字化。在数字化工厂中，即便工厂技术管理人员身处不同城市，或者不在工厂内部，只需要打开终端设备，就可以实时观看生产线运转状态的画面。倘若产品生产过程中出现问题，或者产线本身出现问题，相关人员也可以借助数字孪生技术直接查找问题根源，并隔空对产线进行智能维护。在一些特定场景下，借助 5G 下的 D2D（设备到设备）技术，物体与物体之间直接通信，进一步降低了业务端到端的时延，在网络负荷实现分流的同时，反应更为敏捷，从而实现生产制造各环节的时间更短，解决方案更快、更

优，生产制造效率大幅度提高。

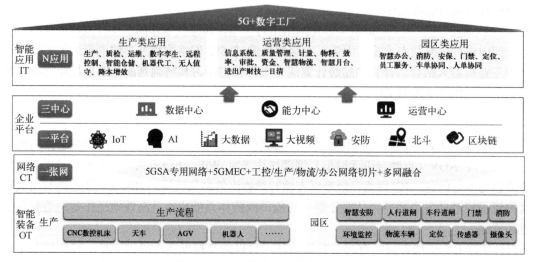

图 7-4 由 5G 技术实现的数字化工厂

值得注意的是，5G 与行业融合的价值和作用已经被越来越多的行业所认可，但受限于数字化基础条件、产业发展节奏及行业变革周期等客观发展规律，5G 与行业融合不会一蹴而就。

7.3.3 5G 与工业互联网融合的挑战

5G 与工业互联网的融合虽然对工业转型升级起到重要作用且应用前景广阔，但 5G 本身的发展受到一定因素制约，还需要花一段时间才能实现大规模的推广落地。

1. 投资成本高

5G 网络的基础投资成本较高，主要体现在单一设备模组的采购、应用成本高，影响 5G 技术的全面应用，是 5G 技术发展的关键挑战之一。

2. 能耗大

5G 网络在数据高速传输过程中会产生大量能耗，如何降低运行过程中的能耗是急须解决的问题。

3. 高频段资源应用

基于 5G 的工业互联网在通信过程中需要大量高频段资源，如何开发高频段的资源以满足其需求是一大挑战。

4. 技术不完善

目前，5G 还未能完全满足工业领域对现场通信的实时性、可用性、安全性（功能安全和信息安全）、抗干扰等方面的要求。

在安全性方面，5G 网络和工业互联网的网络架构较为开放，且在数据传输过程中涉及大量数据、覆盖范围较广，因此安全问题是一大挑战。必须保证数据在传输过程中不会损失或缺少，同时也要保证设备应用过程中的用户隐私安全等。

在实时性方面，5G 的性能远优于 4G，可靠性达 99.999%，这意味着 5G 能够达到不低于

99.999%的网络可获得性和数据连接可靠性。尽管如此，5G 还是无法保证 100%的可靠性，因此仍然可能导致实时系统在某段时间内出错，无法完全达到实时系统的传输要求。

7.4 本章小结

通过本章的学习，可以了解到 5G 的应用场景；了解 5G 的特点；了解 5G 的核心技术；了解 5G 支持的工业业务场景；了解 5G 与工业互联网的应用；了解 5G 与工业互联网融合的挑战。

【学习效果评价】

复述本章的主要学习内容	
对本章的学习情况进行准确评价	
本章没有理解的内容是哪些	
如何解决没有理解的内容	

注：学习情况评价包括少部分理解、约一半理解、大部分理解和全部理解 4 个层次。请根据自身的学习情况进行准确的评价。

7.5 练习题

一、选择题

1. eMBB 是指（　　）。

    A. 增强移动宽带　　B. 超低时延通信　　　　C. 大规模物联网　　　　D. 大规模工业网

2. 多输入多输出技术是指在发射端和接收端分别使用（　　）发射天线和接收天线。

    A. 一个　　　　　　B. 多个　　　　　　　C. 无　　　　　　　　D. 以上都不对

3. 网络切片技术就是把运营商的物理网络切分成多个（　　），每个网络适应不同的服务需求。

    A. 不同节点　　　　B. 隔断　　　　　　　C. 空间　　　　　　　D. 虚拟网络

4. 毫米波的波长为（　　）mm。

    A. 0～5　　　　　　B. 1～10　　　　　　　C. 100　　　　　　　　D. 1

5. 毫米波的波束（　　），能更精准地分辨目标物并还原目标物细节。

    A. 很粗　　　　　　B. 很窄　　　　　　　C. 很宽　　　　　　　D. 很长

二、简答题

1. 请阐述 5G 的应用场景。

2. 请阐述 5G 的特点。

第8章 云计算与工业互联网

8.1 云计算概述

8.1.1 云计算简介

近年来，在社会和企业数字化转型的浪潮下，云计算产业呈现稳健发展的良好态势。随着云计算和大数据应用的普及，越来越多的企业开始"拥抱"云计算服务。

云计算简介

1. 认识云计算

云计算是一种基于互联网的计算模型，是对网格计算、并行计算和分布式计算等计算方式的一种商业运用，可以在较短时间内完成海量的数据处理，为网络服务提供强大的服务保障。

按照美国国家标准与技术研究院（NIST）的定义，云计算是一种按使用量付费的模式，这种模式提供可用的、便捷的、按需的网络访问，进入可配置的包括网络、服务器、存储设备、应用软件和服务在内的计算资源共享池，这些资源能被快速提供，需要投入很少的管理工作，或与服务供应商进行很少的交互。

从技能层面，云计算实际上是已经存在了很久的三种技能的延伸和发展，分别是并行计算、网格计算和普及计算。所谓并行计算，就是若干台大型计算机在同一个地点并行完成大的工程量。所谓网格计算，就是分布在各个地方的计算能力，通过网状协同的方式共享计算能力。普及计算希望利用每个人手里强的移动计算终端，整合出一个很强的计算能力，然后将计算能力释放给大的群体。这三种概念的整合形成了云计算的技能方向和技能基础。简而言之，云计算就是计算和存储能力的虚拟化。

2. 云计算的发展史

云计算自 19 世纪 60 年代被提出以来，到现在已经历了数十年的发展。人们在日常生活中也经常能看到云服务的存在，例如百度网盘、苹果手机的 iCloud 等。阿里巴巴、腾讯、快手等科技企业也在其运行架构中引入了云计算，降低了运营成本，提高了市场竞争力。

随着数字经济的不断推进，各项数字技术不断发展，云计算的应用潜力也不断被挖掘。例如云计算可以为人工智能的发展提供足够多的数据与足够强大的计算服务，打破人工智能在深度学习领域的瓶颈，促进人工智能的发展。而人工智能的发展也可以帮助云计算优化中心系统的管理，提高云计算运行效率，降低能耗，提高系统自愈及防御能力，两者协同发展。此外，云计算对于智慧城市的发展也至关重要。智慧城市的建设涉及海量的电子终端与网络数据，如何存储、处理、传输这些数据对于智慧城市的运行而言举足轻重，而云计算可以统筹海量终端、按需控制、共享资源等，正好可以满足智慧城市的运行需求。

目前，我国的云计算技术在经历了十余年的发展之后，已经在一些层面取得了较大的成就。云计算是数字基础设施的重要部分，是驱动数字经济发展的原动力，在我国产业数字化转型和公共服务数字化水平提升中发挥着重要作用。云计算可以为各类数字技术发展提供强有力的数据存储、运算及应用服务，是数字经济时代不可忽略的基础设施，也是释放数字价值、驱动数字创新的重要动力。

3. 云计算模式

简单来说，云计算就是将互联网中千千万万的计算机统筹起来，一同在云计算的模式下运行。但是云计算所使用的应用并不在个人计算机上运行，而是在云计算的服务器集群中运行。因此，云计算可以让个体乃至中小规模的企业无须购买大量设备、独立搭建平台就可以获取强大的计算服务。云计算模式的优势非常明显，可以多人共享资源池，提高互联网资源的利用率；降低了用户获取服务的成本，提高了计算服务的灵活度，既可以按照需要自助变更服务，也可以使用多种终端设备访问，硬件束缚少。图 8-1 显示了使用云服务平台来对资源（计算、网络、存储）进行统一运行管理。

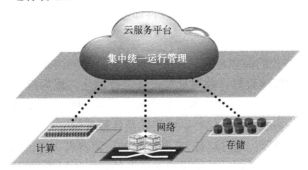

图 8-1　使用云服务平台来对资源进行统一运行管理

在云计算模式下，用户不需要具备互联网专业知识也能够轻松使用，降低了互联网计算服务的准入门槛，使得用户及企业可以将更多的精力与资金投入到其擅长的领域中，在一定程度上为各行各业的创新发展提供了更有利的土壤。

4. 云计算的特征

云计算有以下几个常见的特征：支持异构基础资源、支持资源动态伸缩、支持异构多业务体系、支持海量信息处理，以及按需分配和按量计费。

（1）支持异构基础资源

云计算可以构建在不同的基础平台之上，即可以有效兼容各种不同种类的硬件和软件基础资源。硬件基础资源，主要包括网络环境下的三大类设备，即：计算（服务器）、存储（存储设备）和网络（交换机、路由器等设备）；软件基础资源，则包括单机操作系统、中间件、数据库等。

（2）支持资源动态伸缩

支持资源动态伸缩，实现基础资源的网络冗余，意味着添加、删除、修改云计算环境的任一资源节点，抑或任一资源节点异常宕机，都不会导致云环境中的各类业务的中断，也不会导致用户数据的丢失。

（3）支持异构多业务体系

在云计算平台上，可以同时运行多个不同类型的业务。异构，表示该业务不是同一的，不是已有的或事先定义好的，而应该是用户可以自己创建并定义的服务。这也是云计算与网格计算的一个重要差异。

（4）支持海量信息处理

云计算的底层需要面对各类众多的基础软硬件资源；而云计算的上层需要能够同时支持各

类众多的异构的业务；而具体到某一业务，往往也需要面对大量的用户。由此，云计算必然需要面对海量信息交互，需要有高效、稳定的海量数据通信/存储系统作支撑。

（5）按需分配和按量计费

按需分配是云计算平台支持资源动态流转的外部特征表现。云计算平台通过虚拟分拆技术，可以实现计算资源的同构化和可度量化，可以提供小到一台计算机，多到千台计算机的计算能力。按量计费起源于效用计算，在云计算平台实现按需分配后，按量计费也成为云计算平台向外提供服务时的有效收费形式。

8.1.2　云计算的服务层次

云计算有以下几个常见的服务层次：基础设施即服务（Infrastructure as a Service，IaaS），平台即服务（Platform as a Service，PaaS）和软件即服务（Software as a Service，SaaS）。

1. IaaS

IaaS 是基础设施即服务的简称，同时也可以理解为基础架构即服务。IaaS 通常由云服务提供商把 IT 系统的基础设施建设好，并对计算设备进行池化，然后直接对外出租硬件服务器、虚拟主机、存储或网络设施（负载均衡器、防火墙、公网 IP 地址及诸如 DNS 等基础服务）等。具体而言，IaaS 服务将服务器、储存、网络以及各种基础运算资源等 IT 基础设施作为一种服务，通过网络提供给消费者。通过这些 IT 基础设施，消费者可以部署、执行操作系统或应用程序等各种软件。IaaS 的计费一般是基于用户对资源的实际使用量或占用量来计算的。

使用 IaaS 的消费者只须根据需要为特定资源付费，因此可以规避购买和管理物理服务器与数据中心基础结构的成本和复杂工作。

在服务、使用模式上，IaaS 与传统的主机托管服务有些相似之处，但是在成本、服务的灵活性、扩展性等方面，IaaS 具有更强的优势。

2. PaaS

PaaS 是把服务器平台作为一种服务提供的商业模式。PaaS 为开发人员提供了一个框架，使他们可以基于它创建自定义应用程序。所有服务器、存储和网络都可以由企业或第三方提供商进行管理，而开发人员可以只负责应用程序的管理。

具体来说，搭建传统 IT 基础平台是一个漫长的过程，通常由申请、审计、硬件购买与运输、硬件安装与配置、软件安装与配置等步骤组成。在这个过程中，繁复的手工配置工作费时费力，而且容易产生人为配置错误。同时，平台环境的升级维护也面临人为配置错误频繁产生的问题，造成不必要的影响和损失。由于这些原因，搭建完成的应用运行平台，即使在一定时期内不再需要，也不会被及时释放回收，以供新项目使用，这是造成空闲硬件资源的原因之一。此外，传统基础平台提供的应用运行能力是静态的。然而在不同时间，应用负载往往是不一样的。为了确保高负载时应用的正常运行，应用运行平台必须能够提供最高运行能力，这就造成了非高峰时的众多空闲硬件资源。云计算的产生，尤其是平台服务的理念，从产生空闲硬件资源的根本原因入手，建立了快速搭建和部署应用运行环境和动态调整应用运行时环境资源这两个目标。

目前平台服务已经成为实践云计算的重点之一，它将应用运行所需的 IT 资源和基础设施以服务的方式提供给用户，包括中间件服务、信息服务、连通性服务、整合服务和消息服务等多种服务形式。PaaS 模式基于互联网提供对应用完整生命周期（包括设计、开发、测试和部署等阶段）的支持，减少了用户在购置和管理应用生命周期内所必需的软硬件以及部署应用和 IT 基础设施的成本，同时简化了以上工作的复杂度。为了确保高效地交付具备较强灵活性的平台服务，在 PaaS 模式中，平台服务通常基于自动化的技术通过虚拟化的形式交付，在运行时，自动化、自优化等技术也将被广泛应用，以确保实时动态地满足应用生命周期内的各种功能和非功能需求。

3．SaaS

SaaS 是随着互联网技术的发展和应用软件的成熟，在 21 世纪开始兴起的一种完全创新的软件应用模式。它与按需软件（On-demand Software）、ASP（the Application Service Provider，应用服务提供商）、托管软件（Hosted Software）具有相似的含义。软件即服务（也称为云应用程序服务）是云市场中企业最常用的选项。SaaS 利用互联网向其用户提供应用程序，这些应用程序由第三方供应商管理。大多数 SaaS 应用程序直接通过 Web 浏览器运行，不需要在客户端进行任何下载或安装。

SaaS 应用软件的价格通常为"全包"费用，囊括了通常的应用软件许可证费、软件维护费以及技术支持费，将其统一为每个用户的月度租用费。对于广大中小型企业来说，SaaS 是采用先进技术实施信息化的最好途径。但 SaaS 绝不仅仅适用于中小型企业，所有规模的企业都可以从 SaaS 中获利，不过广义的 SaaS 也包含面向个人的软件产品服务。

值得注意的是，SaaS 绝不只是一种技术形态，它还是一种商业模式。尤其在快速变化的当下中国，SaaS 帮助广大中小企业实现数字化转型，拥有广阔的商业发展前景。

图 8-2 所示为用户、云计算的服务层次以及服务商三者之间的关系。其中，用户可以购买云计算的各种服务，IaaS 及 PaaS 服务商对云平台进行运维，为用户提供服务，而 ISV（软件开发商）会基于对应云计算厂商的产品或服务来开发某系统或软件服务。

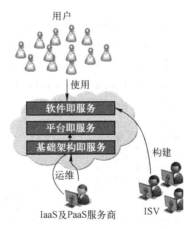

图 8-2　用户、云计算的服务层次以及服务商三者之间的关系

8.1.3　云计算的部署类型

云环境主要分为三种部署类型，企业可以选择在公有云、私有云或混合云上运行应用程序，具体取决于他们的要求。

1．公有云

公有云通常指第三方提供商用户能够使用的云，一般可将虚拟化和云化软件部署在云计算供应商的数据中心，用户无需硬件投入，只需要账号登录使用。公有云一般可通过 Internet 使用，可能是免费或成本低廉的。这种云有许多实例，可在当今整个开放的公有网络中提供服务，比如人们经常使用且比较典型的公有云有：AWS 亚马逊、阿里云、微软的 Azure、腾讯云、金山云、华为云等。公有云的核心属性是共享服务资源。公有云的最大意义是能够以低廉的价格，提供有吸引力的服务给最终用户，创造新的业务价值。公有云作为一个支撑平台，还能够整合上游的服务（如增值业务、广告）提供者和下游最终用户，打造新的价值链和生态系统。它使客户能够访问和共享基本的计算机基础设施，其中包括硬件、存储和带宽等资源。图 8-3 所示为公有云。

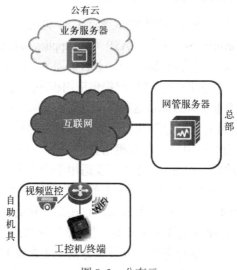

图 8-3 公有云

2. 私有云

私有云是一个公司或个人使用的特定云环境，是为一个用户单独使用而构建的，核心属性是专有资源，因此在数据安全性以及服务质量上自己可以有效地管控。不同于公有云模式中共享的设施使用，私有云模式中每个公司使用的服务器或存储应用都是单独的。通常，私有云实现的基础首先是拥有基础设施并可以控制在此设施上部署应用程序的方式，一般来讲，私有云可以部署在企业数据中心的防火墙内。图 8-4 所示为私有云。

图 8-4 私有云

3. 混合云

混合云是公有云和私有云两种服务方式的结合，它融合了公有云与私有云的优劣势。混合云综合了数据安全性以及资源共享性双重方面的考虑，个性化的方案达到了省钱安全的目的，从而获得越来越多企业的青睐。因为公有云只会根据用户使用的资源收费，所以集中云将会变成处理需求高峰的一个非常便宜的方式。比如对一些零售商来说，他们的操作需求会随着假日的到来而剧增，或者是有些业务会有季节性的上扬。同时混合云也为其他目的的弹性需求提供了一个很好的基础，比如灾难恢复。

8.2　云计算关键技术

8.2.1　虚拟化技术

虚拟化技术是云计算的核心技术之一。所谓虚拟化，是指通过虚拟化技术将一台计算机虚拟为多台逻辑计算机。在一台计算机上同时运行多台逻辑计算机，每台逻辑计算机可运行不同的操作系统，并且应用程序都可以在相互独立的空间内运行而互不影响，从而显著提高计算机的工作效率。虚拟化技术是一个广义的术语，根据不同的对象类型可以细分为平台虚拟化、资源虚拟化和应用程序虚拟化。

虚拟化的核心软件虚拟机管理器（Vitual Machine Manager，VMM），是一种运行在物理服务器和操作系统之间的中间层软件。严格地说，VMM 是一种在虚拟环境中的"元"操作系统，它们可以访问服务器上包括 CPU、内存、磁盘、网卡在内的所有物理设备。VMM 不但协调着这些硬件资源的访问，同时也在各个虚拟机之间施加防护。当服务器启动并执行 VMM 时，它会加载所有虚拟机客户端的操作系统并给每一台虚拟机分配适量的内存、CPU、网络和磁盘。人们一般所说的"云化"，就是将硬件资源虚拟化，并将虚拟资源集中成中央资源池，最后增加支撑系统后实现资源的调度与共享的过程。在中央资源池之上增加一层管理软件之后，用户就可以管控在云中需要使用的基础架构、平台工具及应用。而虚拟化技术在其中的作用就是将硬件资源"池化"，以便于用户灵活地按需进行计算资源调用。

虚拟化技术有很多实现方式，图 8-5 所示为虚拟化技术中的虚拟化存储（存储虚拟化）。该虚拟化把多个存储介质通过一定技术集中起来组成一个存储池，并进行统一管理。这种将多种、多个存储设备统一起来管理，为用户提供大容量、高数据传输性能的存储系统，称为虚拟化存储。

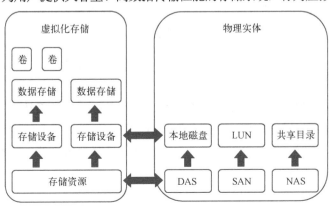

图 8-5　虚拟化存储

8.2.2 分布式数据存储

云计算的另一大优势就是能够快速、高效地处理海量数据。在数据爆炸的今天，这一点至关重要。为了保证数据的高可靠性，云计算通常会采用分布式存储技术，将数据存储在不同的物理设备中。这种模式不仅摆脱了硬件设备的限制，同时扩展性更好，能够快速响应用户需求的变化。

分布式存储与传统的网络存储并不完全一样，传统的网络存储系统采用集中的存储服务器存放所有数据，存储服务器成为系统性能的瓶颈，不能满足大规模存储应用的需要。分布式网络存储系统采用可扩展的系统结构，利用多台存储服务器分担存储负荷，利用位置服务器定位存储信息，它不但提高了系统的可靠性、可用性和存取效率，还易于扩展。分布式数据存储架构如图 8-6 所示。

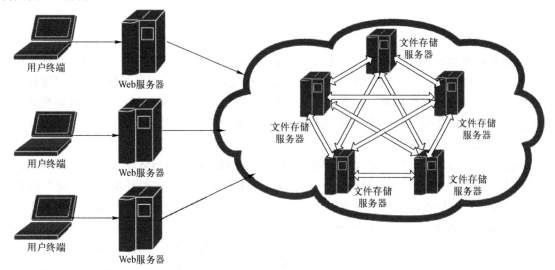

图 8-6 分布式数据存储架构

在当前的云计算领域，Google 公司的 GFS 和 Apache 基金会开发的开源系统 HDFS 是比较流行的两种云计算分布式存储系统。

GFS（Google File System）技术：非开源的云计算平台 GFS 满足了大量用户的需求，并行地为大量用户提供服务，使得云计算的数据存储技术具有了高吞吐率和高传输率的特点。

HDFS（Hadoop Distributed File System）技术：大部分 ICT 厂商，包括 Yahoo、Intel 的"云"计划采用的都是 HDFS 的数据存储技术。未来的发展将集中在超大规模的数据存储、数据加密和安全性保证，以及继续提高 I/O 速率等方面。

8.2.3 编程模式

从本质上讲，云计算是一个多用户、多任务、支持并发处理的系统。高效、简捷、快速是其核心理念，它旨在通过网络把强大的服务器计算资源方便地分发到终端用户手中，同时保证低成本和良好的用户体验。在这个过程中，编程模式的选择至关重要。云计算项目中分布式并行编程模式将被广泛采用。

分布式并行编程模式创立的初衷是更高效地利用软硬件资源，让用户更快速、更简单地使用应用或服务。在分布式并行编程模式中，后台复杂的任务处理和资源调度对于用户来说是透明的，这样用户体验能够大大提升。MapReduce 是当前主流的云计算并行编程模式之一。MapReduce 模式将任务自动分成多个子任务，通过 Map（映射）和 Reduce（简化）两步实现任务在大规模计算节点中的高度与分配。

MapReduce 是 Google 公司开发的 Java、Python、C++编程模型，主要用于大规模数据集（大于 1TB）的并行运算。MapReduce 模式的思想是将要执行的问题分解成 Map 和 Reduce 的方式，先通过 Map 程序将数据切割成不相关的区块，分配（调度）给大量计算机处理，达到分布式运算的效果，再通过 Reduce 程序将结果汇总输出。

8.2.4　分布式资源管理

云计算采用了分布式存储技术存储数据，那么自然要引入分布式资源管理技术。在多节点的并发执行环境中，各个节点的状态需要同步，并且在单个节点出现故障时，系统需要有效的机制保证其他节点不受影响。而分布式资源管理系统恰是这样的技术，它是保证系统状态的关键。

另外，云计算系统所处理的资源往往非常庞大，少则几百台服务器，多则上万台，同时可能跨越多个地域，且云平台中运行的应用也是数以千计，如何有效地管理这些资源，保证它们正常提供服务，需要强大的技术支撑。因此，分布式资源管理技术的重要性可想而知。

全球各大云计算方案/服务提供商都在积极开展相关技术的研发工作。其中 Google 公司内部使用的 Borg 技术很受业内称道。另外，微软、IBM、Oracle/Sun 等云计算巨头都有相应解决方案提出。

8.3　云计算与工业互联网的融合与应用

8.3.1　云计算的应用

1. 工业云

（1）工业云概述

云计算是推动信息技术能力实现按需供给、促进信息技术和数据资源充分利用的全新业态，是信息化发展的重大变革和必然趋势。随着国务院《关于促进云计算创新发展培育信息产业新业态的意见》和《中国制造 2025》的印发，云计算在工业领域的落地发展成为"十三五"期间进一步推进两化深度融合的重点工作之一，工业云成为信息企业和工业企业共同关注的热点。

工业云通常指基于云计算架构的工业云平台和基于工业云平台提供的工业云服务，涉及产品研发设计、实验和仿真、工艺设计、加工制造、运营管理及企业决策等诸多环节。工业云能够使用云计算模式为工业企业提供软件服务，使工业企业的社会资源实现共享化。值得注意的是，工业云是云计算按应用领域分类的一种，其本质还是云计算，只不过是将工业领域所需的软件与应用搬到了云上。工业云服务常见的方式有工业 SaaS 云服务、工业 IaaS 云服务、工业 PaaS 云服务等方式。

工业云的本质是实现工业领域全面互联，分析数据和资源流通，利用前端的数字化互联网技术，形成工业智能化变革，使工业互联网具有新的业态和运行模式。

（2）工业云分类

工业云的功能特征基本继承了云计算的通用功能。但对于工业领域的 IT 应用而言，不同应用场景的软件服务对计算设施的要求不尽相同，大体可分为两种：一是计算处理资源密集型应用，即软件服务对 CPU 和 GPU 的计算处理能力有较高要求；二是存储资源密集型应用，即软件服务对数据存储系统的容量和处理速度有较高要求。上述两类应用决定了目前市场上常见的按功能特征区分的两种工业云。

一是以公共超算中心或企业私有计算中心为依托的计算型工业云，其上通常可提供计算机辅助设计（CAD）、计算机辅助工程（CAE）等对数学建模、求解分析、三维图像处理等处理能力有较高要求的软件服务。计算型工业云的应用场景一般对应于工业领域的研发设计环节，特别是企业从事大型研发项目，有多个子系统研发工作同时推进，并都需要 IT 资源支持的时候，使用工业云可根据各项目团队的动态进度和需求，灵活调度企业 IT 资源，实现研发资源的最大化配置。计算型工业云一旦在企业部署应用，就会自然从 IT 资源配置调度平台，加速演变为产品研发不同工序间的协同合作平台，继而成为企业管理层统筹企业全局研发活动的集中管控平台。

二是以公有或私有数据中心为依托的存储型工业云，例如一些对大规模结构化数据的访问和处理性能有较高要求的软件服务。存储型工业云的用户非常广泛，特别是可提供软件租用服务的工业云，能够允许企业以低成本使用 ERP、SCM、CRM 等原本实施成本高昂的软件服务，尤其受到中小企业用户的欢迎。移动互联网兴起之后，特别是电子商务和网络支付工具爆发式增长以来，大量中小企业主从移动端"触网"，他们所接入的正是已经演变成为电子商务平台的存储型工业云。在云平台的支持下，企业管理人员可以通过手机实现企业的人员管理、订单管理、财务管理、物流管理等工作，并可以与交易合作伙伴在线结算。

随着工业云应用的逐步推进，云计算能够培育产业新型业态的功能也在工业领域逐步显现，不仅催生出工业软件服务的新业态，还带动工业企业创新形成了一批服务化转型的新模式。图 8-7 所示为工业云的功能。其中，SDN（软件定义网络）是一种拥有逻辑集中式的控制平面，抽象化的数据平面的新网络架构。CDN（内容分发网络）是构建在现有网络基础之上的虚拟智能网络，依靠部署在各地的边缘服务器，通过中心平台的负载均衡、内容分发、调度等功能模块，使用户就近获取所需内容，降低网络拥塞，提高用户访问响应速度和命中率。

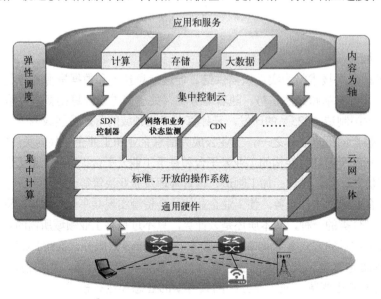

图 8-7　工业云的功能

（3）工业云发展与应用

我国高度重视工业云的发展。近年来，国家出台了一系列政策鼓励工业云的发展，在国家政策的指引下，全国各地方政府纷纷进行工业云发展规划，积极推进工业云的发展。随着经济发展步入新常态化和"两化深度融合"，通过利用先进的信息化技术手段提升生产经营管控力度，促进降本增效，全面提高企业管理水平，提高企业核心竞争力。

1）资源的利用。工业云使企业的各种资源和业务能力得到集中并优化，为后续的大数据处理、智能分析提供了基础。企业工业云的建设和完善，实现对存储资源、计算资源、数据资源、生产资源等各类资源的集中管理，同时将生产所需的资金流、信息流、物流、服务流进行集成，形成统一规划与共享的资源池。

2）互联与集成。工业云不是孤立的平台，而是企业与各行业、技术领域充分连接的渠道。工业云将资源和能力汇集并有机结合，打破了传统工业企业间的基础技术能力与信息壁垒，提升工业企业整体的产品与服务能力。各工业云平台间也将通过互联实现充分的信息共享，宏观上构筑工业领域整体的信息化格局，结合信息安全方面的协同防护，面向用户在业务上提供专业、广泛、协同、安全的服务。

3）新技术融合。工业云将与人工智能、数字孪生、虚拟现实、增强现实、区块链、软件定义等方面充分结合，使工业整体上实现快速更新升级。工业云平台作为工业大数据的基础设施，能够使人工智能在工业领域得到快速发展，提高资源分配效率、优化生产过程并提升决策能力。工业云在未来的发展中，将进一步与云计算、工业物联网、工业大数据、工业软件、虚拟现实、增强现实、人工智能等技术融合，并深化在工业研发设计、生产制造、市场营销、售后服务等产品全生命周期、产业链全流程各环节的应用，使新技术在工业领域得到普遍应用，迎来工业领域的全面升级。

图 8-8 所示为工业云的应用。工业云的应用不只是提升整个产业链的效率，更为重要的是提升整个产品生产的质量，从而大大提升整个工业生产的总体效益。

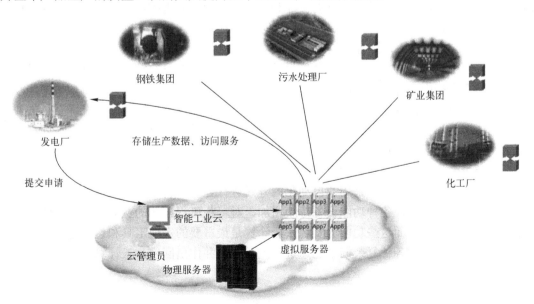

图 8-8 工业云的应用

2. 数据中心

数据中心（Data Center）是处理和存储海量数据的地方，是全球协作的特定设备网络，用来在 Internet 网络基础设施上传递、加速、展示、计算、存储数据信息。从数据中心的物理范围看，数据中心可以是一个建筑群、建筑物，也可以是建筑物的一部分。按照数据中心的功能区划分，数据中心由主机房、辅助区、支持区和行政管理区组成。按照数据中心的专业系统划分，数据中心由供配电系统、机密空调、消防系统、安防系统、监控系统组成。因此，数据中心是一种物理设施，提供操作程序的计算能力，处理信息的存储，以及将人们连接到执行任务和支持企业运营所需资源的网络。

（1）数据中心的工作

数据中心的工作是建立在成功执行数据中心操作的基础上的。数据中心的运营包括建立和管理网络资源、保证数据中心的安全、监控电源和冷却系统。不同类型的数据中心在大小、可靠性和冗余方面存在差异，且是由运营数据中心的企业的 IT 需求定义的。云计算的扩展正在推动它们的现代化，包括自动化和虚拟化。

总体来看，数据中心是现代计算的支柱。它们不仅存储信息，还支持分析和建模等资源密集型数据操作。通过投资数据中心架构，人们可以更好地支持 IT 和业务流程。一个运行良好的数据中心是一个停机时间最少、容量可扩展，同时将成本保持在最佳水平的数据中心。

随着信息技术的快速发展，企业的信息数据不断增加，数据之间的交换、共享、备份、存储需要更多的硬件设备支持，这无疑是增加了企业的运营成本。因为数据中心建设周期长，投资大，技术发展变化快，并且涉及的技术领域众多，所以企业需要一个专业团队帮助其从设计、规划、部署、运维提供端到端的解决方案。数据中心的集成是在现有硬件设备的基础上，对数据中心进行整合优化，降低能源消耗，充分利用资源，提高运行效率，帮助企业推动业务发展。

（2）数据中心与云计算

采用云计算的虚拟化技术是数据中心建设和改造中经常要用到的计算技术，其应用范围也变得越来越广泛。通过虚拟化，可有效降低对服务器数量的过分依赖，对服务器的管理进行必要的简化，并且能够显著提升服务器的实际利用率，对网络应用的灵活性和可靠性也有很大帮助。通过对虚拟化技术的充分使用，网络用户可以将很多应用进一步整合，并仍然可以有较高的可靠性以及应用灵活性，提升系统完成业务能力。

采用传统信息技术的数据中心，其能耗是非常巨大的，就目前统计的数据看，消耗的能源成本要占整个数据中心运维成本的一半左右。同时，能源消耗产生的大量热量如果不能及时散去，对设备性能和运营稳定性都有严重的影响。云计算功能将硬件设备的用量降至最低，进而使消耗的能源和用于制冷的能源都显著下降，同时，性能发挥也有了更多保障。在同样的预算情况下，可以采用更高端的设备，运维管理也达到更高标准。

根据调查数据显示，我国企业对于数据中心的自动化功能需求将持续增长。这主要是因为用户的需求更加个性化，如果采用非自动化的方式进行处理，将是不可想象的。同时，数据中心的企业业务日益繁杂，各种功能设备持续增加，对一些可程序化的业务进行自动化处理，可以提高企业运营效率。而这些功能的实现，云计算是最重要的实现工具和途径选择。只有云计算的超强能力才可以将各种复杂问题迅速进行判断整理并作出回应，云计算是数据自动化处理的核心基础。

8.3.2 云计算与工业互联网的融合

1. 企业上云

当前，我国经济社会发展处于新旧动能转换的关键时期，在国民经济中占据主体地位的工业经济也面临新的挑战和机遇。工业互联网作为新一代信息通信技术与工业经济及系统全方位深度融合的全新工业生态、关键基础设施和新型应用模式，改变了企业研发、生产、管理和服务的方式，重新定义和优化整个价值流程，实现企业降本、增效、提质、创新，同时赋能中国工业经济实现高质量发展。

云计算等相关领域与工业互联网产业发展相辅相成，是工业互联网应用效率化落地的能力基础。云计算是通过网络将硬件、软件、平台等系列资源统一起来，实现数据的计算、存储、处理、共享，是新型 IT 基础设施的交付和使用模式。图 8-9 所示为中国工业互联网的部分子市场规模、增速和集中度，云基础设施增速较大。

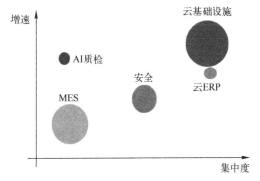

图 8-9　中国工业互联网的部分子市场规模、增速和集中度

企业上云是解决现阶段我国工业企业信息基础参差不齐、信息化水平严重不足、企业利润率较低、缺乏足够的资金推动自身信息化、数字化基础设施建设等问题的最优方案，这也给云计算厂商发展工业互联网业务带来一个得天独厚的优势。企业上云是指企业通过网络，将企业的基础设施、管理及业务部署到云端，利用网络便捷地获取云服务商提供的计算、存储、软件、数据服务。企业上云能够做好成本控制，实现降本增效，可提高资源配置效率，降低信息化建设成本，促进共享经济发展，加快新旧动能转换。

目前，当企业开始考虑转型时，上云是比较好的捷径，而且云计算服务商提供的云主机优势较为明显，被很多企业偏爱。数据表明，许多小公司都在云端重塑核心竞争力。云计算减少了很多维护工作，节约了 IT 基础和人员支出，更新了小公司的业务模式。

企业上云与工业互联网密切相关。工业互联网作为新一代信息技术与工业系统深度融合的产物，日益成为实现生产制造领域全要素、全产业链、全价值链连接的关键支撑和工业经济数字化、网络化、智能化的重要基础设施。如今全球各国重新认识到制造业的重要性，纷纷提出"再工业化""产业回归"战略，以继续稳固科技发展的制高点地位。企业上云后，包括企业资料储备信息、企业工作计划、销售等文件，全部从纸质转为信息化存储，避免了账目易损坏丢失等问题，而且以前需要很多员工统计完成的工作量，现在依靠云服务就可以完成，可以为公司节省一大笔开支。

2. 云计算对工业互联网的影响

（1）云计算革新工业产品形态

以云计算为核心的新型计算体系正在带来三大变革：首先，云重构了整个 IT 硬件体系，数据中心、芯片、服务器等产业链发生深刻变化；其次，软件研发范式发生深刻变革，Serverless、低代码、AI 大模型开源等趋势，大幅提升软件生产效率；最后，云和端加速融合，算力从端转移上云，未来万物皆是计算机。回首过去十多年的发展，云的创新主要集中在软件领域，首先出现了分布式虚拟化，而后实现了资源池化，形成了广泛的应用规模。而现在，云计算已经从软件创新走向软硬件协同创新。云计算正在重构整个 IT 软硬件和终端世界，形成一个全新的计算体系。

（2）云计算改变工业生产模式

制造业的生产环节必然会涉及物联网相关应用。伴随终端硬件与云端的融合趋势加速，工业生产模式随之发生了一系列变革。工业物联的第一步是把物联的机器设备和系统连接在一起，工业互联网真正最困难的是怎么样做产业互联，怎么样利用收集来的数据指导生产经营，这是最难的一步，也是最碎片化的一步。而云计算扮演着一切数字化实践的"底座"，它打破了人、机、物之间的数据孤岛，将各个生产环节串联在一起，让工业数据真正流通起来，这才让全方位的协同智能成为可能。

（3）云计算重塑企业管理思维

实际上，云计算改变的不只是生产模式，还有管理思维。像钢铁行业的碳排放来源于生产、运输、储存、使用等过程各个阶段，单纯依靠过去人为的管理经验，已不能适应未来的绿色发展趋势，走向精细化、集约化、数字化管理是必然选择。在一些工厂里，云计算带来的改变已经融入管理流程的方方面面。如制造工厂将业务搬上云平台，并使用低代码平台开发了上百个应用，任何设备异常可以自动通知到人，实现了"透明工厂"的全链路数字化。

当前，以云计算为代表的新一代信息技术在制造业的应用已经由最初的理念普及、试点示范迈向深入应用、全面推广新阶段。云计算正成为中国制造业转型升级的关键路径之一。

8.4　本章小结

通过本章的学习，可以了解到云计算模式与云计算特征；了解云计算的服务层次；了解云计算的部署类型；了解云计算关键技术；了解云计算的应用。

【学习效果评价】

复述本章的主要学习内容	
对本章的学习情况进行准确评价	
本章没有理解的内容是哪些	
如何解决没有理解的内容	

注：学习情况评价包括少部分理解、约一半理解、大部分理解和全部理解 4 个层次。请根据自身的学习情况进行准确的评价。

8.5　练习题

一、选择题

1. 云计算是一种基于（　　　）的计算模型。

A．电子技术　　　B．互联网　　　C．工业　　　D．软件

2．在云计算平台上，可以同时运行（　　）不同类型的业务。

A．一个　　　　　B．两个　　　　C．多个　　　D．以上都不对

3．PaaS 是（　　）的简称。

A．平台即服务　　B．软件　　　　C．基础设施　　D．硬件

4．不同于公有云模式中共享的设施使用，私有云模式中每个公司使用的服务器或存储应用
都是（　　）的。

A．公开　　　　　B．运行　　　　C．使用　　　D．单独

5．工业云的功能特征基本继承了（　　）的通用功能。

A．数据　　　　　B．计算　　　　C．开源平台　　D．云计算

二、简答题

1．阐述云计算的部署类型有哪几种。

2．请阐述什么是虚拟化技术。

第9章 大数据与工业互联网

9.1 大数据概述

9.1.1 认识大数据

大数据被认为是一种新的非物质生产要素，蕴含巨大的经济和社会价值，并将引发科学研究的深刻变革，对国家的经济发展、社会发展、科学进展具有战略性、全局性和长远性的意义。

认识大数据

1. 大数据介绍

大数据，指无法在一定时间范围内用常规软件工具进行捕捉、管理和处理的数据集合，是需要新处理模式才能具有更强的决策力、洞察发现力和流程优化能力的海量、高增长率和多样化的信息资产。相对于传统的数据分析，大数据是海量数据的集合，它以采集、整理、存储、挖掘、共享、分析、应用、清洗为核心，正广泛地应用于军事、金融、环境保护、工业、教育、通信等各个行业中。

当前，数据在社会发展中正扮演着愈发重要的作用。从早期仅限于学术研究、军事领域，到后面应用到企业经营活动，再到个人互联网应用，直到云与物联网时代。数据作为一种经济资源和生产要素，是人工智能等新兴技术发展的动力，没有海量的数据积累和应用场景，人工智能很难冲破瓶颈并快速发展。

2. 大数据的特征

随着对大数据认识的不断加深，人们认为大数据一般具有四个特征：**数据量大、数据类型繁多、数据速度快以及数据价值密度低**。

（1）数据量大

大数据中的数据量大，就是指的海量数据。由于大数据往往是采取全样分析，因此大数据的"大"首先体现在其规模和容量远远超出传统数据的测量尺度，一般的软件工具难以捕捉、存储、管理和分析的数据，通过大数据的云存储技术都能保存下来，形成浩瀚的数据海洋，目前的数据规模已经从 TB 级升级至 PB 级。大数据之"大"还表现在其采集范围和内容的丰富多变，能存入数据库的不仅包含各种具有规律性的数据符号，还囊括了各种如图片、视频、声音等非规则的数据。

（2）数据类型繁多

大数据主要包括结构化数据、半结构化数据和非结构化数据，如音频、视频、图片、网络日志、地理位置信息等多种类型的数据。非结构化数据占比很高且不断增大，对常规数据分析工具提出了较大挑战。

（3）数据速度快

在数据处理速度方面，有一个著名的"1 秒定律"，即要在秒级时间范围内给出分析结果，超出这个时间，数据就失去了价值。大数据是一种以实时数据处理、实时结果导向为特征的解决方案，它的"快"有两个层面。

1）数据产生得快。有的数据是爆发式产生，例如，欧洲核子研究中心的大型强子对撞机在工作状态下每秒产生 PB 级的数据；有的数据是涓涓细流式产生，但是由于用户众多，短时间内产生的数据量依然非常庞大，例如，点击流、日志、论坛、博客、发邮件、射频识别数据、GPS（全球定位系统）位置信息。

2）数据处理得快。正如水处理系统可以从水库调出水进行处理，也可以处理直接对涌进来的新水流。大数据也有批处理（"静止数据"转变为"正使用数据"）和流处理（"动态数据"转变为"正使用数据"）两种范式，以实现快速的数据处理。

（4）数据价值密度低

在大数据时代，由于数据采集不及时，数据样本不全面，数据可能不连续等，数据可能会失真，但当数据量达到一定规模时，可以通过更多的数据达到更真实、全面的反馈。如何结合业务逻辑并通过强大的机器算法来挖掘数据价值，是大数据时代最需要解决的问题。相比于传统的小数据，大数据最大的价值在于通过从大量不相关的各种类型的数据中，挖掘出对未来趋势与模式预测分析有价值的数据，并通过机器学习方法、人工智能方法或数据挖掘方法深度分析，发现新规律和新知识，并运用于农业、金融、医疗等各个领域，从而最终达到改善社会治理、提高生产效率、推进科学研究的效果。

3. 大数据的应用

大数据是信息技术发展的必然产物，更是信息化进程的新阶段，其发展推动了数字经济的形成与繁荣。信息化已经历了两次高速发展的浪潮，始于 20 世纪 80 年代，随个人计算机大规模普及应用所带来的以单机应用为主要特征的数字化（信息化 1.0），及始于 20 世纪 90 年代中期，随互联网大规模商用进程所推动的以联网应用为主要特征的网络化（信息化 2.0）。当前，人们正在进入以数据的深度挖掘和融合应用为主要特征的智能化阶段（信息化 3.0）。在"人机物"三元融合的大背景下，以"万物均需互联，一切皆可编程"为目标，数字化、网络化和智能化呈融合发展新态势。在信息化发展历程中，数字化、网络化和智能化是三条并行不悖的主线。数字化奠定基础，实现数据资源的获取和积累；网络化构建平台，促进数据资源的流通和汇聚；智能化展现能力，通过多源数据的融合分析呈现信息应用的类人智能，帮助人类更好地认知复杂事物和解决问题。

以制造业为例，麦肯锡研究报告称：制造企业在利用大数据技术后，其生产成本能够降低10%～15%。而大数据技术对制造业的影响远非成本这一个方面。利用源于产品生命周期中市场、设计、制造、服务、再利用等各个环节的数据，制造业企业可以更加精细、个性化地了解客户需求；建立更加精益化、柔性化、智能化的生产系统；创造包括销售产品、服务、价值等多样的商业模式；并实现从应激式到预防式的工业系统运转管理模式的转变。

此外，大数据还能帮助航空公司节省运营成本，帮助电信企业实现售后服务质量提升，帮助保险企业识别欺诈骗保行为，帮助快递公司监测分析运输车辆的故障险情以提前预警维修，帮助电力公司有效识别预警即将发生故障的设备。

9.1.2 大数据技术体系

大数据带来的不仅是机遇，同时也是挑战。传统的数据处理手段已经无法满足大数据的海量实时需求，需要采用新一代的信息技术来应对大数据的爆发。人们把大数据技术归纳为以下几类。

1. 数据采集

大数据的应用离不开数据采集。数据采集又称数据获取，是指利用某些装置，从系统外部采集数据并将其输入到系统内部的一个接口。在互联网行业快速发展的今天，数据采集已经被广泛应用于互联网及分布式领域，比如摄像头、传声器以及各类传感器等都是数据采集工具。

数据采集技术是数据处理的必备条件，首先需要有数据采集的手段，只有先把信息收集上来，之后才能应用上层的数据处理技术。数据采集除了各类传感设备等软硬件设施之外，主要涉及数据的 ETL（采集、转换、加载）过程，能对数据进行清洗、过滤、校验、转换等各种预处理，将有效的数据转换成适合的格式和类型。同时，为了支持多源异构的数据采集和存储访问，还需要设计企业的数据总线，方便企业各个应用和服务之间数据的交换和共享。

2. 数据存储

如今大数据的火热，带来的第一道障碍就是关于大数据存储的问题。大数据因为规模大、类型多、增速快，在存储和计算上都需要技术支持，依靠传统的数据存储和处理工具，已经很难实现高效的处理了。

以往的数据存储主要是基于关系型数据库，而关系型数据库在面对大数据的时候，存储设备所能承受的数据量是有上限的，当数据规模达到一定的量级之后，数据检索的速度就会急剧下降，为后续的数据处理带来了困难。为了解决这个主题，主流的数据库系统都纷纷给出了解决方案，比如说 MySQL 提供了 MySQL proxy 组件，实现了对请求的拦截，结合分布式存储技术，从而可以将一张很大的表中的记录拆分到不同的节点上去进行查询，对于每个节点来说，数据量不会很大，从而提升了查询效率。但是实际上，这样的方式没有从根本上解决问题。

目前常见的大数据存储方式主要有分布式存储和 NoSQL 数据库。

（1）分布式存储

分布式存储最早是由谷歌提出的，与常见的集中式存储技术不同，分布式存储技术并不是将数据存储在某个或多个特定的节点上，而是通过网络使用企业中的每台机器上的磁盘空间，并将这些分散的存储资源构成一个虚拟的存储设备，数据分散地存储在企业的各个角落。图 9-1 所示为使用 Hadoop 来实现分布式存储。图中 Client 代表客户（使用者）；NameNode 称为名称节点，一个 Hadoop 集群只有一个 NameNode 节点；SecondaryNameNode 称为第二名称节点；DataNode 则是工作节点。

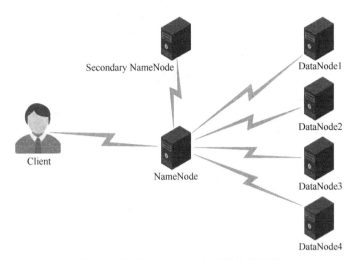

图 9-1 使用 Hadoop 来实现分布式存储

（2）NoSQL 数据库

由于关系型数据库的范式约束、事务特性、磁盘 I/O 等特点，若服务器使用关系型数据库，当有大量数据产生时，传统的关系型数据库无法满足快速查询与插入数据的需求。NoSQL 的出现解决了这一危机，它通过降低数据的安全性，减少对事务的支持，减少对复杂查询的支持，获取性能上的提升。

NoSQL 数据库又叫作非关系数据库，和关系数据库管理系统（Relational DataBase Management System，RDBMS）相比，NoSQL 不使用 SQL 作为查询语言，其存储也不需要固定的表模式，用户操作 NoSQL 时通常会避免使用 RDBMS 的 JION 操作。NoSQL 数据库一般都具备水平可扩展的特性，并且支持超大规模数据存储，灵活的数据模型也很好地支持 Web 2.0 应用，此外还具有强大的横向扩展能力。典型的 NoSQL 数据库包含以下几种：键值数据库、列族数据库、文档数据库和图形数据库。

3. 数据清洗

由于大数据中有更大可能包含各种类型的数据质量问题，这些数据质量问题为大数据的应用带来了困扰，甚至灾难性后果。因此在大数据分析与应用中，数据清洗是最重要的步骤之一。

在大数据时代，数据清洗通常是指把"脏数据"彻底洗掉。所谓"脏数据"是指不完整、不规范、不准确的数据，只有通过数据清洗才能从根本上提高数据质量。数据清洗是发现并纠正数据文件中可识别错误的一道程序，该步骤针对数据审查过程中发现的明显错误值、缺失值、异常值、可疑数据，选用适当方法进行清理，使"脏"数据变为"干净"数据，有利于后续的统计分析得出可靠的结论。当然，数据清洗还包括对重复记录进行删除以及检查数据一致性等。图 9-2 所示为数据清洗中的异常值检测。

在数据清洗定义中包含两个重要的概念：原始数据和干净数据。

1）原始数据。原始数据是来自数据源的数据，一般作为数据清洗的输入数据。由于原始数据的来源纷杂，因此不适合直接进行分析。值得注意的是，对于未清洗的数据集，无论尝试什么类型的算法，都无法获得准确的结果。

2）干净数据。干净数据也称目标数据，即符合数据仓库或上层应用逻辑规格的数据，也是数据清洗过程的结果数据。

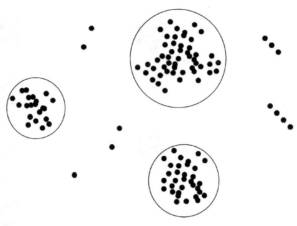

图 9-2　异常值检测

因此，数据清洗的目的主要有两个，第一是通过清洗让数据可用，第二是让数据变得更适合进行后续的分析工作。据统计，在大数据项目的实际开发工作中，数据清洗通常占开发过程总时间的 50%～70%。

4. 数据计算

面向大数据处理的数据查询、统计、分析、挖掘等需求，促生了大数据计算的不同计算模式，整体上人们把大数据计算分为离线批处理计算、实时交互计算和流计算三种。

（1）离线批处理计算

随着云计算技术得到广泛的应用的发展，基于开源的 Hadoop 分布式存储系统和 MapReduce 数据处理模式的分析系统也得到了广泛的应用。Hadoop 通过数据分块及自恢复机制，支持 PB 级的分布式数据存储，以及基于 MapReduce 分布式处理模式对这些数据进行分析和处理。MapReduce 编程模型可以很容易地将多个通用批数据处理任务和操作在大规模集群上并行化，而且有自动化的故障转移功能。MapReduce 编程模型在 Hadoop 这样的开源软件带动下被广泛采用，应用到 Web 搜索、欺诈检测等各种各样的实际应用中。除了 MapReduce 计算模型之外，以 Swift 为代表的工作流计算模式，以 Pregel 为代表的图计算模式，也都可以处理包含大规模的计算任务的应用流程和图算法。Swift 系统作为科学工作流和并行计算之间的桥梁，是一个面向大规模科学和工程工作流的快速、可靠的定义、执行和管理的并行化编程工具。

（2）实时交互计算

当今的实时计算一般都需要针对海量数据进行，除了要满足非实时计算的一些需求（如计算结果准确）以外，实时计算最重要的一个需求是能够实时响应计算结果，一般要求为秒级。实时和交互式计算技术中，Google 的 Dremel 系统表现最为突出。Dremel 是 Google 的交互式数据分析系统，可以组建成规模上千的集群，处理 PB 级别的数据。作为 MapReduce 的发起人，Google 开发了 Dremel 系统将处理时间缩短到秒级，成为 MapReduce 的有力补充。Dremel 作为 Google Big Query 的 report 引擎，获得了很大的成功。Spark 是由加州大学伯克利分校 AMP 实验室开发的实时数据分析系统，采用一种与 Hadoop 相似的开源集群计算环境，但是 Spark 在任务调度、工作负载优化方面的设计和表现更加优越。Spark 启用了内存分布数据集，除了能够提供交互式查询外，它还可以优化迭代工作负载。

（3）流计算

传统的流式计算系统，一般是基于事件机制，所处理的数据量也不大。新型的流处理技术，如 Yahoo 的 S4 主要解决的是高数据率和大数据量的流式处理。S4 是一个通用的、分布式的、可扩展的、部分容错的、可插拔的平台，开发者可以很容易地在其上开发面向无界不间断流数据处理的应用。Storm 是 Twitter 开源的一个类似于 Hadoop 的实时数据处理框架，这种高可拓展性、能处理高频数据和大规模数据的实时流计算解决方案将应用于实时搜索、高频交易和社交网络上。Storm 可以用来并行处理密集查询，Storm 的拓扑结构是一个等待调用信息的分布函数，当它收到一条调用信息后，会对查询进行计算，并返回查询结果。

5. 数据挖掘

数据挖掘（Data Mining）是指通过大量数据集进行分类的自动化过程，以通过数据分析来识别趋势和模式，建立关系来解决业务问题。换句话说，数据挖掘是从大量的、不完全的、有噪声的、模糊的、随机的数据中提取隐含在其中的、人们事先不知道的但又是潜在有用的信息和知识的过程。

数据挖掘的基本流程可以总结为以下几个阶段：数据筛选（数据到目标数据）、数据预处理（将目标数据转换为已预处理数据）、数据变换（将处理后的数据转换为所需数据）、数据挖掘（将数据转换为模式）以及将解释/评价模式转化为知识，如图 9-3 所示。

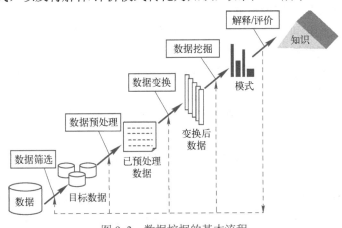

图 9-3 数据挖掘的基本流程

数据挖掘的应用非常广泛，只要该产业拥有具有分析价值与需求的数据库，皆可利用数据挖掘工具进行有目的的发掘分析。常见的应用案例多发生在零售业、制造业、财务金融保险业、通信业及医疗服务业。

6. 数据分析

数据分析是指用适当的统计分析方法对收集来的大量数据进行分析，为提取有用信息和形成结论而对数据加以详细研究和概括总结的过程。而随着大数据时代的来临，大数据分析也应运而生。一般来讲，大数据分析通常指对规模巨大的数据进行分析，其目的是提取海量数据中有价值的内容，找出内在的规律，从而帮助人们作出最正确的决策。

大数据分析主要有描述性统计分析、探索性数据分析以及验证性数据分析等多种类型。

（1）描述性统计分析

描述性统计是指将调查样本中的大量数据资料进行整理、概括和计算。描述性统计分析要对调查总体所有变量的有关数据进行统计性描述，主要包括数据的频数分析、集中趋势分析、离散程度分析、分布以及一些基本的统计图形。

（2）探索性数据分析

探索性数据分析是指为了形成值得假设的检验而对数据进行分析的一种方法，是对传统统计学假设检验手段的补充。它是对已有的数据（特别是调查或观察得来的原始数据）在尽量少的先验假定下进行探索，通过作图、制表、方程拟合、计算特征量等手段探索数据的结构和规律的一种数据分析方法。特别是在大数据时代，人们面对各种杂乱的"脏数据"，往往不知所措，不知道从哪里开始了解目前拿到手上的数据，探索性数据分析就非常有效。

从逻辑推理上讲，探索性数据分析属于归纳法，有别于从理论出发的演绎法。因此，探索性数据分析成为大数据分析中不可缺少的一步并且走向前台。

（3）验证性数据分析

验证性数据分析注重对数据模型和研究假设的验证，侧重于已有假设的证实或证伪。假设检验是根据数据样本所提供的证据，肯定或否定有关总体的声明。

7．数据可视化

数据可视化在大数据技术中也至关重要，因为数据最终需要为人们所使用，为生产、运营、规划提供决策支持。选择恰当的、生动直观的展示方式能够帮助人们更好地理解数据及其内涵和关联关系，也能够更有效地解释和运用数据，发挥其价值。在展现方式上，除了传统的报表、图形之外，人们还可以结合现代化的可视化工具及人机交互手段，甚至增强现实技术等来实现数据与现实的无缝接口。

与传统的立体建模之类的特殊技术方法相比，数据可视化所涵盖的技术方法要广泛得多，它是以计算机图形学及图像处理技术为基础，将数据转换为图形或图像形式显示到屏幕上，并进行交互处理的理论、方法和技术。它涉及计算机视觉、图像处理、计算机辅助设计、计算机图形学等多个领域，并逐渐成为一项研究数据表示、数据综合处理、决策分析等问题的综合技术。

值得注意的是，由于对海量的数据进行有意义的理解非常困难，而许多大数据集中又包含了有价值的数据，因此数据可视化已成为决策者的重要方法。为了利用所有这些数据，许多企业认识到数据可视化的价值在于清晰有效地理解重要信息，使决策者能够理解困难的概念，识别新的模式，并获得数据驱动的洞察力，以便更好地决定。确定呈现数据集的最佳方式，并遵循数据可视化最佳实践，对于图形设计人员创建这些视觉效果非常重要。特别是在处理非常大的数据集时，开发有张力的表达方式，对于创建既有用又具有视觉吸引力的可视化至关重要。图 9-4 所示为数据可视化中的柱状图表。

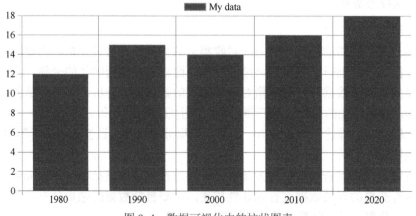

图 9-4　数据可视化中的柱状图表

8. 数据治理

数据为人类社会带来机遇的同时也带来了风险，围绕数据产权、数据安全和隐私保护而产生的问题也日益突出，并催生了一个全新的命题——数据治理。

数据治理是指从使用零散数据变为使用统一数据、从具有很少或没有组织流程到企业范围内的综合数据管控、从数据混乱到数据井井有条的一个过程。数据治理强调的是一个过程，是一个从混乱到有序的过程。从范围来讲，数据治理涵盖了从前端业务系统、后端业务数据库再到业务终端的数据分析，从源头到终端再回到源头，形成的一个闭环负反馈系统。从目的来讲，数据治理就是要对数据的获取、处理和使用进行监督管理。

在数据治理中既包含了企业各种前端数据的输入（企业交易数据、运营数据等），也包含了三方数据（通信数据、客户数据等），甚至还包含了各种采集数据（社交数据、传感数据、图像数据等）。在实施数据治理后，能够为企业带来新的数据价值。随着大数据在各个行业领域应用的不断深入，数据作为基础性战略资源的地位日益凸显，数据标准化、数据确权、数据质量、数据安全、隐私保护、数据流通管控、数据共享开放等问题越来越受到国家、行业、企业各个层面的高度关注，这些内容都属于数据治理的范畴。因此，数据治理的概念就越来越多地受到关注，成为目前大数据产业生态系统中的新热点。

一般来说，数据治理主要包括以下三部分工作。

1）定义数据资产的具体职责和决策权，帮助实现数据资产管理活动始终处于规范、有序、可控的状态。

2）为数据管理实践制定企业范围的原则、标准、规则和策略。数据的一致性、可信性和准确性对于确保增值决策至关重要。

3）建立必要的流程，以提供对数据的连续监视和控制实践并帮助在不同组织职能部门之间执行与数据相关的决策。

因此，数据治理能够有效帮助企业利用数据建立全面的评估体系，实现业务增长；通过数据优化产品，提升运营效率，真正实现数据系统赋能业务系统，提升以客户为中心的数字化体验能力。

图 9-5 显示了国家标准 GB/T 34960 的数据治理框架。该数据治理框架比较符合我国企业和政府的组织现状，更加全面和精炼地描述了数据治理的工作内容，包含顶层设计、数据治理环境、数据治理域和数据治理过程。

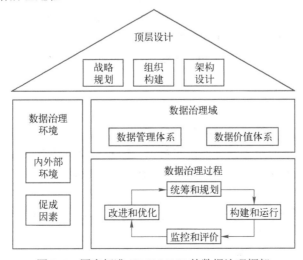

图 9-5　国家标准 GB/T 34960 的数据治理框架

9.1.3　Hadoop 架构

Hadoop 是 Apache 软件基金会旗下的一个开源分布式计算平台。以 Hadoop 分布式文件系统和 MapReduce（Google MapReduce 的开源实现）为核心的 Hadoop 为用户提供了系统底层细节透明的分布式基础架构。HDFS 的高容错性、高伸缩性等优点允许用户将 Hadoop 部署在低廉的硬件上，形成分布式系统，为海量的数据提供了存储方法；MapReduce 分布式编程模型允许用户在不了解分布式系统底层细节的情况下开发并行应用程序，为海量的数据提供了计算方法。用户可以利用 Hadoop 轻松地组织计算机资源，从而搭建自己的分布式计算平台，并可以充分利用集群的计算和存储能力，完成海量数据的处理。

1．Hadoop 的起源和发展

Hadoop 原本来自于 Google 一款名为 MapReduce 的编程模型包。Google 的 MapReduce 框架可以把一个应用程序分解为许多并行计算指令，跨大量的计算节点运行巨大的数据集。使用该框架的一个典型例子就是在网络数据上运行的搜索算法。Hadoop 最初只与网页索引有关，迅速发展成为分析大数据的领先平台。

Hadoop 1.0 是最早的版本，只是在 Google 上发表的三篇论文转变过来的。所以 Hadoop 1.0 在开发过程当中存在诸多的缺陷，Hadoop 1.0 主要是由 HDFS 分布式文件系统和一个分布式计算框架（MapReduce）组成的。

Hadoop 2.0 增加了 HDFS HA 机制，解决了 HDFS 1.0 中的单点故障问题，通过 HDFS HA 进行 NameNode 的热备份。Hadoop 2.0 虽然在 HDFS 架构上发生了一些变化，但是使用方式不变，Hadoop 1.0 当中相关的命令与 API 仍然可以继续使用。此外，在 Hadoop 2.0 当中增加了 YARN 框架，针对 Hadoop 1.0 中主 JobTracker 压力太大的不足，把 JobTracker 资源分配和作业控制分开，利用 ResourceManager 在 NameNode 上进行资源管理调度，利用 ApplicationMaster 进行任务管理和任务监控。由 NodeManager 替代 TaskTracker 进行具体任务的执行，因此 MapReduce 2.0 只是一个计算框架。

Hadoop 3.0 是 Hadoop 的最新版本，该版本在功能和性能方面对 Hadoop 内核进行了多项重大改进，最新版本包含 HDFSerasure 编码，YARNTimelineService 版本 2 的预览，YARN 资源类型以及云存储系统周围的改进功能和性能增强，包括 HadoopCommon（用于支持其他 Hadoop 模块）、Hadoop 分布式文件系统、HadoopYARN 和 HadoopMapReduce。此外，Hadoop 3.0 还引入了一些重要的功能和优化，包括 HDFS 可擦除编码、多 NameNode 支持、MR Native Task 优化、YARN 基于 cgroup 的内存和磁盘 I/O 隔离、YARN container resizing 等。

2．Hadoop 的生态组件

（1）HDFS

HDFS 用于存储文件，通过目录树来定位文件；其次，它是分布式的，由很多服务器联合起来实现其功能，集群中的服务器有各自的角色。HDFS 支持传统的层次型文件组织结构，用户或者应用程序可以创建目录，然后将文件保存在这些目录里。

（2）MapReduce

在 Hadoop 的体系结构中，MapReduce 是一个简单、易用的软件框架，基于 MapReduce 可以将任务分发到由上千台商用机器组成的集群上，并以一种可靠容错的方式并行处理大量的数据集，实现 Hadoop 的并行任务处理功能。

（3）HBase

在大数据平台框架当中，Hadoop 凭借相对全面且成熟的技术体系，成为企业的首选。大数据存储是大数据处理的底层支持，只有实现稳定灵活的存储，才能进行高效的数据处理。而企业在搭建大数据存储系统时，基于 Hadoop 的数据存储则主要通过 HBase 来实现。值得注意的是，在 Hadoop 中 HBase 是一个分布式数据库，而 HDFS 是一个分布式文件系统。

HBase 也就是 Database on Hadoop，它是面向列的开源数据库，基于 Hadoop 自身的分布式文件系统 HDFS，能够实现更好的大数据存储性能支持。HBase 的出现是因为存储并处理大型的数据需求，在多台机器上搭建起大规模结构化存储集群，仅通过普通的硬件配置，就能实现PB 级别的数据存储和处理，并且通过 Hadoop 集群，在下一步的大数据分析和处理上，也能实现更好的基础支持。

（4）ZooKeeper

ZooKeeper 是一个分布式的、开放源码的分布式应用程序协调服务，是Google的 Chubby 一个开源的实现，是 Hadoop 和Hbase的重要组件，是一个典型的分布式数据一致性解决方案。分布式应用程序可以基于 ZooKeeper 实现诸如数据发布/订阅、负载均衡、命名服务、分布式协调/通知、集群管理、Master 选举、分布式锁和分布式队列等功能。

（5）YARN

Apache Hadoop YARN（另一种资源协调者）是一种新的 Hadoop 资源管理器，它是一个通用资源管理系统，可为上层应用提供统一的资源管理和调度，它的引入为集群在利用率、资源统一管理和数据共享等方面带来了巨大好处。

9.1.4　我国的大数据政策

我国高度重视大数据在推进经济社会发展中的地位和作用。2014 年，大数据首次写入政府工作报告，大数据逐渐成为各级政府关注的热点，政府数据开放共享、数据流通与交易、利用大数据保障和改善民生等概念深入人心。此后国家相关部门出台了一系列政策，鼓励大数据产业发展。

2015 年，国务院正式印发《促进大数据发展行动纲要》（简称《纲要》），明确指出要大力推动大数据发展和应用，要打造精准治理、多方协作的社会治理新模式，建立运行平稳、安全高效的经济运行新机制，构建以人为本、惠及全民的民生服务新体系，开启大众创业、万众创新的创新驱动新格局，培育高端智能、新兴繁荣的产业发展新生态。

2016—2018 年，国家和地方各级政府相继出台了一大批大数据相关政策。截至 2018 年底，国家累计发布了 43 条相关政策，全国有 31 个省（市、区）累计发布政策347 条，其中贵州、福建、广东和浙江领先。2019 年以来，随着大数据技术和应用的持续爆发，以及 5G 和物联网等相关技术的成熟，市场需求和相关技术进步将成为大数据产业持续高速增长的最主要动力。

数据作为一个生产要素，是数字经济时代最根本的命题，其复杂性远远超过工业革命时代的石油、煤矿，甚至资本，要实现数据的大生产就需要大量数据的集合。然而，数据的特殊性决定了数据本身更为复杂，数据权属的不确定性亦是数据争夺纠纷愈演愈烈的主要原因，数据财产化的呼声日益高涨，亟须完善数据作为生产要素的利益分享机制。2020 年 4 月 10 日，中共中央、国务院《关于构建更加完善的要素市场化配置体制机制的意见》（简称《意见》）正式公布。这是中央第一份关于要素市场化配置的文件。《意见》分类提出了土地、劳动力、资本、技术、数据五个要素领域改革的方向，明确了完善要素市场化配置的具体举措，并指出要加快培育数据要素市场，推进政府数据开放共享，提升社会数据资源价值，加强数据资源整合和安全保护。同时《意见》要求根据数据性质完善产权性质，制定数据隐私保护制度和安全审查制度，推动完善适用于大数据环境下的数据分类分级安全保护制度，加强对政务数据、企业商业秘密和个人数据的保护。我国政府将数据作为一种新型生产要素写入中央文件中，体现了互联网大数据时代的新特征。

2021 年，我国工业和信息化部发布了《"十四五"大数据产业发展规划》（简称《规划》），提出"十四五"时期"到 2025 年底，大数据产业测算规模突破 3 万亿元"的增长目标，年均复合增长率为 25%左右，现代化大数据产业体系基本形成。此外，《规划》还提出了"以释放数据要素价值为导向，以做大做强产业本身为核心，以强化产业支撑为保障"的路径设计，增加了培育数据要素市场、发挥大数据特性优势等新内容，将"新基建"、技术创新和标准引领作为产业基础能力提升的着力点，将产品链、服务链、价值链作为产业链构建的主要构成，实现数字产业化和产业数字化的有机统一，并进一步明确和强化了数据安全保障。

9.2 工业大数据

9.2.1 工业大数据概述

大数据时代的来临，为工业制造的变革、发展起到了重要的作用。

1. 认识工业大数据

工业大数据是指在工业领域中，围绕典型智能制造模式，从客户需求到销售、订单、计划、研发、设计、工艺、制造、采购、供应、库存、发货和交付、售后服务、运维、报废或回收再制造等整个产品全生命周期各个环节所产生的各类数据及相关技术和应用的总称。工业大数据是工业数据的总称，包括企业信息化数据、工业物联网数据以及外部跨界数据，是工业互联网的核心要素。

通过工业大数据，可以以全方位、数字化的视角对工业的发展进行剖析，将结构化、非结构化的数据进行有效的分析，从而建立相应的数据模型，使得企业实现智能化的生产制造。

总体来看，工业大数据推动互联网由以服务个人用户消费为主向服务生产性应用为主，由此引发产业模式、制造模式和商业模式的重塑。大数据与智能机床、机器人、3D 打印等技术结合，推动了柔性制造、智能制造和网络制造的发展。工业大数据与智能物流、电子商务的联动，进一步加速了工业企业销售模式的变革，如精准营销配送、精准广告推送等。

2. 工业大数据的特征

一般而言，工业大数据具有以下三大特征。

（1）多模态

在工业系统里，数据种类、数据格式以及数据结构非常多，结构关系复杂。一个汽轮机里面会有上万个零部件，一个复杂装备的制造企业的数据种类多达 300 余种，所以在工业领域会存在数据多模态特征。

（2）实时性强

工业大数据重要的应用场景是实时监测、实时预警、实时控制。在工业生产中，每时每刻都在产生大量数据，如生产机床的转速、能耗，食品加工的温湿度，火力发电机组的燃烧和燃煤消耗，汽车的装备数据，物流车队的位置和速度等。尤其是自工业从社会生产中独立成为一个门类以来，工业生产的数据采集、使用范围就逐步加大。特别是随着信息、电子和数学技术的进步，以及传感器、物联网等技术的发展，一批智能化、高精度、长续航、高性价比、微型传感器面世，以物联网为代表的新一代网络技术在移动数据通信的支持下，能做到任何时间、任何地点采集、传送数据。

（3）强关联

工业大数据具有强关联的特点，这个特点尤其重要。工业现场的数据在语义层有复杂的显性和隐性强关联，不同物理变量之间的关系，既有工业机理方面，也有统计分析方面，不能孤立、局部、片面地看待，否则满足不了工业对于严格性、可靠性和安全性方面的要求。工业数据之间的关联并不是数据字段的关联，其本质是物理对象之间和过程的语义关联，工业大数据的强关联性具体包含产品部件之间的关联、生产过程的数据关联、产品生命周期不同环节的数据之间的关联以及不同学科不同专业的数据关联。

3. 工业大数据与大数据技术的关系

工业大数据应用是基于工业数据，运用先进的大数据相关思维、工具、方法，贯穿于工业的设计、工艺、生产、管理、服务等各个环节，使工业系统、工业产品具备描述、诊断、预测、决策、控制等智能化功能模式和结果。工业领域的数据累积到一定量级，超出了传统技术的处理能力，就需要借助大数据技术、方法来提升处理能力和效率，大数据技术为工业大数据提供了技术和管理的支撑。

首先，工业大数据可以借鉴大数据的分析流程及技术，实现工业数据采集、处理、存储、分析、可视化。例如，大数据技术应用在工业大数据的集成与存储环节时，支撑实现高实时性采集、大数据量存储及快速检索；大数据处理技术的分布式高性能计算能力，为海量数据的查询检索、算法处理提供性能保障等。其次，工业制造过程中需要高质量的工业大数据，可以借鉴大数据的治理机制对工业数据资产进行有效治理。

4. 工业大数据的政策支持

工业大数据是未来工业在全球市场竞争中发挥优势的关键。无论是德国工业 4.0、美国工业互联网还是新型工业化，各国制造业创新战略的实施基础都是工业大数据的搜集和特征分析，及以此为未来制造系统搭建的无忧环境。因此，工业大数据是互联网、大数据和工业产业结合的产物，是新型工业化、工业互联网、工业 4.0 等国家战略在企业的落脚点。

各个国家政策的支持力度是影响工业大数据发展的重要因素。完成了工业自动化过程的德国工业界，在自动化基础上，以工业数据为基础，引入云计算和人工智能技术，提升工业的智能化水平，以满足大批量个性化定制的社会生产需求；美国拥有强大的云计算、互联网及数据处理能力，基于此提出工业互联网战略，将单个设备、单条生产线、单个工厂的数据联网，通过大数据处理后，在诊断、预测、后服务等方面挖掘工业服务的价值。

中国相对于德国、美国而言，在工业自动化、云计算等领域都处于发展期，因此提出新型工业化计划，通过工业化和信息化融合发展的方式，将工业化和信息化整体规划，并制定一系列的重点工程和推进计划。

9.2.2 工业大数据关键技术

1. 工业大数据采集

实现工业 4.0,需要高度的工业化、自动化基础,是漫长的征程。不论智能制造发展到何种程度,数据采集都是生产中最实际最高频的需求,也是工业 4.0 的先决条件。

随着工业物联网的快速发展,工业企业在生产经营过程中会采集大量的数据并进行实时处理,这些数据都是有时序的(按时间顺序记录的数据列)。在工业场景中,80%以上的监测数据都是实时数据,且都是带有时间戳并按顺序产生的数据,这些来源于传感器或监控系统的数据被实时地采集并反馈出系统或作业的状态,如图 9-6 所示。工业上的实时数据有这些特征:都带有时间戳,并且是按时间顺序生成的;大多为结构化数据;采集频率高、数据量大等。在工业上,通常会使用实时/历史数据库作为核心枢纽,对这些数据进行采集、存储以及查询分析。

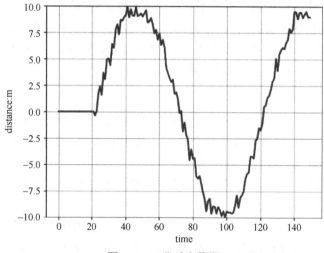

图 9-6 工业时序数据

值得注意的是,工业软硬件系统本身具有较强的封闭性和复杂性,不同系统的数据格式、接口协议都不相同,甚至同一设备同一型号在不同时间出厂的产品所包含的字段数量与名称也会有所差异,因此无论是采集系统对数据进行解析,还是后台数据存储系统对数据进行结构化分解都会存在巨大的挑战。由于协议的封闭,甚至无法完成设备的数据采集;即使可以采集,在工业大数据项目实施过程中,通常也需要数月的时间对数据格式与字段进行梳理。挑战性更大的是多样性的非结构化数据,由于工业软件的封闭性,数据通常只有特定软件才能打开,并且从中提取更多有意义的结构化信息的工作通常很难完成,这也给数据采集带来挑战。因此,先进的数据采集技术需要满足海量高速、支持采集的多样性、保证采集过程安全等特点。

未来,先进的数据采集技术并不简单地将数据通过传感器进行采集,而是构建一个多数据融合的数据环境,使产品全生命周期的各类要素信息能实现同步采集、管理和调用。此外,需要尽可能全地采集设备全生命周期各类要素相关的数据和信息,打破以往设备独立感知和信息孤岛的壁垒,建立一个统一的数据环境,这些信息包括设备运行的状态参数、工况数据、设备使用过程中的环境参数、设备维护保养记录以及绩效类数据等。最后,在先进的数据采集技术下,改变现有被动式的传感与通信技术,实现按需进行数据的收集与传送,即在相同的传感与传输条件下针对日常监控、状态变化、决策需求变化以及相关活动目标和分析需求,自主调整数据采集与传输的数量、频次等属性，从而实现主动式、应激式传感与传输模式，提高数据感知的效率、质量、敏捷度，实现数据采集的自适应管理和控制。

2. 工业大数据存储与管理

各种工业场景中存在大量多源异构数据，例如结构化与非结构化数据。每一种类型的数据都需要高效的存储管理方法与异构的存储引擎，但现有的大数据技术难以满足全部要求。以非结构化数据为例，特别是对海量设计文件、仿真文件、图片、文档等，需要按产品生命周期、项目、BOM 结构等多种维度进行灵活、有效的组织和查询，同时需要对数据进行批量分析和建模，对于分布式文件系统和对象存储系统均存在技术盲点。另外，从使用角度，异构数据需要从数据模型和查询接口方面实现一体化的管理。例如在物联网数据分析中，需要大量关联传感器部署信息等静态数据，而此类操作通常需要将时间序列数据与结构化数据进行跨库连接，因而先进的数据管理技术需要针对多模态工业大数据进行统一协同管理。

工业数据的存储管理是工业信息化应用、推进智能制造的前提和基础，然而，工业数据的海量性、增量性为其存储管理带来了难度，同时也对数据存储的可拓展性、高效性提出了高要求。目前看来，传统的工业实时数据库和关系数据库已经难以完全胜任工业大数据的存储，而以 HBase 为代表的 NoSQL 数据库正在蓬勃发展，其完全分布式特征、高性能、多副本和灵活的动态扩展等特点，使得 HBase 在工业大数据的存储上拥有强大的优势，打破了流程工业生产中的"数据壁垒"效应的瓶颈，可以促进工业生产水平和生产管理水平的提高。具体来看，HBase 是一个高可靠性、高性能、面向列、可伸缩的分布式存储系统，利用 HBase 技术可在廉价 PC Server 上搭建起大规模结构化存储集群。HBase 的目标是存储并处理大型的数据，更具体地说是仅需普通的硬件配置，就能够处理由成千上万的行和列所组成的大型数据。

3. 工业大数据预处理

工业过程中产生的数据由于传感器故障、人为操作因素、系统误差、网络传输乱序等因素的影响极易出现噪声（异常值）、缺失值以及数据不一致的情况，直接用于数据分析会对模型的精度和可靠性产生严重的负面影响。因此，在工业数据分析之前，需要采用一定的数据预处理技术，如消除数据中的噪声、纠正数据的不一致、删除异常值等，来提高模型鲁棒性。

（1）异常值检测

异常值检测与告警一直是工业界非常关注的问题，自动准确地检测出系统的异常值，不仅可以节约大量的人力物力，还能尽早发现系统的异常情况，挽回不必要的损失。针对工业环境以及数据特性的不同，异常值可以分为点异常值、波动点、集体离群值和明显噪声信号等类型，处理异常值的关键点在于判断异常值。值得注意的是，异常值是数据分布的常态，处于特定分布区域或范围之外的数据通常被定义为异常或噪声。异常值常分为两种：伪异常和真异常。伪异常是由于特定的业务运营动作产生，是正常反映业务的状态，而不是数据本身的异常；真异常不是由于特定的业务运营动作产生，而是数据本身分布异常，即离群值。异常值会导致某些模型问题。比如，线性回归模型会显得异常值偏离，影响决策树模型的建立。通常，如果能找到合理地移除异常值的理由，那么将会大大改善模型的表现。但这不意味着是异常值就一定要排除，例如，不能因为一个值"特别大"而将其归为异常值，不予以考虑。总之，移除任何异常值必须有充分的理由。

通常，异常值检测方法分为两大类：一类是基于统计的异常值检测，另一类是基于模型的异常值检测。常见的基于统计的异常值检测方法有以下两种，一种是基于 3σ 法则，另一种是基于箱体图。基于模型的异常值检测将异常值检测看作是一个二分类问题，即将所有样本分为正常样本和异常样本，但在工业生产中往往面临着正（正常值）负（异常值）样本不均匀的问题，异常值通常比正常值要少得多，因此经常需要对常规的二分类模型进行改进。图 9-7 所示为使用算法检测工业生产中的异常值。

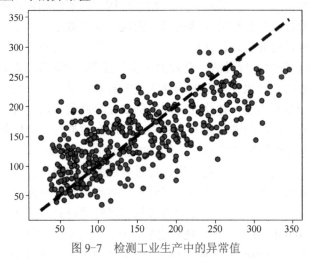

图 9-7　检测工业生产中的异常值

（2）缺失值处理

现实世界的数据大多都是不完整的，工业大数据更是如此。在数据集中，若某记录的属性值被标记为空白或"-"等，则认为该记录存在缺失值（空值），它也常指不完整的数据。造成数据缺失的原因是多种多样的，如空值条件的设置、业务数据的脱密、异常数据的删除等，都会造成一定程度的数据缺失。

缺失数据在机器学习应用中是比较棘手的问题。首先，不能简单地忽略数据集中缺失的数据值，而是必须以合理的理由处理这类数据，因为大多算法是不接受缺失数据值的。对于缺失数据的清洗方法较多，如将存在遗漏信息属性值的对象（元组，记录）删除；或者将数据过滤出来，按缺失的内容分别写入不同数据库文件并要求客户或厂商重新提交新数据，要求在规定的时间内补全，补全后才继续写入到数据仓库中；有时候也可以用一定的值去填充空值，从而使信息表完备化。填充空值通常基于统计学原理，根据初始数据集中其余对象取值的分布情况来对一个缺失值进行填充。

4．工业大数据分析

工业大数据分析是利用统计学分析技术、机器学习技术、信号处理技术等技术手段，结合业务知识对工业过程中产生的数据进行处理、计算、分析并提取其中有价值的信息、规律的过程。

工业大数据分析的直接目的是获得业务活动所需的各种知识，是贯通大数据技术与大数据应用之间的桥梁，支撑企业生产、经营、研发、服务等各项活动的精细化，促进企业转型升级。当代大数据处理技术的价值在于技术进步，同时技术进步使大数据成为商业中有价值的核心驱动因素。作为智能制造的核心环节，工业大数据分析已经被多数的制造企业所认知并接受。基于工业大数据的特点，工业大数据的数据分析与消费互联网领域里的数据分析有相当大的差别。消费互联网大数据的分析对象更多的是以互联网为支撑的交互，工业大数据实际上是以物理实体和物理实体所处的环境为分析对象，物理实体就是人们的生产设备以及生产出来的智能装备及复杂装备。在商业数据里面关注数据的相关性关系,但是在工业领域里面一定要强调数据因果性及模型的可靠性,一定要提升分析结果的准确率才能把分析结果反馈到真正的工业控制过程中。

(1)工业大数据分析的常见类型

工业大数据分析常见的类型可分为描述类、诊断类、预测类、决策类以及控制类等。描述类主要利用报表、可视化等技术,汇总展现工业互联网各个子系统的状态,使得操作管理人员可以在一个仪表盘上总览全局状态,如图 9-8 所示。此类应用一般不给出明确的决策建议,完全依靠人来作出决策。诊断类通过采集工业生产过程相关的设备物理参数、工作状态数据、性能数据及环境数据等,评估工业系统生产设备等的运行状态并预测其未来健康状况,主要利用规则引擎、归因分析等,对工业系统中的故障给出告警并提示故障可能的原因,辅助人工决策。预测类通过对系统历史数据的分析挖掘,预测系统的未来行为。预测类主要是利用逻辑回归、决策树等,预测未来系统状态,并给出建议。决策类通过对影响决策的数据进行分析与挖掘,发现决策相关的结构与规律,主要是利用随机森林、决策树等多种机器学习算法,提出生产调度、经营管理与优化方面的决策建议。控制类根据确定的规则,直接通过数据分析产生行动指令,控制生产系统采取行动。该类分类主要目前应用在智能制造业中。

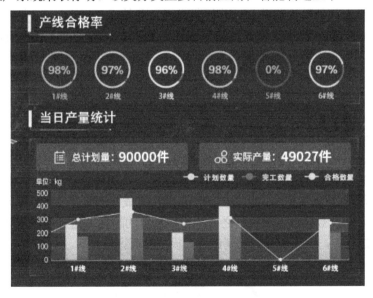

图 9-8 仪表盘上总览全局状态

(2)工业大数据建模

数据建模的本质是根据一部分能够直接获得的数据获得另一部分不能直接获得的数据。例如,某个工业对象可以用函数 $Y = F(X)$ 描述,在这里 F 是个固定的映射,输入 X 则可计算 Y。不过,在现实中 X 往往是无法直接准确获得的,这时要设法在可以得到的数据中寻找一些与 X 相关的变量,如 Z。于是,现实的数据模型往往就变成 $Y = H(Z)$。

例如,某厂发现一种材料的合格率与生产这种材料的班组有关。事实上,合格率与某个工艺参数有关,不同班组采用的工艺参数不一样。但每个班组采用的参数不同,也没有记录。所以,人们看到的是合格率与班组有关。在这个例子里,工艺参数就是 X,而班组就是 Z。对于复杂的工业建模过程,充分利用知识领域是成功的前提。不过需要注意的是,在工业领域,由于应用场景的不同以及数据采集条件的不断变化，模型的误差可能会变得很大，而这些变化会对人们的建模过程产生深刻的影响。

需要注意的是，$Y = F(X)$ 是否合用与业务目标有关。例如，诊断式分析要判断问题产生的原因，所用的信息可以是问题产生之后的表象，也就是说，X 可以出现在 Y 之后；对于预测式分析，X 则一定要出现在 Y 之前，这样的信息才能被用来预测。

1）知识工程。知识是指人类认识的成果或结晶。常见的知识可分为两种，以书面文字、图表和数学公式加以表述的是显性知识，例如方案、图纸、源程序等。另外一类是技能、经验、诀窍等未被表述的知识，称为隐性知识。知识工程的研究方向是专家知识的获取、表达和推理过程的系统方法。知识获取研究的问题有：对专家或书本知识的理解、认识、选择、抽取、汇集、分类和组织的方法，从已有的知识和实例中产生新知识的机理和方法，检查或保持已获取知识集合的一致性和完全性约束的方法，保证已获取的知识集合无冗余的方法等。知识表示是对知识的一种描述或是关于如何描述事物的一组约定，是一种计算机可以接受的、用于描述知识的数据结构。工业领域的知识按照其属性可以分为隐性知识和显性知识两大类，并通过知识之间互相作用、互相转化，应用到企业创新业务活动中。例如，可以通过学习、理解、综合、观察、模仿、感知、试错、实践、试验、数据收集、归纳、分析、总结等方法完成知识之间的转化与关联，获得与掌握工业技术（知识）。工业应用要求确定性和可靠性。对工业大数据分析来说，评估模型或知识的可靠性是难点所在，而可靠性评估的重点是模型在什么范围内有效，而不仅仅看平均精度。具体地说，需要分场景检验模型。事实上，产品设计和工艺参数往往是根据长期积累的知识、经验和数据而得出的，而这些资源往往并不在工业大数据收集的范围之内，但它们对评估模型的价值往往很大，故而模型评估要利用数据之外的知识和数据。

2）工业大数据参考模型 CRISP-DM。CRISP-DM 模型是欧盟起草的跨行业数据挖掘标准流程（CRoss-Industry Standard Process for Data Mining）的简称。这个标准以数据为中心，将相关工作分成业务理解、数据理解、数据准备、构建模型、模型评估和模型部署 6 个基本的步骤，如图 9-9 所示。在该模型中，相关步骤不是顺次完成，而是存在多处循环和反复。在业务理解和数据理解之间、数据准备和建模之间都存在反复的过程。这意味着，这两对过程是在交替深入的过程中进行的，更大的一次反复出现在模型验证评估之后。

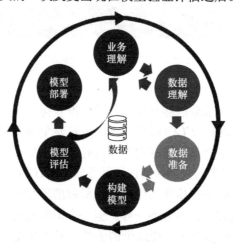

图 9-9　CRISP-DM 模型

值得注意的是，在 CRISP-DM 体系中，模型部署一般是指从模型中找到知识，并以便于用户使用的方式重新组织起来，其成果可以是研究报告，也可以是可重用的数据挖掘程序或者是模型服务程序。工业大数据分析结果还会以管理控制软件的方式应用在企业的业务、管理或者监控流程中。知识一旦纳入实际的流程中，对稳定性、可靠性、真实性的要求就会变高，故而需要考虑实际应用场景带来的不利影响。同时，一个模型只有不断优化，才具有生命力。此外，要想提升工业大数据模型的精度就需要在验证和建模过程中尽量减少人的参与，让机器自动地进行建模和验证。只有人的介入越少，分析的时间效率才会越高。

（3）工业大数据分析的常见算法

1）聚类算法。聚类分析是指对一批没有标出类别的样本，按照样本之间的相似程度进行分类，将相似的归为一类，不相似的归为另一类的过程。这里的相似程度指样本特征之间的相似程度。聚类算法把整个样本集的特征向量看成是分布在特征空间中的一些点，点与点之间的距离即可作为相似性的测量依据，也就是将特征空间中距离较近的观察样本归为一类。两个样本的距离越近，相似度就越大。通俗来讲，聚类分析的最终目标就是实现"物以类聚，人以群分"。将样本的群体按照相似性和相异性进行不同群组的划分。经过划分后，每个群组内部各个对象间的相似度会很高，而在不同群组之间的样本彼此间将具有较高的相异度。在工业生产中，聚类算法往往应用于工艺优化，比如对车间生产历史数据的聚类分析，得到工艺参数与产品质量、能耗水平之间的影响关系，从而提升制造水平。对生产过程和设备使用过程中异常点的聚类，为设备潜在性能提升提供依据。

图 9-10 所示为聚类算法的实现，将数据聚为 3 类，并以不同的颜色区分。

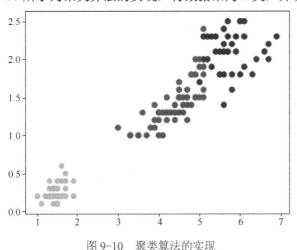

图9-10 聚类算法的实现

2）降维算法。在互联网大数据场景下，人们经常需要面对高维数据，在对这些数据做分析和可视化的时候，人们通常会面对高维这个障碍。在数据挖掘和建模的过程中，高维数据同样带来大的计算量，占据更多的资源，而且许多变量之间可能存在相关性，从而增加了分析与建模的复杂性。人们希望找到一种方法，在对数据完成降维压缩的同时，尽量减少信息损失。由于各变量之间存在一定的相关关系，因此可以考虑将关系紧密的变量变成尽可能少的新变量，使这些新变量是两两不相关的，那么就可以用较少的综合指标分别代表存在于各个变量中的各类信息。降维就是这样的一类算法，数据降维一方面可以解决"维数灾难"，缓解"信息丰富、知识贫乏"现状，降低复杂度；另一方面可以让人们更好地认识和理解数据。

图 9-11 所示为数据集在三维特征空间中的分布, 图 9-12 所示为数据集在二维特征空间中的分布。

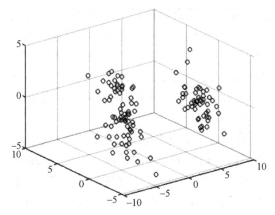

图 9-11　数据集在三维特征空间中的分布

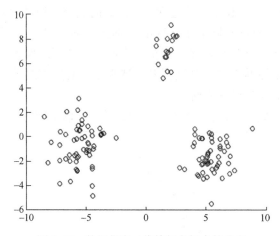

图 9-12　数据集在二维特征空间中的分布

3) 支持向量机算法。支持向量机主要分为线性可分支持向量机、线性不可分支持向量机和非线性支持向量机这三大类。线性可分支持向量机指在二维平面内可以用一条线清晰分开两个数据集; 线性不可分支持向量机指在二维平面内用一条线分开两个数据集时会出现误判点; 非线性支持向量机指用一条线分开两个数据集时会出现大量误判点, 此时需要采取非线性映射将二维平面扩展为三维立体, 然后寻找一个平面清晰地切开数据集。支持向量机可以简单地描述为对样本数据进行分类, 真正对决策函数进行求解。首先, 要找到分类问题中的最大分类间隔, 然后确定最优分类超平面, 并将分类问题转化为二次规划问题进行求解。在工业生产中, 可以通过训练和操作支持向量机, 分析产品内部缺陷检测的性能。图 9-13 所示为支持向量机算法, 在二维平面内用一条线分开两个数据集, 图中的实心直线为该算法的运行结果。

4) 决策树算法。决策树学习是应用最广的归纳推理算法之一, 它是一种逼近离散值函数的方法。决策树是一种树形结构, 用来表征对象属性与对象值之间的映射关系。决策树模型简单直观、可解释性强, 具有良好的分析和预测能力, 适用于工业大数据分析的诸多场景。图 9-14 所示为决策树算法的实现, 图中的圆点代表数据。

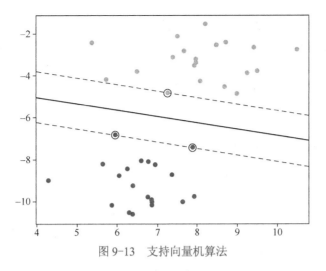

图 9-13　支持向量机算法

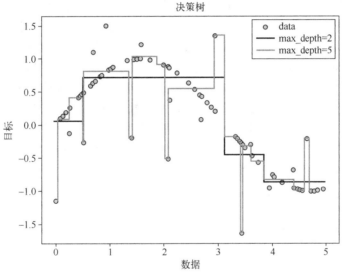

图 9-14　决策树算法的实现

5）关联规则算法。关联规则算法是一种很重要的数据挖掘的知识模式，是数据中一种简单但具有很大实际意义的规则。关联规则算法常用来描述数据之间的相关关系的描述型模式，挖掘关联规则的算法和聚类算法类似，属于无监督学习的方法。关联规则是反映一个事物与其他事物之间的相互依存性和关联性，是数据挖掘的一个重要技术，用于从大量数据中挖掘出有价值的数据项之间的相关关系。例如在能耗优化方面，可以用关联规则分析从大量历史能耗数据中获取生产参数对能耗影响的规则，以此来指导企业改进生产参数，优化能耗。在工艺标准优化方面，可以用关联规则分析服装款式、材料、年龄对实际工时与标准工时差异的影响程度，作为标准工时优化的依据。

6）神经网络算法。神经网络算法的核心是训练神经网络模型，即根据训练数据调整神经网络模型的参数，以使模型的表征能力达到最优。最早的神经网络学习算法是感知器训练法则，该法则根据训练样例的目标输出和实际输出的差值来调整网络连接权，直至感知器能正确分类所有的训练数据。感知器训练法则对于线性可分的训练数据是收敛的，但对于线性不可分的训练数据来说，它将无法收敛。针对线性不可分的训练样本可使用最小均方误差算法。算法的核心思想是最小化输出误差的平方和，从而得到最优近似解。算法采用梯度下降的搜索策略，迭代地沿误差梯度的反方向更新网络连接的权值，直至收敛到稳定状态。在实际工业场景（如电网、生产线和大型制造设备等）的工艺过程、产品质量、能耗、故障等均受众多因素影响，影响过程非线性，且影响因素间往往存在着耦合关系。利用这些过程产生的大数据来训练神经网络，可以有效地表征这些复杂过程，实现工艺流程优化、质量管理监控、能耗优化、故障检测预警等。

（4）当前大数据分析技术的应用

当前先进的数据分析技术常应用在以下几个方面。

1）强机理业务的分析技术。工业过程通常是基于"强机理"的可控过程，存在大量理论模型，刻画了现实世界中的物理、化学、生化等动态过程。另外，也存在着很多的闭环控制、调节逻辑，让过程朝着设计的目标逼近。在传统的数据分析技术上，很少考虑机理模型（完全是数据驱动），也很少考虑闭环控制逻辑的存在。

2）低质量数据的处理技术。低质量数据会改变不同变量之间的函数关系，这给工业大数据分析带来灾难性的影响。现实中，制造业企业的低质量数据普遍存在，例如 ERP 系统中物料存在"一物多码"问题，无效工况、重名工况、非实时等数据质量问题也大量存在。这些数据质量问题大大限制了对数据的深入分析，因而需要在数据分析工作之前进行系统的数据治理。

工业应用中因为技术可行性、实施成本等原因，很多关键的量没有被测量，或没有被充分测量（时间/空间采样不够、存在缺失等），或没有被精确测量（数值精度低），这就要求分析算法能够在"不完备""不完美""不精准"的数据条件下工作。在技术路线上，可大力发展基于工业大数据分析的"软"测量技术，即通过大数据分析，建立指标间的关联关系模型，通过易测的过程量去推断难测的过程量，提升生产过程的整体可观可控。

9.3 工业大数据应用

9.3.1 生成过程优化

传统方法下的生产过程优化基于系统理论的实际应用为主，具有较大的局限性，不能针对具体的问题进行调整优化。而基于大数据的生产过程优化，在制造过程数字化监控的基础上，用大数据、人工智能算法建立模型，研究不同参数变化对设备状态与整体生产过程的影响，并根据实时数据与现场工况动态调优，提供智能设备故障预警、工艺参数推荐，降低能耗，提升良品率，提高工作效率等一项或多项功能，对于一些危险生产行业，还能用于控制风险。概括起来，即提质、增效、降耗、控险。

在具体实现中，目前无所不在的传感器、互联网技术的引入使得产品故障实时诊断变为现实，而大数据应用、建模与仿真技术则使得预测动态性成为可能。首先，在生产工艺改进方面，在生产过程中使用工业大数据，就能分析整个生产流程，了解每个环节是如何执行的。一旦有某个流程偏离了标准工艺，就会产生一个报警信号，能更快速地发现错误或者瓶颈所在，也就能更容易地解决问题。其次，在生产过程中还可以对工业产品的生产过程建立虚拟模型，仿真并优化生产流程，当所有流程和绩效数据都能在系统中重建时，这种透明度将有助于制造商改进其生产流程。最后，在能耗分析方面，在设备生产过程中利用传感器集中监控所有的生产流程，能够发现能耗的异常或峰值情形，由此便可在生产过程中降低能源的消耗，对所有流程进行分析就会大大降低能耗。

例如，某生产企业通过对工艺流程中相关参数的数据采集和筛选，利用筛选出的关键参数建立模型，并依据该模型来优化实际生产的燃煤消耗，最终达到降低能耗的目的。

又例如，在半导体行业，芯片在生产过程中会经历许多次掺杂、增层、光刻和热处理等复杂的工艺制程，每一步都必须达到极其苛刻的物理特性要求。高度自动化的设备在加工产品的同时，也同步生成了庞大的检测结果。如果按照传统的工作模式，人们需要按部就班地分别计算多个过程能力指数，对各项质量特性一一考核，过程十分烦琐。但是当企业利用大数据质量管理分析平台，除了可以快速地得到一个长长的传统单一指标的过程能力分析报表之外，更重要的是，还可以从同样的大数据集中得到很多崭新的分析结果。

9.3.2　故障监测和诊断

故障监测和诊断最早出现于美国 20 世纪中期，当时主要应用到军工、航天方面。近年来，随着工业生产规模不断扩大，加上各种先进技术的广泛应用，各种类型的生产设备应运而生，虽然在一定程度上提高了工业生产质量和效率，但由于设备结构复杂、运行环境多样，加上运行周期较长，不可避免地存在故障问题。对设备故障进行全过程监测和诊断，已经成为工业提高社会生产力的必要需求。所谓故障监测和诊断，实际上就是对设备信号、特征、状态进行采集、提取和识别，而后对设备故障进行诊断，通过以上步骤不断循环，能够及时发现各种潜在问题和隐患，有利于提高故障监测及诊断精度，从而保证工业安全生产。当前，随着工业生产规模不断扩大，设备故障的原因逐渐增多，并且故障机理也越来越复杂，传统监测手段和诊断技术已经无法充分满足设备维修需求，而应用工业大数据技术能够有效解决以上问题。无论是降维处理技术，还是分类聚类技术，均能够对海量数据进行科学处理。将这些技术与故障监测和诊断技术相融合，能够突破传统技术存在的不足之处。

例如，钢铁企业在生产过程中离不开高炉炼铁工艺的支撑，只有控制好高炉炼铁工艺，才能够达到理想的生产效果。但新时期随着钢铁产品需求量不断增加，以及生产质量要求的不断提高，生产工艺也逐渐向复杂化趋势发展，在一定程度上增加了控制难度。在长期发展进程中，专家系统在高炉炼铁工艺控制中广泛应用，并取得了显著成果。所谓专家系统，就是在汲取领域专家经验及知识基础上，通过合理算法开发的一种系统。然而，由于钢铁生产中使用的高炉特点不尽相同，仅通过某个专家系统并不能对其进行合理控制。对此，可以将数据挖掘概念引入专家系统中，以此来解决专家系统中结合人为经验获取知识这一弊端。如将神经网络系统与专家系统相结合，能够有效提高高炉故障识别率，而后通过聚类算法对高炉运行过程中产生的数据进行聚类分析，能够确定立项运行参数值，从而确保高炉炼铁工艺得到有效控制。

9.3.3　智慧供应链

智慧供应链是结合物联网技术和现代供应链管理的理论、方法和技术，在企业中和企业间构建的，实现供应链的智能化、网络化和自动化的技术与管理综合集成系统。与传统供应链相比，智慧供应链具有以下几个特征。

1）智慧供应链的技术渗透性更强。在智慧供应链的环境下，供应链管理和运营者会系统地主动吸收包括物联网、互联网、人工智能等在内的各种现代技术，主动将管理过程适应引入新技术带来的变化。

2）智慧供应链的可视化、移动化特征更加明显。智慧供应链更倾向于使用可视化的手段来表现数据，采用移动化的手段来访问数据。

3）智慧供应链更人性化。在主动吸收物联网、互联网、人工智能等技术的同时，智慧供应链更加系统地考虑问题，考虑人机系统的协调性，实现人性化的技术和管理系统。

例如，某家电制造企业利用大数据技术对供应链进行优化，改变了传统供应链系统对于固定提前期概念的严重依赖。通过分析相关数据创建更具有弹性的供应链，能够缩短供应周期，使企业获得更大的利润。

再例如，某电子商务企业通过大数据提前分析和预测各地商品需求量，从而提高配送和仓储的效能，保证了次日货到的客户体验。

当前，大数据技术在工业领域应用方面已经取得了显著成就，但由于我国在工业大数据研究和应用方面起步较晚，并且这些技术主要源于原有数据发掘原理而产生，因此并未充分发挥其潜在价值。需要研究人员进一步加大研究力度，对工业大数据进行深入研究和开发，使其更好地运用到工业发展的方方面面，为推动工业领域持续发展提供保障。

9.4 本章小结

通过本章的学习，可以了解到大数据的特征；了解大数据的技术体系；了解 Hadoop 架构；了解我国的大数据政策；了解工业大数据的特征；了解工业大数据的关键技术；了解工业大数据的应用。

【学习效果评价】

复述本章的主要学习内容	
对本章的学习情况进行准确评价	
本章没有理解的内容是哪些	
如何解决没有理解的内容	

注：学习情况评价包括少部分理解、约一半理解、大部分理解和全部理解 4 个层次。请根据自身的学习情况进行准确的评价。

9.5 练习题

一、选择题

1. 大数据中的数据量大，指的就是（   ）。
   A. 数据复杂　　　B. 海量数据　　　C. 采集数据难度大　　　D. 数据密度大
2. NoSQL 数据库又叫作（   ）。

A．关系数据库 B．新型数据库

C．开源数据库 D．非关系数据库

3．随着工业物联网的快速发展，工业企业在生产经营过程中会采集大量的数据并进行实时处理，这些数据都是（ ）。

A．庞大的 B．难分类的 C．复杂的 D．有时序的

4．在工业数据分析之前，需要采用一定的数据（ ），如消除数据中的噪声、纠正数据的不一致、删除异常值等，来提高模型鲁棒性。

A．预处理技术 B．运行技术 C．测试技术 D．预测技术

5．CRISP-DM 模型以数据为中心，将相关工作分成业务理解、（ ）、数据准备、构建模型、模型评估、模型部署 6 个基本的步骤。

A．数据实施 B．数据识别 C．数据理解 D．数据分解

二、简答题

1．请阐述什么是大数据。

2．请阐述什么是工业大数据。

第10章 人工智能与工业互联网

10.1 人工智能概述

10.1.1 认识人工智能

人工智能（Artificial Intelligence，AI）是研究、开发用于模拟、延伸和扩展人的智能的理论、方法、技术及应用系统的一门新的技术科学。

1. 人工智能介绍

人工智能是研究使计算机模拟人的某些思维过程和智能行为（如学习、推理、思考、规划等）的学科，主要包括计算机实现智能的原理、制造类似于人脑智能的计算机，使计算机能实现更高层次的应用。此外，人工智能还涉及计算机科学、心理学、哲学和语言学等学科，可以说人工智能几乎是涉及自然科学和社会科学的所有学科，其范围已远远超出了计算机科学的范畴。

2. 人工智能的分类

人工智能可分为三类：弱人工智能、强人工智能与超人工智能。

弱人工智能就是利用现有智能化技术改善经济社会发展所需要的一些技术条件和发展功能，也指单一做一项任务的智能。比如曾经战胜世界围棋冠军的人工智能阿尔法围棋（AlphaGo），尽管它很厉害，但它只会下围棋。再比如苹果公司的 Siri 就是一个典型的弱人工智能，它只能执行有限的预设功能。同时，Siri 目前还不具备智力或自我意识，它只是一个相对复杂的弱人工智能体。

强人工智能则是综合的，它是指在各方面都能和人类比肩的人工智能，人类能干的脑力活它都能干，例如能干很多事情的机器人。总的来说，强人工智能非常接近于人的智能，但这也需要脑科学的突破才能实现。

哲学家、牛津大学人类未来研究院院长尼克·波斯特洛姆（Nick Bostrom）把超人工智能（Artificial Super Intelligence，ASI）定义为"在几乎所有领域都大大超过人类认知表现的任何智力"。首先，超人工智能能实现与人类智能等同的功能，即可以像人类智能实现生物上的进化一样，对自身进行重编程和改进，这也就是"递归自我改进功能"。其次，波斯特洛姆还提到，"生物神经元的工作速度峰值约为 200Hz，比现代微处理器（约 2GHz）慢了整整 7 个数量级"，同时，"神经元在轴突上 120m/s 的传输速度也远远低于计算机比肩光速的通信速度"。这使得超人工智能的思考速度和自我改进速度将远远超过人类，人类作为生物的生理限制将统统不适用于机器智能。

10.1.2 人工智能对社会的影响

随着人工智能的充分发展及劳动生产率和生产力水平的提升，可以将人们从体力劳动乃至常规性的脑力劳动中解放出来，更多地投入到创造性活动当中，人类自身与社会得到更充分的发展。当前，人工智能技术的突飞猛进正不断改变着零售、农业、物流、教育、医疗、金融、商务等领域的发展模式，重构生产、分配、交换、消费等各环节。

从技术专家到科幻作者，从知识精英到社会大众，均将人工智能视为人类迄今为止最具开放性、变革性的创新，它是可以深刻改变世界但同时又难以准确预估后果的颠覆性技术。包括控制论提出者维纳、已故著名科学家霍金、《人类简史》作者赫拉利在内的一大批有识之士均指出：人工智能的兴起与快速演进，在为人们带来极大便利的同时也蕴藏着巨大的风险，会挑战既有的社会价值观甚至人类本身存在的价值，使得人们不得不重新思考人与机器之间的关系，乃至未来社会的前途。

例如，在教育与就业问题上，随着技术的发展，机器会逐步替代人类从事大部分烦琐重复的工作或体力劳动，在给人们带来福利的同时也带来前所未有的挑战。在人工智能重塑产业格局和消费需求的情境下，一部分工作岗位终将被历史淘汰，但是也会伴随着人工智能技术孵化出的一系列新的岗位。另一方面，新型的人机关系正在构建，非程序化的认知类工作会变得愈发难以替代，其对人的创新、思考与想象力提出更新的要求。

又例如，在隐私与安全问题上，人工智能的普遍使用使得"人机关系"发生了趋势性的改变，人机频繁互动，可以说已形成互为嵌入式的新型关系。时间与空间的界限被打破，虚拟与真实也被随意切换，这种趋势下的不可预测性与不可逆性很有可能会触发一系列潜在风险。与人们容易忽略的"信息泄露"不同，人工智能技术也可能被少数别有用心的人有目的地用于欺诈等犯罪行为。例如，基于不当手段获取的个人信息形成"数据图像"，并通过社交软件等冒充熟人进行诈骗。再比如，使用人工智能技术进行学习与模拟，生成包括图像、视频、音频、生物特征在内的信息，突破安防屏障。而从潜在风险来看，无人机、无人车、智能机器人等存在遭到非法侵入与控制，造成财产损失或被用于犯罪的可能。

此外，人工智能作为新一轮产业变革的核心驱动力，正在释放历次科技革命和产业变革积蓄的巨大能量，持续探索新一代人工智能应用场景，将重构生产、分配、交换、消费等经济活动各环节，催生新技术、新产品、新产业。

10.1.3　我国的人工智能政策

人工智能是国家战略的重要组成部分，是未来国际竞争的焦点和经济发展的新引擎。近年来，中国人工智能行业受到各级政府的高度重视和国家产业政策的重点支持，国家陆续出台了多项政策，鼓励人工智能行业发展与创新。

自 2015 年 7 月国务院印发的《关于积极推进"互联网+"行动的指导意见》将"'互联网+'人工智能"列入十一项重点行动以来，我国出台了一系列重要政策，以把握人工智能发展新阶段国际竞争的战略主动权，促进人工智能行业发展壮大。相关产业政策涉及产业目标、技术创新、行业应用、标准体系、人才培养等诸多方面，为人工智能行业技术研发、市场开拓、人才引进等经营发展的各个环节提供了重要政策支持。

2017 年，国务院印发《新一代人工智能发展规划》（以下简称《规划》），提出了面向 2030 年我国新一代人工智能发展的指导思想、战略目标、重点任务和保障措施，部署构筑我国人工智能发展的先发优势，加快建设创新型国家和世界科技强国。《规划》是我国在人工智能领域的第一个系统部署的文件，也是面向未来打造我国先发优势的一个指导性文件。《规划》明确了我国新一代人工智能发展的战略目标：到 2020 年人工智能总体技术和应用与世界先进水平同步，人工智能产业成为新的重要经济增长点，人工智能技术应用成为改善民生的新途径；到 2025 年人工智能基础理论实现重大突破，部分技术与应用达到世界领先水平，人工智能成为我国产业升级和经济转型的主要动力，智能社会建设取得积极进展；到 2030 年人工智能理论、技术与应用总体达到世界领先水平，成为世界主要人工智能创新中心，智能经济、智能社会取得明显成效，为跻身创新型国家前列和经济强国奠定重要基础。《规划》对攻克核心技术做了专门部署。

2020 年，国家发改委等部门印发《关于扩大战略性新兴产业投资 培育壮大新增长点增长极的指导意见》（以下简称《意见》），提出了扩大战略性新兴产业投资、培育壮大新增长点增长极的 20 个重点方向和支持政策，推动战略性新兴产业高质量发展。《意见》明确提出稳步推进工业互联网、人工智能、物联网、车联网、大数据、云计算、区块链等技术集成创新和融合应用；加快生物产业创新发展步伐；加快新能源产业跨越式发展等。在经济社会发展面临前所未有挑战的当下，面对新一轮科技革命和产业变革的加速发展，发挥战略性新兴产业的引擎作用尤为重要。

2022 年，科技部、教育部、工信部等六部门联合发布《关于加快场景创新以人工智能高水平应用促进经济高质量发展的指导意见》（以下简称《指导意见》），在业界引发广泛关注。《指导意见》从打造人工智能重大场景、提升人工智能场景创新能力、加快推动人工智能场景开放等方面，统筹推进人工智能场景创新。场景创新是以新技术的创造性应用为导向，以供需联动为路径，实现新技术迭代升级和产业快速增长的过程。

10.2　人工智能核心技术

10.2.1　深度学习

得益于数据的增多、计算能力的增强、学习算法的成熟以及应用场景的丰富，越来越多的人开始关注深度学习研究领域。

深度学习

1. 认识深度学习

深度学习是机器学习的一种实现技术，在 2006 年被首次提出。深度学习遵循仿生学，源自神经元以及神经网络的研究，能够模仿人类神经网络传输和接收信号的方式，进而达到学习人类的思维方式的目的。

深度学习以神经网络为主要模型，以海量数据及高效算力为基础，深度学习算法与传统的机器学习算法最大的区别在于随着数据规模的增加，算法计算准确率也不断增长。深度学习算法的实现过程分为训练和推断两个阶段。训练阶段需要海量数据输入，训练出一个复杂的深度神经网络模型。推断阶段则利用训练好的模型，使用待判断的数据去"推断"得出各种结论。深度学习一开始用来解决机器学习中的表示学习问题，但是由于其强大的能力，深度学习越来越多地用来解决一些通用人工智能问题，比如推理、决策等。目前，深度学习技术在学术界和工业界取得了广泛的成功，受到高度重视，并掀起新一轮的人工智能热潮。图 10-1 所示为神经网络，神经网络主要由相互连接的神经元（图中的圆圈）组成。

大数据时代的到来，图形处理器（Graphics Processing Unit，GPU）等各种更加强大的计算设备的发展，使得深度学习可以充分利用海量数据（标注数据、弱标注数据或无标注数据），自动地学习到抽象的知识表达，即把原始数据浓缩成某种知识。简单来说，在深度学习算法的基础上，海量数据解决了计算精准度的问题，算力的提升则解决了计算速度的问题。

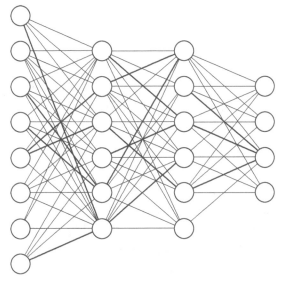

图 10-1　神经网络

深度学习与传统机器学习系统的不同之处在于，它能够在分析大型数据集时进行自我学习和改进，因此能应用在许多不同的领域。深度学习模型只需要编程人员提供少许指导，就可以自己关注正确特征并学习。从基本上来讲，深度学习模仿的是人类大脑运行的方式——从经验中学习。众所周知，人类的大脑是由数十亿个神经元组成的，正因为这些神经元，人类才能有惊人的行为能力。即使是一个一岁的小孩子，他也可以解决复杂的问题，而这些问题是超级电脑也很难解决的。因此，研究深度学习的动机在于建立模拟人脑进行分析学习的神经网络，它模仿人脑的机制来解释数据，例如图像、声音和文本等。

例如，人们可以把一幅图像切分成图像块，输入到神经网络的第一层。第一层的每一个神经元都把数据传递到第二层。第二层的神经元也完成类似的工作，把数据传递到第三层，以此类推，直到最后一层，然后生成结果。在神经网络中每一个神经元都为它的输入分配权重，这个权重的正确与否与其执行的任务直接相关，并且最终的输出由这些权重加总来决定。

2. 神经网络的架构

下面从最简单的单个神经元来讲述神经网络模型的架构。图 10-2 所示是一个最简单的单个神经元的网络模型，它只包含一个神经元。人工神经网络中最小也是最重要的单元叫神经元。与生物神经系统类似，这些神经元也互相连接并具有强大的处理能力。每个神经元都有输入连接和输出连接。这些连接模拟了大脑中突触的行为。与大脑中突触传递信号的方式相同——信号从一个神经元传递到另一个神经元，这些连接也在人造神经元之间传递信息。每一个连接都有权重，这意味着发送到每个连接的值要乘以这个因子。再次强调，这种模式是从大脑突触得到的启发，权重实际上模拟了生物神经元之间传递的神经递质的数量。所以，如果某个连接重要，那么它将具有比那些不重要的连接更大的权重值。

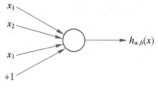

图 10-2　单个神经元网络模型

该单个神经元是一个运算单元，它的输入是训练样本 x_1，x_2，x_3，其中"+1"是一个偏置项。该运算单元的输出结果是 $h_{w,b}(\boldsymbol{x}) = f(\boldsymbol{w}^{\mathrm{T}}\boldsymbol{x}) = f(\sum_{i=1}^{3} w_i x_i + b)$，其中 f 是这个神经元的激活函数。图 10-2 中单个神经元的输入和输出映射关系本质上是一个逻辑回归，此处可以使用 Sigmoid 函数作为神经节点激活函数，Sigmoid 函数的公式如下。

$$f(z) = \frac{1}{1 + e^{-z}}$$

前馈神经网络是一种最简单的神经网络，各神经元分层排列。每个神经元只与前一层的神经元相连。接收前一层的输出，并输出给下一层，各层间没有反馈，是目前应用最广泛、发展最迅速的人工神经网络之一。前馈神经网络的结构如图 10-3 所示。

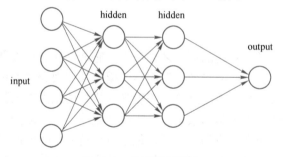

图 10-3　前馈神经网络

在这个结构中，网络的最左边一层被称为输入层，用 input 表示，其中的神经元被称为输入神经元。最右边及输出层包含输出神经元，用 output 表示。在这个例子中，只有一个单一的输出神经元，但一般情况下输出层也会有多个神经元。中间层被称为隐含层，用 hidden 表示，因为里面的神经元既不是输入神经元也不是输出神经元。

3. 神经网络的学习

神经网络的学习也称为训练，指的是通过神经网络所在环境的刺激作用调整神经网络的自由参数，使神经网络以一种新的方式对外部环境作出反应的一个过程。神经网络最大的特点是能够从环境中学习，以及在学习中提高自身性能。经过反复学习，神经网络对其环境会越来越了解。

学习算法是指针对学习问题的明确规则集合。学习类型是由参数变化发生的形式决定的，不同的学习算法对神经元的权值调整的表达式有所不同。没有一种独特的学习算法可以用于所有的神经网络，选择或设计学习算法时，还需要考虑神经网络的结构及神经网络与外界环境相连的形式。

神经网络的整个学习过程，首先是使用结构指定网络中的变量和它们的拓扑关系。例如，神经网络中的变量可以是神经元连接的权重和神经元的激励值。其次是使用激励函数，大部分神经网络模型都具有一个短时间尺度的动力学规则，用来定义神经元如何根据其他神经元的活动来改变自己的激励值，一般激励函数依赖于网络中的权重（即该网络的参数）。最后是训练学习规则，学习规则指定了网络中的权重如何随着时间推进而调整，它被看作是一种长时间尺度的动力学规则。一般情况下，学习规则依赖于神经元的激励值，它也可能依赖于监督者提供的目标值和当前权重的值。通过对神经网络结构的理解，使用激励函数进行训练，再加上最后的训练即可完成神经网络的整个学习。

4．卷积神经网络

顾名思义，卷积神经网络（Convolutional Neural Network，CNN）是在神经网络的基础上加入了卷积运算，通过卷积核局部感知图像信息并提取其特征，多层卷积之后能够提取出图像的深层抽象特征，凭借这些特征来达到更准确的分类或预测的目标。卷积神经网络与一些传统的机器学习方法相比，能够更加真实地体现数据内在的相关特征，因此目前卷积神经网络是图像、行为识别等领域的研究热点。

卷积神经网络作为一个深度学习架构被提出时，它的最初诉求是降低对图像数据预处理的要求，以避免烦琐的特征工程。

卷积神经网络是多层感知机的变体，根据生物视觉神经系统中神经元的局部响应特性设计，采用局部连接和权值共享的方式降低模型的复杂度，极大地减少了训练参数，提高了训练速度，也在一定程度上提高了模型的泛化能力。卷积神经网络是目前多种神经网络模型中研究最为活跃的一种。一个典型的卷积神经网络主要由卷积层（Convolutional Layer）、池化层（Pooling Layer）、全连接层（Fully-connected Layer）构成。卷积神经网络的结构如图 10-4 所示。

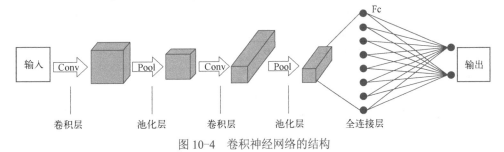

图 10-4　卷积神经网络的结构

5．深度学习的关键因素

深度学习的发展离不开大数据、GPU 及模型这 3 个因素。

（1）大数据

当前大部分的深度学习模型是有监督学习，依赖于数据的有效标注。例如，要做一个高性能的物体检测模型，通常需要使用上万甚至是几十万的标注数据。同时，数据的积累也是一个公司深度学习能力雄厚的标志之一，没有数据，再优秀的模型也会面对无米之炊的尴尬。

（2）GPU

深度学习当前如此火热的一个很重要的原因就是硬件的发展，尤其是 GPU 为深度学习模型的快速训练提供了可能。深度学习模型通常有数以千万计的参数，存在大规模的并行计算，传统的以逻辑运算能力著称的 CPU 面对这种并行计算会异常缓慢，GPU 以及 CUDA 计算库专注于数据的并行计算，为模型训练提供了强有力的工具。

（3）模型

在大数据与 GPU 的强有力支撑下，无数研究学者的奇思妙想，催生出了一系列优秀的深度学习模型，并且在学习任务的精度、速度等指标上取得了显著的进步。值得注意的是，随着数据中心、东数西算、高性能计算、数据分析、数据挖掘的快速发展，大模型得到了快速的发展。大模型是"大算力+强算法"相结合的产物，是人工智能的发展趋势和未来。目前，大规模的生态已初具规模。大模型通常在大规模无标记数据上进行训练，以学习某种特征和规则。基于大模型开发应用时，通过对大模型进行微调或者不进行微调，就可以完成多个应用场景的任务；更重要的是，大模型具有自监督学习能力，不需要或很少需要人工标注数据进行训练，降低训练成本，从而加快人工智能产业化进程，降低人工智能应用门槛。

6. 深度学习的应用

（1）图像识别

图像识别是深度学习最早的应用领域之一，其本质是一个图像分类问题，早在神经网络刚刚出现的时候，美国人就实现了对手写数字的识别并进行了商业化。图像识别的基本原理是输入图像，输出为该图像属于每个类别的概率。例如输入一种狗的图片，人们就期望其输出属于狗这个类别的概率值最大，这样人们就可以认为这张图片拍的是一只狗。

（2）机器翻译

传统的机器翻译模型采用的是基于统计分析的算法模型，可想而知，对于复杂的语言表达逻辑，效果并不佳。而基于深度学习的机器翻译，让机器翻译出来的结果更加接近人类的表达逻辑，正确率得到了大大的提高。

（3）机器人

借助深度学习的力量，机器人可以在真实复杂的环境中代替人执行一定的特殊任务，如人员跟踪、排爆等，这在过去是完全不可能的事。美国波士顿动力公司开发的机器人，其在复杂地形行走、肢体协调等方面取得了巨大的进步。

（4）生成文字描述

根据给定图像，系统可以自动生成描述图像内容的文字。通常，该系统使用非常大的卷积神经网络来检测照片中的目标，然后使用一个递归神经网络将标签转换成连贯的句子。

10.2.2 自然语言处理

1. 认识自然语言处理

自然语言处理（Natural Language Processing，NLP）是指利用计算机对自然语言的形、音、义等信息进行处理，即对字、词、句、篇章的输入、输出、识别、分析、理解、生成等的操作和加工。它是计算机科学领域和人工智能领域的一个重要的研究方向，研究用计算机来处理、理解以及运用人类语言，可以实现人与计算机的有效交流。

自然语言处理

自然语言处理的具体表现形式包括机器翻译、文本摘要、文本分类、文本校对、信息抽取、语音合成、语音识别等。可以说，自然语言处理的目的是让计算机理解自然语言。发展至今，自然语言处理研究已经取得了长足的进步，逐渐发展成为一门独立的学科。

2．自然语言处理的组成

从自然语言的角度出发，自然语言处理大致可以分为两个部分。

（1）自然语言理解

自然语言理解是指计算机能够理解自然语言文本的意义。语言被表示成一连串的文字符号或者一串声流，其内部是一个层次化的结构。一个文字表达的句子是按词素→词或词形→词组或句子的层次关系组成的，用声音表达的句子则是由音素→音节→音词→音句，其中的每个层次都受到文法规则的约束，因此语言的处理过程也应当是一个层次化的过程。

语言学是以人类语言为研究对象的学科。它的探索范围包括语言的结构、语言的运用、语言的社会功能和历史发展，以及其他与语言有关的问题。理解自然语言不仅需要有语言学方面的知识，而且需要有与所理解话题相关的背景知识。它是一个综合的系统工程，它又包含了很多细分的学科，有代表声音的音系学，代表构词法的词态学，代表语句结构的句法学，代表理解的语义句法学和语用学。

（2）自然语言生成

自然语言生成，与自然语言理解恰恰相反，它是按照一定的语法和语义规则生成自然语言文本，通俗来讲，它将语义信息以人类可读的自然语言形式进行表达。

3．自然语言处理的研究方向

（1）信息检索

信息检索是自然语言处理领域的一个重要方向，它是指把信息按一定的方式组织起来并根据信息用户的需要找出有关信息的过程和技术。

信息检索可从广义与狭义两个方面进行理解，狭义的信息检索仅指信息查询，也就是用户根据自身的需要，通过一定的方法，借助检索工具，从信息集合中找出所需要信息的查找过程；广义的信息检索是指将信息按一定的方式进行加工、整理、组织并存储起来，再根据信息用户特定的需要将相关信息准确地查找出来的过程。一般情况下，信息检索指的就是广义的信息检索。

计算机检索是指在计算机检索网络或终端上，使用特定的检索指令、检索词和检索策略，从计算机检索系统的数据库中检索出所需要的信息，然后再由终端设备显示、下载和打印的过程。此处，信息检索的本质没有改变，变了的只是信息的媒体形式、存储方式和匹配方法。

（2）机器翻译

机器翻译旨在让计算机自动将源语言表示的语句转变为目标语言表示的语句，主要用于书面语翻译和口语翻译。尽管早期的机器翻译研究并不成功，但随着自然语言理解的研究取得成功，自 20 世纪 80 年代后，机器翻译的研究重新兴起，并逐步走向实用，现在已开始为普通用户提供实时便捷的翻译服务，比如百度翻译、微信聊天翻译等。

通俗来说，机器翻译是由一个符号序列变换为另一个符号序列的过程，这种变换有三种基本模式，如图 10-5 所示。

1）直译式翻译（一步式）。直接将特定的源语言翻译成目标语言，翻译过程主要表现为源语言单元（主要是词）向目标语言单元的替换，对语言的分析很少。

2）中间语言式翻译（二步式）。先分析源语言，并将其变换为某种中间语言形式，然后再从中间语言出发，生成目标语言。

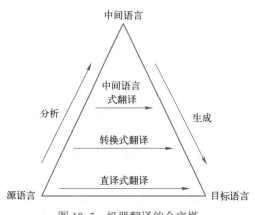

图 10-5　机器翻译的金字塔

3）转换式翻译（三步式）。先分析源语言，形成某种形式的内部表示（如句法结构形式），然后将源语言的内部表示转换为目标语言对应的内部表示，最后从目标语言的内部表示再生成目标语言。

三种模式构成了机器翻译的金字塔。塔底对应于直译式翻译，塔顶对应于中间语言式翻译，为翻译的两个极端；中间不同层次统称为转换式。金字塔最下层的直译式翻译主要是基于词的翻译。在塔中，每上升一层，其分析更深一层，向"理解"更逼近一步，翻译的质量也更进一层；越往上逼近，处理的难度和复杂度也越大，出错以及错误传播的机会也随之增加，这可能影响翻译质量。

（3）情感分析

在自然语言处理中，情感分析一般指判断一段文本所表达的情绪状态。与其他的人工智能技术相比，情感分析带有强烈的个人主观因素，而其他的领域一般是根据客观的数据来进行分析和预测。情感分析这项技术最早来源于 2003 年关于商品评论研究的论文。随着微博等社交媒体以及电商平台的发展而产生了大量带有观点的内容，这些不仅给情感分析提供了广泛的数据基础，而且成为商家识别用户对产品需求、喜好的重要信息来源和提高市场竞争力的有效信息，同时也为其他用户提供了有效了解产品的手段和反映产品好坏的"晴雨表"。

从自然语言处理的角度来看，情感分析的任务是从评论的文本中提取出评论的实体，以及评论者对该实体所表达的情感倾向以及观点。自然语言所有的核心技术问题，例如词汇语义、信息抽取、语义分析等都会在情感分析中用到。因此，情感分析被认为是一个自然语言处理的子任务之一。这里可以将人们对于某个实体目标的情感统一用一个五元组的格式来表示：（目标实体，实体的某一属性，评价的内容，发表评论的人，评论的时间）。

例如："我喜欢这款新手机。"就是一个主观句，表达了说话人内心的情感或观点，而"这款 App 昨天更新了。"则是一个客观句，陈述的是一个客观事实性信息，并不包含说话人内心的主观情感。

（4）语音识别

语音识别，通常被称为自动语音识别，主要是将人类语音中的词汇内容转换为计算机可读的输入，一般为可以理解的文本内容或者字符序列。语音识别就好比"机器的听觉系统"，它让机器通过识别和理解，把语音信号转变为相应的文本或命令。

语音识别是一项融合多学科知识的前沿技术，覆盖了数学与统计学、声学、语言学、模式识别理论以及神经生物学等基础学科和前沿学科，自 2009 年深度学习技术兴起之后，已经取得了长足进步。语音识别的精度和速度取决于实际应用环境，但在安静环境、标准口音、常见词汇场景下的语音识别率已经超过 95%，意味着具备了与人类相仿的语言识别能力。

对于不同的语音识别过程，人们采用的识别方法和技术都不尽相同，但其原理大致相同，即将经过预处理后的语音信号送入特征提取模块，然后利用声学模型和语言模型对语音信号进行特征识别后，输出识别结果。语音识别的基本原理如图 10-6 所示。

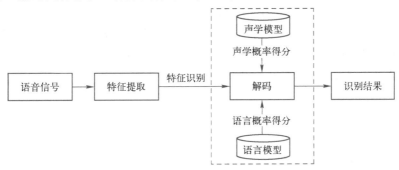

图 10-6　语音识别的基本原理

语音识别技术作为近年来最热的一种先进的技术，涉及信号处理、语言、心理和计算机等多门学科。大量的语音识别产品已经进入市场和服务领域，被广泛地应用于智能终端、移动互联网应用、金融、电信、汽车、家居、教育等行业，推动了车载语音、智能客服、智能家居、语音课件等产品的迅猛发展。

10.2.3　知识图谱

1. 认识知识图谱

知识图谱（Knowledge Graph），本质上是一种揭示实体之间关系的语义网络。2012 年 5 月 17 日，Google 正式提出了知识图谱的概念，其初衷是为了优化搜索引擎返回的结果，提高用户搜索质量及体验。

知识图谱（如图 10-7 所示）以结构化的形式描述客观世界中的概念、实体及其关系，将互联网的信息表达成更接近人类认知世界的形式，提供了一种更好地组织、管理和理解互联网海量信息的能力。语义网络作为知识表示的一种方法主要用于自然语言理解领域，它是一种用图来表示知识的结构化方式。在一个语义网络中，信息（实体）被表达为一组节点，节点通过一组带标记的有向直线彼此相连，用于表示节点间的关系（语义关系）。简而言之，语义网络可以比较容易地让人们理解语义和语义关系，其表达形式简单直白，符合自然。

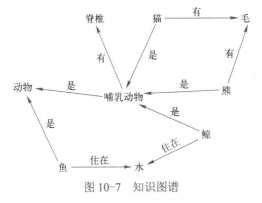

图 10-7　知识图谱

知识图谱的架构，包括知识图谱自身的逻辑结构以及构建知识图谱所采用的技术（体系）架构。知识图谱的逻辑结构可分为模式层与数据层，模式层在数据层之上，是知识图谱的核心，模式层存储的是经过提炼的知识，通常采用本体库来管理知识图谱的模式层，借助本体库对公理、规则和约束条件的支持能力来规范实体、关系以及实体的类型和属性等对象之间的联系。在知识图谱的数据层，知识以事实（Fact）为单位存储在图数据库。如果以"实体-关系-实体"或者"实体-属性-性值"三元组作为事实的基本表达方式，存储在数据库中的所有数据将构成庞大的实体关系网络，形成"知识图谱"。图 10-8 所示为三元组，每一个三元组由主语（Subject）、谓语（Predicate）和宾语（Object）构成。

图 10-8　三元组

知识图谱给互联网语义搜索带来了活力，同时也在智能问答中显示出强大威力，已经成为以互联网知识驱动的智能应用的基础设施。知识图谱与大数据和深度学习一起，成为推动互联网和人工智能发展的核心驱动力之一。

2. 知识图谱的重要性

知识是人类通过观察、学习和思考有关客观世界的各种现象而获得和总结出的所有事实、概念（Concept）、规则（Rule）或原则（Principle）的集合。人类发明了各种手段来描述、表示和传承知识，如自然语言、绘画、音乐、数学语言、物理模型、化学公式等，可见对客观世界规律的知识化描述对人类社会发展的重要性。具有获取、表示和处理知识的能力是人类心智区别于其他物种心智的重要特征，知识图谱已成为推动机器基于人类知识获取认知能力的重要途径，并将逐渐成为未来智能社会的重要生产资料。

（1）知识图谱是人工智能的重要基石

知识图谱对于人工智能的重要价值在于，知识是人工智能的基石。机器可以模仿人类的视觉、听觉等感知能力，但这种感知能力不是人类的专属，动物也具备感知能力，甚至某些感知能力比人类更强，比如狗的嗅觉。"认知语言是人区别于其他动物的能力，同时，知识也使人不断地进步，不断地凝练、传承知识，是推动人不断进步的重要基础。"知识对于人工智能的价值就在于让机器具备认知能力。

知识对于人工智能的价值在于，有了知识的人工智能会变得更强大，可以做更多的事情。反过来，更强大的人工智能可以帮人们更好地从客观世界中挖掘、获取和沉淀知识，这些知识和人工智能系统形成正循环，两者共同进步。机器通过人工智能技术与用户的互动，从中获取数据、优化算法，更重要的是构建和完善知识图谱，认知和理解世界，进而服务于这个世界，让人类的生活更加美好。

（2）知识图谱推动智能应用

知识图谱将人与知识智能地连接起来，能够对各类应用进行智能化升级，为用户带来更智能的应用体验。知识图谱是一个宏大的数据模型，可以构建庞大的"知识"网络，包含客观世界存在的大量实体、属性以及关系，为人们提供一种快速便捷地进行知识检索与推理的方式。近年来蓬勃发展的人工智能本质上是一次知识革命，其核心在于通过数据观察与感知世界，实现分类预测、自动化等智能化服务。知识图谱作为人类知识描述的重要载体，推动着信息检索、智能问答、语义搜索等众多智能应用。

（3）知识图谱是强人工智能发展的核心驱动力之一

尽管人工智能依靠机器学习和深度学习取得了快速进展，但严重依赖于人类的监督以及大量的标注数据，属于弱人工智能范畴，离强人工智能仍然具有较大差距，而强人工智能的实现需要机器掌握大量的常识性知识，同时以人的思维模式和知识结构来进行语言理解、视觉场景解析和决策分析。知识图谱技术将信息中的知识或者数据加以关联，实现人类知识的描述及推理计算，并最终实现像人类一样对事物进行理解与解释。知识图谱技术是由弱人工智能发展到强人工智能过程中的必然趋势，对于实现强人工智能有着重要的意义。

3．知识图谱的应用

（1）语义搜索

与传统搜索技术不同，语义搜索是指搜索引擎的工作不再拘泥于用户所输入请求语句的字面本身，而是透过现象看本质，准确地捕捉到用户所输入语句背后的真实意图，并依此来进行搜索，从而更准确地向用户返回最符合其需求的搜索结果。

通俗地说，语义搜索试图以人类的方式理解自然语言。例如，如果你问你的朋友，"最大的哺乳动物是什么？"接着问"它有多大？"你的朋友会明白"它"指的是最大的哺乳动物：蓝鲸。今天，搜索引擎也可以理解问题背后的上下文含义。

目前语义搜索的研究涉及多个领域，包括搜索引擎、语义 Web、数据挖掘和知识推理等。运用的主要方法有图理论、匹配算法和逻辑（特别是描述逻辑、模糊逻辑等方法）。

（2）问答系统

问答系统也是知识图谱应用较为广泛的领域，问答系统需要理解查询的语义信息，将输入的自然语言转化为知识库中的实体和关系的映射。例如输入"世界最高的山峰"，系统会到知识库中寻找"珠穆朗玛峰"这个实体，并搜索该实体下"高度"这个属性的值，将这个值展现在系统页面上。目前此类问答系统有 Google、百度、Wolfram Alpha、Watson 等。

尽管 IBM Watson 系统在 Jeopardy 中战胜了人类选手，但是其核心技术并没有突破传统基于"检索+抽取"的问答模式，缺乏对于文本语义深层次的分析和处理，难以实现知识的深层逻辑推理，无法达到人工智能的高级目标。Watson 的成功也已经被证明仅仅局限于限定领域、特定类型的问题，离语义的深度理解以及智能问答还有很大的距离，其他问答系统，如 Siri 等，也存在同样的问题。因此，面对已有问答模式的不足，为了提升信息服务的准确性与智能性，研究者近些年逐步把目光投向知识图谱。其意图是通过信息抽取、关联、融合等手段，将互联网文本转化为结构化的知识，利用实体以及实体间语义关系对于整个互联网文本内容进行描述和表示，从数据源头对信息进行深度的挖掘和理解。同时，互联网中已经有一些可以获取的大规模知识图谱，例如 DBpedia、Freebase、YAGO 等。这些知识图谱多是以实体、关系为基本单元所组成的图结构。

基于这样的结构化的知识，分析用户自然语言问题的语义，进而在已构建的结构化知识图谱中通过检索、匹配或推理等手段获取正确答案，这一任务称之为知识库问答（Knowledge Base Question Answering，KBQA）。这一问答范式由于已经在数据层面通过知识图谱的构建对于文本内容进行了深度挖掘与理解，能够有效地提升问答的准确性。

4．知识图谱的前景

知识图谱最大的价值在于能够让人工智能具备认知能力和逻辑能力，进而实现智能分析、智能搜索、人机交互等场景应用，知识图谱的这一优势是人工智能在金融、医疗、司法等领域得以落地应用的核心环节。

知识图谱的行业应用，比如在智能搜索方面，会让内容更加精准。拥有海量数据的互联网行业，无疑是在知识图谱应用方面走在各行业前列。各大互联网巨头，通过构建自身生态闭环，让数据在生态中产生、消化、再产生，源源不断地完善自身的知识图谱和知识库，让搜索引擎拥有了更精准的分析能力，能够更好地识别人类语言中的关键信息，为新零售、国际化提供可靠的智能引擎。

基于强大的语义处理与开放互联能力，知识图谱对医学领域而言，能够建立较系统完善的知识库并提供高效检索；面对知识管理、语义检索、商业分析、决策支持等方面的需求，医学知识图谱能推进海量数据的智能处理，催生上层智能医学的应用。当前医疗保健费用、需求的增长与优质医疗资源不足间的矛盾日益突出，随着近几年来人工智能的飞速发展，以及精准医疗、智慧医疗的提出，医学知识图谱应用关注度在日益上升，辅助诊疗大有可为。

值得注意的是，2018 年 10 月，知识图谱首次进入国际知名咨询公司 Gartner 的技术成熟度曲线，目前正处于技术成熟曲线的上升阶段，特别是学习和推理技术亟待突破，预计进入成熟期还需要 5～10 年。目前来看，电商领域（淘宝、美团等）、通用搜索平台（百度、搜狗搜索）都是自建知识图谱平台，且有效提高了客户体验，增加了用户黏性。但知识图谱在第三方的商业化依然处于探索阶段。

10.2.4 计算机视觉

1．认识计算机视觉

计算机视觉是一门涉及图像处理、图像分析、模式识别和人工智能等多种技术的新兴交叉学科，具有快速、实时、经济、一致、客观、无损等检测特点。

计算机视觉

计算机视觉是研究如何让机器"看"的科学，其可以模拟、扩展或者延伸人类智能，从而帮助人类解决大规模复杂的问题。因此，计算机视觉是人工智能的主要应用领域之一，它通过使用光学系统和图像处理工具等来模拟人的视觉能力捕捉和处理场景的三维信息，理解并通过指挥特定的装置执行决策。目前计算机视觉任务应用相当广泛，如人类识别、车辆或行人检测、目标跟踪、图像生成等，其在科学、工业、农业、医疗、交通、军事等领域都有着广泛的应用前景。

2．计算机视觉的特点

计算机视觉与其他人工智能技术有所不同。首先，对于大多数组织而言，计算机视觉是一项全新的功能，而非像预测分析那样只是对原有解决方案的一种渐进式改善。此外，计算机视觉还能够以无障碍方式改善人类的感知能力。当这些算法从图像当中推断出信息时，其并不像其他人工智能方案那样是在对本质上充满不确定性的未来作出预测；相反，它们只是在判断关于图像或图像集中当前内容的分类真相。这意味着计算机视觉将随着时间推移而变得愈发准确，直到其达到甚至超越人类的图像识别能力。最后，计算机视觉能够以远超其他人工智能工具的速度收集训练数据。大数据集的主要成本体现在训练数据的收集层面，但计算机视觉只需要由人类对图片及视频内容进行准确标记——这项工作的难度明显很低。正因为如此，近年来计算机视觉技术的采用率才得到迅猛提升。

3．计算机视觉的主要内容

（1）图像分类

图像分类是根据各自在图像信息中所反映的不同特征，把不同类别的目标区分开来的图像处理方法。它利用计算机对图像进行定量分析，把图像或图像中的区域划分为若干个类别，以代替人的视觉判断。图像分类的传统方法是特征描述及检测，这类传统方法可能对于一些简单的图像分类是有效的，但由于实际情况非常复杂，传统的分类方法不堪重负。现在，广泛使用机器学习和深度学习的方法来处理图像分类问题，其主要任务是给定一堆输入图片，将其指派到一个已知的混合类别中的某个标签。

例如，假定一个可能的类别集 categories = {cat, dog, eagle}，之后提供一张图给分类系统，提供给图像分类系统的示意图如图 10-9 所示。

图 10-9　提供给图像分类系统的示意图

图像分类系统的目标是根据输入图像从类别集中分配一个类别，在此为 cat 类别。分类系统也可以根据概率给图像分配多个标签，如 cat:93%，dog:6%，eagle:1%。

那么，如何编写一个图像分类的算法呢？又怎么从众多图像中识别出猫呢？这里所采取的方法和教育小孩看图识物类似，给出很多图像数据，让模型不断去学习每个类的特征。在训练之前，首先需要对训练集的图像进行分类标注。在实际工程中，可能有成千上万类别的物体，每个类别都会有上百万张图像。

（2）目标检测

目标检测的任务是找出图像中所有感兴趣的目标（物体），确定它们的类别和位置。例如确定某张给定图像中是否存在给定类别（比如人、车、自行车、狗和猫）的目标实例；如果存在，就返回每个目标实例的空间位置和覆盖范围。作为图像理解和计算机视觉的基石，目标检测是解决分割、场景理解、目标追踪、图像描述、事件检测和活动识别等更复杂、更高层次的视觉任务的基础。

目标检测的原理是基于深度学习的算法，最常用的是卷积神经网络。卷积神经网络可以实现物体检测，其原理是利用卷积核分析图像，通过多层卷积层训练，可以学习图像中的细节特征，从而检测图像中的物体。此外，卷积神经网络还可以利用池化层来缩小图像尺寸，从而减少训练数据量，加快训练速度。

现在流行的目标检测方法是通过不同宽高比的窗口在图像上滑动（滑窗法），得到很多个区域框，如图 10-10 所示。然后通过神经网络识别区域框内物体所属类别的概率，选取目标类别概率最大的区域框作为检测框。滑窗法的思路是首先对输入图像进行不同窗口大小的滑窗进行从左往右、从上到下的滑动。每次滑动时对当前窗口执行分类器（分类器是事先训练好的）。如果当前窗口得到较高的分类概率，则认为检测到了物体。

图 10-10　滑窗法

例如要检测图 10-11 中的物体（猫和狗），在使用滑窗法进行目标检测时神经网络会根据已有的数据进行学习，以不同宽高比的区域框在图像上滑动（图中只画出两种区域框），经过神经网络处理得到每个区域框中物体的类别概率，然后根据类别概率的大小，保留概率最大的区域框作为最终检测框，经过多次比较，就能得到最终目标类别和概率。

图 10-11　目标检测

（3）图像分割

图像分割是图像分析的第一步，是计算机视觉的基础，是图像理解的重要组成部分，同时也是图像处理中最困难的问题之一。

图像分割是利用图像的灰度、颜色、纹理、形状等特征，把图像分成若干个互不重叠的区域，并使这些特征在同一区域内呈现相似性，在不同的区域之间存在明显的差异性。然后就可以将分割的图像中具有独特性质的区域提取出来用于不同的研究。简单地说就是在一幅图像中，把目标从背景中分离出来。现有的图像分割方法主要分以下几类：基于阈值的分割方法、基于区域的分割方法、基于边缘的分割方法以及基于特定理论的分割方法等。图像分割后提取出的目标可以用于图像语义识别、图像搜索等领域。

图像分割实例如下，输入一幅真彩色 RGB 图像 dog.jpg，如图 10-12 所示，完成对小狗的分割，最终结果为只包含小狗区域的二值图，如图 10-13 所示。

图 10-12　输入图像

图 10-13　分割后的图像

（4）视觉问答

视觉问答是计算机视觉领域和自然语言处理领域的交叉方向，近年来受到了广泛关注。一个视觉问答系统以一张图片和一个关于这张图片形式自由、开放式的自然语言问题作为输入，以生成一条自然语言答案作为输出。简单来说，视觉问答就是针对给定的图片进行问答，如图 10-14 所示。

图 10-14　视觉问答

视觉问答系统需要将图片和问题作为输入，结合这两部分信息，产生一条人类语言作为输出。针对一张特定的图片，如果想要机器以自然语言来回答关于该图片的某一个特定问题，人们需要让机器对图片的内容、问题的含义和意图以及相关的常识有一定的理解。因此，视觉问答的主要目标就是让计算机根据输入的图片和问题输出一个符合自然语言规则且内容合理的答案。

视觉问答的基本思路如下：使用卷积神经网络从图像中提取图像特征，用循环神经网络从文字问题中提取文本特征，之后设法融合视觉和文本特征，最后通过全连接层进行分类。该任务的关键是如何融合这两个模态的特征。直接的融合方案是将视觉和文本特征拼成一个向量，或者让视觉和文本特征向量逐元素相加或相乘。

10.3 人工智能应用场景

10.3.1 自动驾驶

在过去的十年里，自动驾驶汽车技术取得了越来越快的进步，主要得益于深度学习和人工智能领域的发展。

1. 自动驾驶概述

深度学习技术在自动驾驶领域取得了巨大成功，优点是精准性高、鲁棒性强以及成本低。无人驾驶车辆商业化成为焦点和趋势。汽车企业、互联网企业都争相进入无人驾驶领域，如百度、谷歌、Uber 等。例如谷歌公司于 2010 年开始测试谷歌无人驾驶车辆，其定位是实现所有区域的无人驾驶，即无需任何人为干预的车辆驾驶。其他公司如特斯拉、沃尔沃、宝马等公司也对无人驾驶技术进行了深入的研究，其近期定位是实现高速公路上的高级辅助驾驶。

2. 自动驾驶技术框架

自动驾驶是一个完整的软硬件交互系统，自动驾驶核心技术包括硬件（汽车制造技术、自动驾驶芯片）、自动驾驶软件、高精度地图、传感器通信网络等。自动驾驶可以处理来自不同车载来源的观测流，如照相机、雷达、激光雷达、超声波传感器、GPS 装置和惯性传感器，这些观察结果被汽车的计算机用来做驾驶决定。

自动驾驶软件部分的模块主要包含以下几部分。

（1）环境感知模块

环境感知模块主要通过传感器来感知环境信息，比如通过摄像头、激光雷达、毫米波雷达、超声波传感器等来获取环境信息；通过 GPS 获取车身状态信息。具体来说，主要包括传感器数据融合、物体检测与物体分类（道路、交通标志、车辆、行人、障碍物等）、物体跟踪（行人移动）、定位（自身精确定位、相对位置确定、相对速度估计）等。

（2）行为决策模块

行为决策模块需要根据实时路网信息、交通环境信息和自身驾驶状态信息，产生遵守交通规则（包括突发异常状况）的安全快速的自动驾驶决策（运动控制）。通俗地说，就是实时规划出一条精密而合理的行驶轨迹，可分为全局路径规划和局部路径规划，局部路径规划主要就是当出现道路损毁、存在障碍物等情况时找出可行驶区域行驶，路径规划的同时也得考虑最终理想的乘坐体验。

（3）运行控制模块

运行控制模块可根据规划的行驶轨迹，以及当前行驶的位置、姿态和速度，产生对油门、刹车、方向盘和变速杆等的控制命令。

3．自动驾驶的实现

自动驾驶汽车的首要任务是了解周围环境并使其本地化。在此基础上，规划一条连续的路径，并通过行为仲裁系统确定汽车的未来行为。最后，运动控制模块反应性地校正在执行所计划的运动时产生的误差。

在行驶过程中，自动驾驶汽车在两个点（即起始位置和目的位置）之间找到路线的能力表示路径规划。根据路径规划过程，自动驾驶汽车应考虑周围环境中存在的所有可能障碍物，并计算无碰撞路线的轨迹，如图 10-15 所示。一般认为自动驾驶是一种多智能体设置，在这种设置中，当车辆在超车、让路、合流、左转和右转时，以及在非结构化城市道路上行驶时，宿主车辆必须与其他道路使用者应用复杂的谈判技巧。目前在卷积神经网络的基础上进行视觉的感知是自动驾驶系统中最常用的方法。

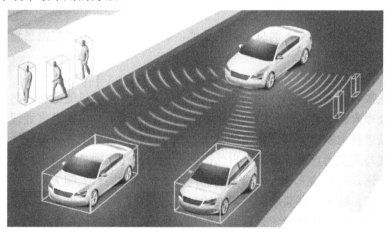

图 10-15　自动驾驶

4．自动驾驶的难点

在自动驾驶领域，真正的难点是感知、规划决策、控制，还有硬件。常见硬件中成本最高的两部分是激光雷达和计算单元，如何降成本是最大的挑战。例如自动驾驶的级别越高，数据采集量和传输量也就越大，对汽车芯片的计算能力要求也就越高。

10.3.2　聊天机器人

人工智能已经彻底改变了人们的生活方式和工作方式。随着先进技术的出现，人工智能已经以多种形式进入人们的日常生活，其中包括聊天机器人。聊天机器人是一种旨在模拟与用户进行类人对话的计算机程序。它们已被广泛应用于多个行业，包括客户服务、电子商务和娱乐等。

1．聊天机器人介绍

随着机器学习、数据科学和自然语言处理的不断进步，现在人们可以更轻松地为各种应用程序构建对话型机器人，让公司及其客户和员工从中受益，从而促进聊天机器人数量的快速增长。

聊天机器人可为公司提供诸多优势。目前许多公司都使用聊天机器人作为虚拟客服，它们可以处理客户服务问题或为员工提供支持。总的来说，在客户服务中使用聊天机器人不仅有助于公司改善客户服务，还能降低客户服务成本，从而实现较高的投资回报率。

使用聊天机器人还有助于公司缩短销售周期，挖掘更多的潜在客户并提高客户忠诚度。各种公司陆续开始利用聊天机器人和人工智能技术来打造个性化用户体验，从而提高客户的满意度、参与度和转化率。

此外，聊天机器人还是一种简单便捷的服务，赢得了消费者和员工的期望和依赖，因而变得越来越普遍。随着企业投资于越来越复杂的技术，并建立起多个消息传递接口，聊天机器人迅速成为客户和员工与所交互的大量信息、系统和应用程序之间的必要桥梁。

2. 聊天机器人的工作原理

聊天机器人是用户使用文本、图形或语音以对话方式与之交互的任何应用。聊天机器人有很多不同的类型，但它们的工作方式大同小异。

（1）用户输入

用户通过应用、网站或文本消息之类的渠道，甚至通过电话联络将消息输入聊天机器人，此消息可以是命令或问题。

（2）机器人接收并识别

聊天机器人接收消息的内容，并捕获相关信息，例如传入消息的渠道。然后，聊天机器人使用自然语言处理来确定消息的目的并识别相关意图。在这里，自然语言处理是指聊天机器人使用人工智能来理解大量自然语言数据的整个端到端过程，自然语言处理使机器人能够以模仿人类对话的方式与人类用户进行交流。自然语言处理的工作原理是，将用户输入分解为言语、意图和实体。言语是用户输入聊天机器人的任何短语。将言语输入聊天机器人后，聊天机器人会确定言语的意图，即用户联系聊天机器人的目的。最后，聊天机器人会识别出言语中有助于定义意图细节的实体。而实体通常是日期、时间、地点、名称或位置之类的信息，有助于进一步明确用户的意图。

（3）机器人回复

聊天机器人确定一个适当的响应，并通过相同的渠道将响应返回给用户。对话会一直持续，直到用户的疑问得到解答，问题得到解决，或者直到请求被转交给人工客服。

3. 聊天机器人的实例

OpenAI（美国的人工智能研究公司）开发的人工智能聊天机器人 ChatGPT 被认为是人工智能聊天机器人的未来之星。ChatGPT 是由 OpenAI 开发的生成预训练变压器（GPT）语言模型。它已在大量文本数据上进行了训练，可以生成类人的响应文本输入。该模型已被用于各种自然语言处理任务，包括文本生成、问答和对话生成。ChatGPT 因其卓越的对话能力和生成连贯和信息丰富的响应能力而受到广泛认可。

（1）认识 ChatGPT

ChatGPT 是 Chat 和 GPT 两个词的组合，实际上是 GPT 在聊天场景下的应用，所以要理解 ChatGPT 首先要从理解 GPT 开始。人们可以把 GPT 理解为一个会做文字接龙的模型。当人们给出一个不完整的句子，GPT 会接一个可能的词或字。类似人们在使用输入法时，当人们输入上文，输入法会联想出下文一样。

　　举个例子，当用户输入"我们"，GPT 可能会给出"去哪"；当输入"我们去哪"，GPT 可能会给出"吃饭"；当输入"我们去哪吃饭"，GPT 可能会给出"呀"……以此类推。最后可能生成一句话"我们去哪吃饭呀？"

　　用 GPT 的好处是它可以利用互联网中大量的文本内容进行学习，这种学习可以自动进行，不需要人工标注。图 10-16 和图 10-17 显示了用户与 ChatGPT 的对话。

图 10-16　用户与 ChatGPT 的对话（1）

图 10-17　用户与 ChatGPT 的对话（2）

（2）ChatGPT 的特征

ChatGPT 的关键特征之一是它能够理解对话的上下文并相应地作出响应。与传统聊天机器人不同，它不依赖于基于规则的系统和预先确定的响应，而是使用先进的机器学习算法根据对话的上下文生成响应。这使得 ChatGPT 具有更高的灵活性和智能，并且能够更好地模拟人类对话。

另一个重要特征是 ChatGPT 具有高度的语言生成能力。它能够生成连贯、流畅、有信息量的对话，并能以多种方式回答用户的问题。这使得它可以被应用于各种客户服务场景，以帮助公司更有效地与客户进行对话。

此外，ChatGPT 具有很高的学习能力。随着用户的使用，它能够不断学习和改进，以更好地满足用户的需求。这也使得它可以适应不同的语言和文化，从而更有效地与全球客户进行对话。

随着人工智能技术的不断进步，ChatGPT 的功能将不断完善，并且可以应用于更多的领域。例如，它可以用于医疗领域，帮助患者获得有关疾病的信息和建议，也可以用于教育领域，帮助学生获得有关学科的信息和建议。

10.4 工业人工智能

10.4.1 工业人工智能概述

工业人工智能，通常是指人工智能在工业上的应用。与作为前沿研究学科的通用人工智能不同，工业人工智能更关注应用此类技术来解决工业痛点，以创造客户价值、提高生产力、降低成本、优化站点、预测分析和洞察发现。

1. 工业人工智能的分类

目前，工业人工智能应用最常见的起点是自动化，但不能就此止步。人工智能更强大的用途是帮助人类决策和互动。人工智能可以对信息进行分类，并以比人类更高的速度进行预测，因此用人工智能的方法处理工业物联网设备产生的大量数据，可转变为强大的分析和决策工具。

大多数工业人工智能项目按其服务目标大体可分为四类。

（1）工业资产管理的人工智能应用

该分类主要包括设备自动化、设备稳定运行和设备运行状况监控。

（2）流程的人工智能应用

该分类主要包括通过跨多个资产设备或跨多个流程的自动化和稳定运行，以提高效率、改善质量和实现产量最大化。人工智能设计和工程流程的目标是建立一个集成的"系统的系统"，从产品开发的需求、设计、制造，一直到用户使用产品各个阶段构成闭环，通过工业物联网实现运行的实时监控，然后部署人工智能系统分析数据，上升为知识，并利用这些知识来改进产品的设计、制造和使用。

（3）为实现卓越运营和业务敏捷性的人工智能应用

该分类主要包括能源成本优化、预测性维护、物流和调度、研发等。运用工业人工智能满足企业卓越运营和业务敏捷性的要求，是通过工业物联网从工厂的生产线采集生产过程的数据和机械装置的数据，并将其与 ERP 系统数据集成，采用全新的人工智能套件、机器学习和流分析，帮助生产管理人员和业务管理人员理解设备、人员、供应商和客户之间的复杂关系，了解企业当前生产和市场的实时状况，预测未来可能会发生的状况，既能确保工厂的产品能按质按量向客户交付，还能应付市场的变化并及时调整生产计划，与生产系统贯通，提前做好完成新生产任务的必要技术和原材料准备，以保证计划的实施。

（4）在 CAD/CAM 中优化设计结果的人工智能应用

在计算机辅助设计和制造过程中结合应用人工智能的效果明显。例如在采用 CAD 做电路布线、外观设计、产品加工路径设计和运动轨迹规划，都可以应用人工智能，还可以集成到控制器中执行。由于设计软件数据结构明确，对于机器学习来说便于学习，也便于生成语义。

值得注意的是，人类无法分析所有采集的数据，可借助将人工智能纳入工业物联网的方法去解决。按照建模的目标，机器学习运用统计计算可以发现数据中蕴含的趋势、模式、特征、属性和结构，并以新的观察结果为决策提供依据。

2．工业人工智能与工业互联网

（1）工业互联网为人工智能提供了发展空间

工业互联网将为人工智能技术提供广阔的发展空间，根本原因就是传感器产生的数据为人工智能技术提供了各类数据输入，并提供了无尽想象的应用场景。从工业数据采集角度，人工智能技术的应用可以使各类设备具备"自适应能力"，即主动感知环境变化的智能设备，可以根据感知的信息调整自身的运行模式，使其处于最优状态。

（2）工业互联网的核心是数据驱动的智能分析与决策优化

工业互联网从发展之初，就将数据作为核心要素，将数据驱动的优化闭环作为实现工业互联网赋能价值的关键。在工业互联网体系架构 1.0 中，明确提出工业互联网核心是基于全面互联而形成数据驱动的智能，即通过数据采集交换、集成处理、建模分析、优化决策与反馈控制等实现机器设备、运营管理到商业活动的智能与优化。工业互联网架构 2.0 则进一步强调数据闭环的作用，明确了工业互联网基于感知控制、数字模型、决策优化三个基本层次，以及由自下而上的信息流和自上而下的决策流构成的工业数字化应用优化闭环实现核心功能。

（3）工业人工智能是实现工业互联网数据优化闭环的关键

在全面感知、泛在连接、深度集成和高效处理的基础上，工业人工智能基于计算与算法，将以人为主的决策和反馈转变为基于机器或系统自主建模、决策、反馈的模式，为工业互联网实现精准决策和动态优化提供更大的可能性。工业人工智能实现了从数据到信息、知识、决策的转化，挖掘数据潜藏的意义，摆脱传统认知和知识边界的限制，为决策支持和协同优化提供可量化依据，最大化发挥利用工业数据隐含价值，成为工业互联网发挥使能作用的重要支撑。

工业人工智能的创新突破不断拓宽工业互联网的赋能价值。工业智能技术正迎来多方面创新与突破，为支撑工业互联网的数据优化闭环，进一步拓展和丰富工业互联网的能力边界与作用发挥关键作用。

3．工业人工智能的关键因素

（1）智能芯片

芯片是将电路制造在半导体芯片表面上的集成电路。从广义上讲，只要能够运行人工智能算法的芯片都叫作人工智能芯片。但是通常意义上的人工智能芯片指的是针对人工智能算法做了特殊加速设计的芯片，现阶段，这些人工智能算法一般以深度学习算法为主，也可以包括其他机器学习算法。

人工智能芯片是保证人工智能行业行稳致远的硬件核心，智能芯片从应用角度可以分为训练和推理两种类型。从部署场景来看，可以分为云端和设备端两大类。训练过程由于涉及海量的训练数据和复杂的深度神经网络结构，需要庞大的计算规模，主要使用智能芯片集群来完成。与训练的计算量相比，推理的计算量较少，但仍然涉及大量的矩阵运算。目前，训练和推理通常都在云端实现，只有对实时性要求很高的设备会交由设备端进行处理。

从技术架构来看，智能芯片可以分为通用类芯片（CPU、GPU、FPGA）、基于 FPGA 的半定制化芯片、全定制化 ASIC 芯片、类脑计算芯片（IBM TrueNorth）。另外，主要的人工智能处理器还有 DPU、BPU、NPU、EPU 等适用于不同场景和功能的人工智能芯片。

随着互联网用户量和数据规模的急剧膨胀，人工智能发展对计算性能的要求迫切增长，对 CPU 计算性能提升的需求超过了摩尔定律的增长速度。同时，受限于技术原因，传统处理器性能也无法按照摩尔定律继续增长，发展下一代智能芯片势在必行。

（2）智能传感器

智能传感器是具有信息处理功能的传感器，智能传感器带有微处理机，具备采集、处理、交换信息等功能，是传感器集成化与微处理机相结合的产物。智能传感器属于人工智能的神经末梢，用于全面感知外界环境。各类传感器的大规模部署和应用为实现人工智能创造了不可或缺的条件。不同应用场景，如智能安防、智能家居、智能医疗等，对传感器应用提出了不同的要求。

未来，随着人工智能应用领域的不断拓展，市场对传感器的需求将不断增多，高敏度、高精度、高可靠性、微型化、集成化将成为智能传感器发展的重要趋势。

（3）智能信息及数据

信息数据是人工智能创造价值的关键要素之一，我国庞大的人口和产业基数带来了数据方面的天生优势。随着算法、算力技术水平的提升，围绕数据的采集、分析、处理产生了众多的企业。

数据的数量和质量决定了人工智能模型的准确度。多年来，人工智能领域一直专注于创建更好的模型，以推动企业应用和研究中提高性能以及提升更广泛的人工智能能力。不过，清理和精炼用于这些复杂模型的大量关键数据可能是推动未来人工智能进步更重要的环节。目前，以数据为中心的人工智能运动现在正在获得重视。只有通过先进的数据清理、数据增强、数据搜索和数据标记，才能真正提高人工智能解决方案的准确性和效率。但这需要对目前的方法进行重大改变，尤其是需要人工智能从业者将注意力重心从模型和算法开发转移到生产和使用更好的数据作为首要任务上。

（4）大模型技术

作为一个对话式机器人，ChatGPT"上知天文、下知地理"的能力源自大模型的支撑，没有对大模型的长期投入，就不会诞生 ChatGPT 这样的应用，而大模型的背后蕴藏着一场人工智能落地模式的变革。大模型又称为基础模型，指通过在大规模宽泛的数据上进行训练后能适应一系列下游任务的模型。大模型背后就是自监督学习，即利用大量无标签且价格低廉的数据去做预训练。而大规模预训练可以有效地从大量标记和未标记的数据中捕获知识，通过将知识存储到大量的参数中并对特定任务进行微调，极大地扩展了模型的泛化能力。在应对不同场景时，不再从 0 开始，只需要少量的样本进行微调即可。

从技术的角度看，大模型发端于自然语言处理领域，以谷歌的 BERT、OpenAI 的 GPT 和百度的文心大模型为代表，参数规模逐步提升至千亿、万亿，同时用于训练的数据量级也显著提升，带来了模型能力的提高。可以说，蒸汽机是工业革命的心脏，是手工生产走向模块化、标准化的通道。此后每一次产业革新中，世界的优先任务都是寻找那部"蒸汽机"。当深度学习推动人工智能技术又一次复兴，人类对它的最高期待，就是让人工智能成为第四次产业革命中的"蒸汽机"。而近几年身处智能革命前沿的，就是预训练大模型。从实用性角度看，人工智能大模型兼具"大规模"和"预训练"两种属性，面向实际任务建模前在海量通用数据上进行预先训练，能大幅提升人工智能的泛化性、通用性、实用性。

当前，人工智能与实体经济融合已取得积极进展，在重点行业建成了一批人工智能典型应用场景，形成了一批典型行业解决方案。作为当前人工智能发展的重要方向，预训练大模型已成为人工智能领域的技术新高地，国内外科技巨头对此竞相争夺。大模型的出现，实际上大幅度降低了人工智能进入行业的应用门槛。大模型生产企业能够根据人工智能应用方的需求，自动化、标准化地进行多场景多领域的模型生产，当达到一定规模时，即可形成健康、可持续发展的大模型产业模式。

10.4.2　工业人工智能应用

1. 机器视觉检测

随着人工智能、边缘计算等新兴技术的高速发展，人们同样赋予了机器"认识"和"改造"世界的能力，从而替代人眼对外部环境进行测量、识别与判断，在无接触的情况下完成既定的任务。现代工业控制自动化生产一直提倡高效方法，而传统的手动检查和测试已不能满足生产要求。机器视觉的出现与现代生产方法的发展趋势非常吻合，并且以其准确性、可重复性、高速度、通用性和低成本等优点被广泛应用于许多行业，特别是在检测领域。

（1）机器视觉概述

在现代工业自动化生产中，涉及各种各样的检验、生产监视及零件识别应用，例如零配件批量加工的尺寸检查，自动装配的完整性检查，电子装配线的元件自动定位，IC 上的字符识别等。通常人眼无法连续、稳定地完成这些带有高度重复性和智能性的工作，其他物理量传感器也难有用武之地。由此人们开始思考利用光电成像系统采集被控目标的图像，而后经计算机或专用的图像处理模块进行数字化处理，根据图像的像素分布、亮度和颜色等信息进行尺寸、形状、颜色等的判别。这样就把计算机的快速性、可重复性，与人眼视觉的高度智能化和抽象能力相结合，由此产生了机器视觉的概念。

机器视觉作为"机器之眼"，相对于人类视觉具有高效率、高自动化、高持续性等特点。智能制造势不可挡，机器视觉是重要技术手段。作为人工智能范畴最重要的前沿分支之一，机器视觉已服务工业 30 余年。在智能制造部署中，机器视觉可实现机器替代人眼来做测量与判断，通过非接触检测、测量，提高加工精度、发现产品缺陷并进行自动分析决策。当然，机器视觉的应用绝不仅限于质量检测，从包装和产品型号、序列号的字符识别，到物流行业的智能抓取、自动化分拣，再到生产线上可提升插件和组装环节效率的"飞拍"，所有这些场景都可以从机器视觉中受益，减少差错，降低成本，同时提升生产效率。

（2）机器视觉质检

机器视觉检测的特点是提高生产的柔性和自动化程度。在一些不适合人工作业的危险工作环境或人工视觉难以满足要求的场合，常用机器视觉来替代人工视觉；同时在大批量工业生产过程中，用人工视觉检查产品质量效率低且精度不高，用机器视觉检测方法可以大大提高生产效率和生产的自动化程度。而且机器视觉易于实现信息集成，是实现计算机集成制造的基础技术。图 10-18 所示为使用机器视觉检测工厂中产品的质量。

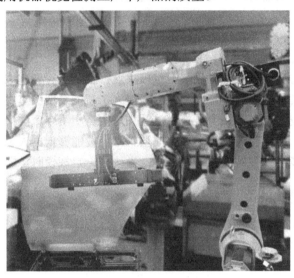

图 10-18　机器视觉检测

机器视觉检测的优势如下。

1）非接触测量，对于观测者与被观测者都不会产生任何损伤，从而提高系统的可靠性。

2）具有较宽的光谱响应范围，例如使用人眼看不见的红外测量扩展了人眼的视觉范围。

3）长时间稳定工作，人类难以长时间对同一对象进行观察，而机器视觉则可以长时间地执行测量、分析和识别任务。

4）利用机器视觉解决方案，可以节省大量劳动力资源，为公司带来可观利益。

检测技术是智能工业生产的基本技术之一，对确保产品质量至关重要。随着加工制造业的发展趋势，机器视觉将获得更大的发展趋势和普遍应用，并成为自动化检测技术的主流产品应用。

2. 智能物流

智能物流是利用集成智能化技术，使物流系统能模仿人的智能，具有思维、感知、学习、推理判断和自行解决物流中某些问题的能力。

（1）智能物流概述

物流是指物品从供应地向接受地的实体流动过程。根据实际需要，将运输、储存、装卸搬运、包装、流通加工、配送、信息处理等基本功能实施有机结合。

随着技术的日趋进步与日益成熟，智能标签、无线射频识别（RFID）技术、电子数据交换（EDI）技术、全球定位系统（GPS）、地理信息系统（GIS）、智能交通系统（ITS）等纷纷进入应用领域。现代物流系统已经具备了信息化、数字化、网络化、集成化、智能化、柔性化、敏捷化、可视化、自动化等先进技术特征。很多大型国际物流企业也采用了红外、激光、无线、编码、认址、自动识别、定位、无接触供电、光纤、数据库、传感器、RFID、卫星定位等高新技术。因此，市场需求和技术革新催生了智能物流（Intelligent Logistics System，ILS）。

智能物流是基于工业互联网技术的现代物流系统，对物流各个环节的状态进行实时监控和分析，最终实现自主管理决策。智能物流就是利用先进的物联网技术将生产运作信息融合于企业生产、仓储、运输、装卸、配送等各种基本活动环节，实现货物运输过程的自动化和高效管理，以求降低成本并实现数据追踪。在这个过程中，智能物流的操作模式要保证正确数量的正确货物、以正确质量的形式、在正确的时间出现在正确的地点，而实施这一操作，在技术上要实现物料识别、地点跟踪、物流追溯、过程监控、实时响应。所以智能新技术在物流领域的创新应用，就是在不断地更快、更好地激励各大竞争厂家实现智能物流的自动化、信息化、透明化和智能化，而这个过程强调的就是物流过程数据智慧化、网络协同化和决策智慧化。图 10-19 所示为智能仓库中的装卸机器人正在完成货物装卸。

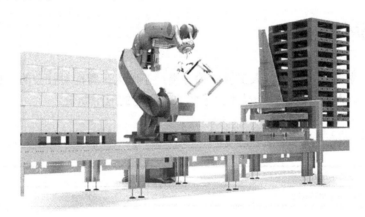

图 10-19　装卸机器人正在完成货物装卸

（2）智能物流应用

人工智能在物流行业已经有了丰富的应用，人工智能赋能物流行业带来了更多的效率提升和更好的经济性，物流行业也为人工智能提供了真实的应用场景，可以促进人工智能技术更好地发展。

1）可视化物流追踪的实现。当下物流行业以安全高效送达为准则，对传统物流行业提出了更高要求。首先要解决货与人、人与配送路线及时间的信息采集与流程管理，其次需要构建规范化平台，透明化、安全保障下的运输，最后是降低运营成本，超高效配送。因此，智慧物流、可视化追踪成为当下物流行业发展的关键点。物流跟踪系统是指物流运输企业利用物流条形码和 EDI 技术及时获取有关货物运输状态的信息（如货物品种、数量、货物在途情况、交货期间、发货地和到达地、货物的货主、送货责任车辆和人员等），提高物流运输服务的方法。首先，对货主，系统在上游提供了标准化 API 接口（包括下订单、订单取消、商品信息、订单物流状态追踪等接口），下游则对接目前主流的快递企业、众包承运商，支持货主通过一次对接，使用和管理 EC 已经接入的所有承运商，完成企业与承运商之间的无缝衔接；可以通过对接实现货物状态的自动更新。

2）智慧物流园区的建设。物流是企业生产和销售的重要保障，更是国民生产生活的关键支撑。作为物流企业的集结点、物流行业的重要配套、物流产业的集聚载体，物流园区的发展也关乎着国家经济命脉的延续。跟随国家关于"数字经济""新型智慧城市""新基建""数字化转型"等政策的引导，伴随 5G、物联网、大数据、人工智能等新一代信息技术的发展演进，智慧物流园区建设已成为物流园区实施数字化转型和实现降本提质增效的重要抓手。物流园区的智慧运营借助新一代的云计算、物联网、大数据、决策分析优化等信息技术，运用感知化、互联化、智能化的手段，对构成园区空间和园区功能载体的自然资源、社会资源、信息资源、智力资源以及园区中分散的、各自为政的物理基础设施、信息基础设施、产业配套设施和商业配套设施等进行集聚、重组和营运，通过监测、分析、整合以及智慧响应的方式，理顺运营数据、系统、流程的关系，最大限度地盘活园区资源，促进园区资源配置的容量和效益的最大化和最优化，实现智慧园区建设投入和产出的良性循环、园区功能的整体提升以及园区社会、经济、环境的可持续发展，使园区成为一个具有较好协同能力和调控能力的有机整体。

10.5　本章小结

通过本章的学习，可以了解人工智能的分类；了解人工智能对社会的影响；了解我国的人工智能政策；了解人工智能的核心技术；了解人工智能的应用场景。

【学习效果评价】

复述本章的主要学习内容	
对本章的学习情况进行准确评价	
本章没有理解的内容是哪些	
如何解决没有理解的内容	

注：学习情况评价包括少部分理解、约一半理解、大部分理解和全部理解 4 个层次。请根据自身的学习情况进行准确的评价。

10.6　练习题

一、选择题

1. 人工智能可分为三类：弱人工智能、强人工智能与（　　）。
    A. 复杂人工智能　　　　　　　B. 海量人工智能
    C. 超人工智能　　　　　　　　D. 数据人工智能
2. 人工神经网络中最小也是最重要的单元叫（　　）。
    A. 神经体　　　　　　　　　　B. 神经
    C. 神经结构　　　　　　　　　D. 神经元

3. 自然语言理解是指计算机能够（　　　）自然语言文本的意义。

　　A．认识　　　　　B．理解　　　　　C．区分　　　　　D．清楚

4. 目标检测的任务是找出图像中所有感兴趣的目标（物体），确定它们的类别和（　　　）。

　　A．形状　　　　　B．颜色　　　　　C．位置　　　　　D．长度

5. 从广义上讲，只要能够运行人工智能（　　　）的芯片都叫作人工智能芯片。

　　A．方法　　　　　B．算法　　　　　C．模型　　　　　D．内容

二、简答题

1. 请阐述什么是人工智能。

2. 请阐述什么是视觉问答。

3. 请阐述什么是聊天机器人。

第11章 工业互联网安全

11.1 工业互联网安全概述

11.1.1 认识工业互联网安全

随着工业互联网的发展，工业互联网安全逐渐成为业界主要关注和推进的重点内容。

认识工业互联网安全

1. 工业互联网安全介绍

随着德国的"工业 4.0"，美国的"再工业化""先进制造"和我国"制造强国""网络强国"等国家战略的推出，以及云计算、大数据、物联网、人工智能等新一代信息技术的大规模应用，工业体系由自动化向数字化、网络化和智能化方向发展。新一轮产业变革为经济转型带来新机遇的同时，也加速了网络安全风险向工业领域的全面渗透，工业信息安全问题日益凸显。工业信息化、自动化、网络化和智能化等基础设施是工业的核心组成部分，是工业各行业、企业的神经中枢，而工业互联网安全的核心任务就是要确保这些工业神经中枢的安全。

总体来看，业界在积极推动工业防火墙、工业安全监测审计、安全管理等安全产品的应用，但整体对工业互联网安全的研究及产业支持还处于起步阶段，现有措施难以有效应对工业互联网发展过程中日益复杂的安全问题。从工业互联网未来演进看，工业网络基础设施、控制体系、工业数据和个人隐私、智能设备以及工业应用的安全保障是未来发展的重点。

2. 工业互联网安全的特征

从工业互联网诞生起，安全问题就如影相随。相比传统互联网安全，工业互联网安全具备如下特征。

（1）防护对象扩大，安全场景更丰富

传统互联网安全更多关注网络设施、信息系统软/硬件以及应用数据安全，而工业互联网安全扩展延伸至企业内部，并伴随多种新型安全防护对象，包含设备安全（工业智能装备及产品）、网络安全（企业内/外网络）、控制安全（数据采集与监视控制系统、分布式控制系统等）、应用安全（平台应用、软件及工业 App 等）和数据安全（工业生产、平台承载业务及用户个人信息等数据）。

（2）连接范围更广，威胁延伸至物理世界

在传统互联网安全中，攻击对象主要为用户终端、信息服务系统、网站等。工业互联网连通了工业现场与互联网，使网络攻击可直达生产一线。现场控制层、集中调度层、企业管理层之间直接通过以太网甚至是互联网承载数据通信，越来越多的生产组件和服务直接或间接与互联网连接，攻击者从研发端、管理端、消费端、生产端都有可能实现对工业互联网的攻击或病毒传播。

（3）工业互联网缺乏安全机制的协议种类繁多，互通难度大

传统互联网的网络层级较少，基于 TCP/IP 的通信协议安全机制也较为完善，而工业互联网使用的工业控制、现场总线、工业通信等协议多达千余种，且大多缺乏安全机制，不适应工业互联网环境下的泛在互联，加之不同企业接口不一、较为封闭等特点都加大了安全协议分析的难度。

（4）工业互联网数据种类多样，缺乏防护重点

工业互联网数据种类和保护需求多样，数据流动方向和路径复杂，研发设计数据、内部生产管理数据、操作控制数据以及企业外部数据等，可能分布在大数据平台、生产终端、工业互联网平台、设计服务器等多种设施上，仅依托单点、离散的数据保护措施难以有效保护工业互联网中流动的工业数据安全。

（5）网络安全和生产安全交织，安全事件危害更严重

传统互联网安全事件大多表现为利用病毒、木马、拒绝服务等攻击手段造成信息泄露或篡改、服务中断等，影响工作生活和社会活动。而工业互联网连接大量重点工业行业生产设备和系统，一旦遭受攻击，不仅影响工业生产运行，甚至可能引发安全生产事故，给人民生命财产造成严重损失，影响社会稳定，甚至对国家安全构成威胁；另一方面，工业互联网数据涉及工业生产、设计、工艺、经营管理等敏感信息，保护不当将损害企业核心利益、影响行业发展，重要数据出境还将导致国家利益受损。

（6）新兴技术应用带来新的安全风险

工业互联网技术与大数据、云计算、人工智能、区块链、5G、边缘计算等新技术的融合，以及第三方协作服务的深度介入增加了信息泄露、数据窃取的风险。随着 5G 的协议全面互联网化，被外部攻击的可能性显著增加，同时提升了应用 5G 的工业互联网相关场景的安全挑战。边缘计算对工业互联网数据就近处理减少了敏感数据泄漏的风险，但其安全防护能力不及云中心，而且对原有的集中式内容监管模式带来挑战。

11.1.2　工业互联网安全体系与框架

当代工业互联网具备开放性、互联性和跨域性，模糊了以往互联网和工业网、商业网之间的界限。工业互联网系统平台将功能模块划分、可信机制建立、安全风险管理安全防护措施高度集成，建立工业互联网一体化的安全体系架构，在保障数字化、模型化、定制化的条件下提升了设备接入效率和服务质量，及时发现风险并处理。

工业互联网安全体系与框架

1．工业互联网安全体系

工业互联网的安全需求可从工业和互联网两个视角分析。从工业视角看，安全的重点是保障智能化生产的连续性、可靠性，关注智能装备、工业控制设备及系统的安全；从互联网视角看，安全主要保障个性化定制、网络化协同以及服务化延伸等工业互联网应用的安全运行以提供持续的服务能力，防止重要数据的泄露，重点关注工业应用安全、网络安全、工业数据安全以及智能产品的服务安全。因此，从构建工业互联网安全保障体系考虑，工业互联网安全体系，主要包括五大重点内容，即设备安全、网络安全、控制安全、应用安全和数据安全。

（1）设备安全

工业互联网设备指在新一代信息技术与工业生产、制造、运营、管理等环节的融合应用过程中，通过有线或无线方式接入工业互联网网络的装置或设备，具有类型、功能、应用形态多

样的特点。工业互联网设备分为:工业控制设备,如可编程逻辑控制器(PLC)、远程终端单元(RTU);工业网络和安全设备,如工业交换机、工业防火墙;工业智能终端设备,如数据采集网关、视频监控设备、物联网相关设备。从设备安全性及设备应用过程防护的角度来看,工业互联网设备的安全防护细分为硬件安全、网络通信安全、系统服务安全、应用开发安全、数据安全等。

例如在硬件安全方面,包括设备调试接口权限控制、芯片安全保护、防范针对设备功耗等信息进行统计分析所伴生的威胁和风险。目前多数的网络设备、物联网设备保留了硬件调试接口,部分接口甚至无须验证即可获取权限操作,极有可能成为恶意攻击、数据窃取的入口,进而导致设备密钥、认证等信息泄漏。

总体来看,工业互联网设备的功能安全、网络与数据安全等,需要结合实际应用形态下的网络安全漏洞和隐患进行排查与解决,基于设备的应用周期、智能化属性等实施差异化的管理防护。

从设备应用周期、适用的网络安全防护措施角度看,工业互联网设备需要开展差异化、分类分级的网络安全管理与防护。一类是已经应用部署的"存量"设备,由于自身资源、性能受限,加之长时间运转,极有可能长期未开展网络安全检测,威胁隐患难以完全掌握;针对这类设备的安全防护需要具体分析实际应用情况,通过防护措施叠加、监测感知等手段强化风险防控。另一类是新投入应用的"增量"设备,尤其是具有远程控制、数据采集分析、计算处理功能的智能化设备,多使用通用操作系统(如嵌入式 Linux 等),一定程度上降低了攻击者的入侵难度;部分智能化设备遭受恶意控制和攻击后,可能具备大规模主动扩散能力,变成"跳板"后成为智能化攻击的一环;针对这类设备的安全防护需要融合设备自身功能、应用场景、支撑业务需求,强化自身硬件安全保护、网络通信、数据安全等机制设计,采取网络安全感知、监测预警、应急处置等措施。

(2)网络安全

网络安全是指工厂内有线网络、无线网络的安全,标识解析系统等的安全以及工厂外与用户、协作企业等实现互联的公共网络安全。

例如,工业互联网标识解析系统的安全风险主要包括:架构安全风险(如节点可用性、节点协同风险、关键节点的关联性等)、数据安全风险(数据窃取、数据篡改、隐私泄露等)、运营安全风险(访问控制、业务连续性等),以及身份安全风险(身份认证、越权访问等)。

此外,工业互联网中 5G 技术的全面引入打破了网络封闭状态,使得安全边界模糊化,也给网络与信息安全保障带来新的挑战。

因此,工业互联网网络安全防护应面向工厂内部网络、外部网络及标识解析系统等方面,具体包括网络结构优化、边界安全防护、接入认证、通信内容防护、通信设备防护、安全监测审计等多种防护措施,构筑全面高效的网络安全防护体系。

(3)控制安全

工业控制系统(Industrial Control System,ICS)简称工控系统,通常由共同作用实现某一工业用途的控制部件组合而成,是工业生产基础设施的关键组成部分。工业控制系统核心组件包括监控与数据采集(Supervisory Control and Data Acquisition,SCADA)系统、分布式控制系统(Distributed Control System,DCS)、现场总线控制系统(Fieldbus Control System,FCS)、安全仪表系统(Safety Instrumented System,SIS)、可编程逻辑控制器(Programmable Logic Controller,PLC)、远程终端单元(Remote Terminal Unit,RTU)、人机交互(Human-Machine

Interaction，HMI）设备，以及确保各组件通信的接口。

SCADA 系统是工控系统的重要组件，用于控制地理上分散的设备。在工业上，SCADA 系统负责采集和处理工控系统运行中的各种实时和非实时数据，是工业控制网络调度中心各种应用软件的主要数据来源，图 11-1 所示为 SCADA 系统设备逻辑图。SCADA 系统从模拟开始，专注于监测物理量，如压力、温度、黏度、电压水平、液体流量、风/空气速度和盐度。SCADA 系统通常作为一个独立的系统运行，告诉人类操作员他们所监测的系统是否在正确的参数内工作。然后，这些系统向计算机报告，计算出是否一切正常；如果不正常，它就做出决定，要么改变参数，要么关闭有危险的系统。

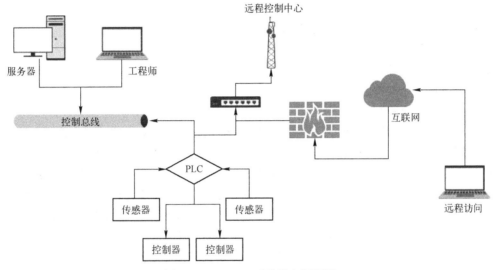

图 11-1　SCADA 系统设备逻辑图

DCS 是一个由过程控制级和过程监控级组成的以通信网络为纽带的多级计算机系统，包括操作站、工程站、现场控制站、数据采集站以及通信系统等。

PLC 是一种专用于工业控制的计算机，使用可编程存储器储存指令，执行诸如逻辑、顺序、计时、计数与计算等功能，并通过模拟或数字 I/O 组件，控制各种机械或生产过程的装置。PLC 是工业控制系统的"大脑"，几乎可以控制工业过程中的所有关键要素。

RTU 是安装在远程现场的电子设备，用来对远程线程的传感器和设备状态进行监视和控制，负责对现场信号、工业设备的检测和控制，获得设备数据，并将数据传给 SCADA 系统的调度中心。

工业控制系统除了应用于生产制造行业外，还广泛应用于交通、水利和电力等关键基础设施上。随着工业数字化、网络化、智能化的推进，许多新技术应用于工业控制系统，提高了工业控制系统的智能化水平，但其也给工业控制系统的安全带来严峻的挑战。例如，与企业日常使用的 IT 系统相比，工控系统有自身的特性，比如由于更强调对生产目标的服务，停机需要提早规划，系统升级可能涉及较多组件间的兼容性问题，因此较难及时通过停机更新等传统 IT 方法来保证该系统的安全。此外，企业内部 IT 人员由于知识背景和职责的因素，也很少对工控系统的安全进行评估和维护。因此，相比 IT 系统，建立涵盖工控系统各层级的信息安全体系更为复杂，需要企业管理层的重视和监管，以及企业内跨部门的协作。

在工业互联网中常见的控制安全是指生产控制系统安全，主要针对 PLC、DCS、SCADA 等工业控制系统的安全，包括控制协议安全、控制平台安全、控制软件安全等。对于工业互联网控制安全防护，主要从控制协议安全、控制软件安全及控制功能安全三个方面考虑，可采用的安全机制包括协议安全加固、软件安全加固、恶意软件防护、补丁升级、漏洞修复、安全监测审计等。值得注意的是，工业控制系统与信息系统因为建设目标的不同，两者在技术、管理与服务等很多方面仍存在较大差异。

2015 年 5 月，美国国家标准技术研究所（NIST）在《联邦信息安全现代化法案》（Federal Information Security Modernization Act）的要求下，发布了《工业控制系统安全指南》（Guide to Industrial Control Systems Security，NIST SP 800-82），为工控系统及其组件（SCADA、DCS、PLC，以及其他执行控制功能的终端和智能电子设备）提供安全指导，帮助企业降低工控系统信息安全相关风险。该指南概述了工控系统组件及架构，指出了工控系统面临的威胁和漏洞，并从以下四个方面为企业提供了可供参考的方法、框架和实施步骤。

1）工控系统风险评估与管理。

2）工控系统安全项目开发和实施。

3）工控系统安全架构。

4）工控系统安全控制。

2017 年 7 月，工信部发布了《工业控制系统信息安全防护能力评估工作管理办法》（及其附件《工业控制系统信息安全防护能力评估方法》），从评估管理组织、评估机构和人员要求、评估工具要求、评估工作程序、监督管理几个方面规范了对工业企业开展的工控安全防护能力评估活动，涵盖了工业企业工业控制系统在规划、设计、建设、运行、维护等全生命周期各阶段的安全防护能力评价工作。根据相关要求，重要工业企业每年需要由第三方机构对工控系统安全防护能力进行评估，其他工业企业则至少每年一次开展评估（自评估或第三方评估）。

2017 年 12 月，工信部发布了《工业控制系统信息安全行动计划（2018—2020 年）》（简称《行动计划》），要求落实企业主体责任，依据《中华人民共和国网络安全法》建立工控安全责任制，明确企业法人代表、经营负责人第一责任者的责任，组建管理机构，完善管理制度。该《行动计划》还要求建立健全标准体系，制定工控安全分级、安全要求、安全实施、安全测评类标准。

2022 年 11 月，我国《信息安全技术关键信息基础设施安全保护要求》国家标准（GB/T 39204—2022）发布，这是我国第一项关键信息基础设施安全保护的国家标准，将于 2023 年 5 月 1 日起实施。该标准提出了以关键业务为核心的整体防控、以风险管理为导向的动态防护、以信息共享为基础的协同联防的关键信息基础设施安全保护 3 项基本原则，从分析识别、安全防护、检测评估、监测预警、主动防御、事件处置 6 个方面提出了 111 条安全要求，为运营者开展关键信息基础设施保护工作提供了强有力的标准保障。

企业生产车间工控系统网络安全解决方案一般对工业控制系统按照区域划分、边界防护、内部监测、主机防护的方式，实现不同区域边界的隔离访问控制措施、外部和内部的攻击检测、工控机的安全防护、初步建立网络安全管理体系、网络和主机设备的基线加固等要求，达到具备抵御一般网络攻击、防护恶意代码的能力，全面提升生产网工控系统的安全性，保证生产业务的高效、安全、稳定运行。

工业控制系统安全作为国家网络和信息安全的重要组成部分，是推动新型工业化、制造业与互联网融合发展的基础保障。工业控制系统安全相关法律法规的出台，为建设工业防护体系、工业信息化、智能化指明了方向，为工业控制系统安全领域的技术发展和应用深化提供了指导和规范，让网络安全治理有章可循，网络强国建设有法可依。

（4）应用安全

工业互联网应用主要包括工业互联网平台与工业应用程序两大类，其范围覆盖智能化生产、网络化协同、个性化定制、服务化延伸等方面。目前工业互联网平台面临的安全风险主要包括数据泄露、篡改、丢失、权限控制异常、系统漏洞利用、账户劫持、设备接入安全等。对工业应用程序而言，最大的风险来自安全漏洞，包括开发过程中编码不符合安全规范导致的软件本身的漏洞以及由于使用不安全的第三方库而出现的漏洞等。

1）工业互联网平台安全。工业互联网平台是面向制造业数字化、网络化、智能化需求而构建的，基于云平台的海量数据采集、汇聚、分析和服务体系，支持制造资源实现泛在连接、弹性供给、高效配置，其安全是工业互联网安全的关键。平台的安全主要包括 5 个方面的内容，边缘计算层、工业云基础设施层、工业云平台服务层、工业应用层和平台数据安全，如图 11-2 所示。

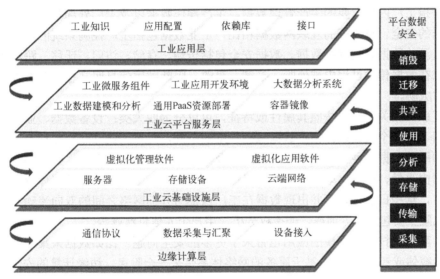

图 11-2　工业互联网平台安全

目前边缘计算是当前工业互联网中的重要一环，在工业互联网中部署边缘计算节点可以分解云端复杂的计算任务，并极大提高工业互联网数据计算的实时性。但是，由于计算节点通常部署在开放的环境中，使得相较于云端数据处理，边缘计算节点在数据采集、数据分析等过程中的数据安全问题更加突出。例如边缘计算通过融合无线网、移动中心网、互联网等多种通信网络实现物联网设备和传感器的互联，在这一融合大网中，其网络基础设施极易受到攻击，攻击者可以从任一有漏洞的网络着手，突破整个大网的安全防线。一旦网络基础设施被攻破，数据就面临丢失、篡改、伪造等安全问题。又例如，边缘计算通常要先进行本地计算，对重要的计算结果上传到云端进行存储分析。但是在工业互联网重要数据上传过程中，在数据传输信道中就会面临数据劫持威胁，会导致重要数据机密性、完整性、可用性遭到破坏。

因此，在工业互联网与边缘计算深度融合的过程中，解决安全问题带来的痛点、难点势在必行。

2）工业应用程序安全。工业应用程序主要是指工业互联网 App。在 2018 年工业和信息化部网络安全管理局组织开展的工业互联网安全检查评估工作中发现，国内某平台的工业应用程序存在大量反编译、WebView 明文存储密码、Janus 签名机制漏洞等。攻击者可利用漏洞窃取客户端数据，包括手机号、密码，以及设备运行状态、设备工作时间、重大敏感工程位置等敏感信息。当连接设备出现故障报警时，攻击者还可通过截获、篡改设备故障信息，使用户在工业应用程序客户端上无法接收设备报警信息，导致大型机械设备出现持续异常故障，进而造成重大工程事故。

例如，工业应用程序目前还处于起步阶段，很多场景下没有考虑安全措施，自身缺乏在身份认证、访问控制、数据存储加密、通信加密、安全校验和权限管理等方面的安全设计，PaaS层没有足够标准安全API（Security API）。大量工业互联网平台目前也处于探索阶段，在安全上尚没有安全机制，没有足够的安全API供SaaS层调用。因此，工业应用程序在开发过程中应该进行必要的代码审计，以发现代码中存在的安全缺陷并给出相应的修补建议。

（5）数据安全

数据是工业互联网重要的生产要素，目前数据安全问题受到工业互联网越来越多的重视。数据安全是指工厂内部重要的生产管理数据、生产操作数据以及工厂外部数据（如用户数据）等各类数据的安全。与传统的互联网数据相比，工业数据包括生产控制系统的数据、运行的数据、生产监测的数据等类型的数据。数据安全包括传输、存储、访问、迁移、跨境等环节中的安全，例如在数据传输过程中被侦听、拦截、篡改、阻断敏感信息明文存储或者被窃取等都会带来安全的威胁。

工业互联网相关的数据按照其属性或特征，可以分为四大类：设备数据、业务系统数据、知识库数据、用户个人数据。根据数据敏感程度的不同，可将工业互联网数据分为一般数据、重要数据和敏感数据三种。工业互联网数据涉及数据采集、传输、存储、处理等各个环节。随着工厂数据由少量、单一、单向向大量、多维、双向转变，工业互联网数据体量不断增大，种类不断增多，结构日趋复杂，并出现数据在工厂内部与外部网络之间的双向流动共享。由此带来的安全风险主要包括数据泄露、非授权分析、用户个人信息泄露等。

此外，新一代技术大规模的应用也带来了更多的安全问题。比如数据采集端的设备亦成为网络攻击的载体或者跳板，5G基于服务的网络体系带来安全隐患，边缘计算的安全防护能力不足，数字孪生技术被破解造成的物理空间的虚假映射等风险。

值得注意的是，大数据技术应用于工业互联网领域给企业带来巨大的效益，然而工业大数据对工业企业来说既是机遇也是挑战，在给企业带来巨大经济利益的同时，其本身所存在的安全问题也让企业面临着巨大的风险。一方面，由于工业控制系统的协议多采用明文形式，工业环境多采用通用操作系统且不及时更新，从业人员的网络安全意识不强，再加上工业数据来源多样，具有不同的格式和标准，使其存在诸多可以被利用的漏洞。另一方面，在工业应用环境中，对数据安全有着更高的要求，任何信息安全事件的发生都有可能威胁工业生产运行安全、人员生命安全甚至国家安全等。因而，研究工业大数据安全管理，加强对工业企业的安全保护变得尤为重要。

2. 工业互联网安全框架

2018年11月，工业互联网产业联盟发布了《工业互联网安全框架》，明确了安全框架的内容和范围。工业互联网安全框架从防护对象、防护措施及防护管理三个视角构建。针对不同的防护对象部署相应的安全防护措施，根据实时监测结果发现网络中存在的或即将发生的安全问题并及时作出响应。同时加强防护管理，明确基于安全目标的可持续改进的管理方针，从而保障工业互联网的安全。

工业互联网安全框架如图 11-3 所示。

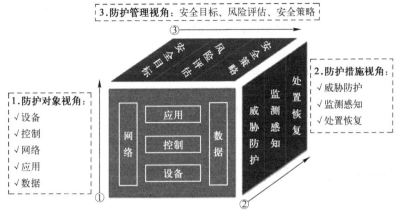

图 11-3　工业互联网安全框架

其中，防护对象视角涵盖设备、控制、网络、应用和数据五大安全重点；防护措施视角包括威胁防护、监测感知和处置恢复三大环节，威胁防护环节针对五大防护对象部署主被动安全防护措施，监测感知和处置恢复环节通过信息共享、监测预警、应急响应等一系列安全措施、机制的部署增强动态安全防护能力；防护管理视角根据工业互联网安全目标对其面临的安全风险进行安全评估，并选择适当的安全策略作为指导，实现防护措施的有效部署。

工业互联网安全框架的三个防护视角之间相对独立，但彼此之间又相互关联。从防护对象视角来看，安全框架中的每个防护对象，都需要采用一系列合理的防护措施并依据完备的防护管理流程对其进行安全防护；从防护措施视角来看，每一类防护措施都有其适用的防护对象，并在具体防护管理流程指导下发挥作用；从防护管理视角来看，防护管理流程的实现离不开对防护对象的界定，并需要各类防护措施的有机结合使其能够顺利运转。工业互联网安全框架的三个防护视角相辅相成、互为补充，形成一个完整、动态、持续的防护体系。

3．工业互联网安全的实施

当代工业互联网具备开放性、互联性和跨域性，模糊了以往互联网和工业网、商业网之间的界限。随着工业互联网的不断发展，现有相对封闭的工业系统更加开放，将面临更新的安全问题和挑战。因此，工业互联网需要通过综合性的安全防护措施，保证设备、网络、控制、数据和应用安全。

工厂互联网各互联单元之间应该进行有效可靠的安全隔离和控制。一是工业控制系统与工业信息系统之间，应部署防火墙；二是工厂外部对工厂内部云平台的访问应经过防火墙，并提供安全防御等功能，ERP、PLM 等与外部进行交互的服务和接口应部署在 DMZ（隔离）区域，同时部署网络入侵防护系统，可对主流的应用层协议及内容进行识别，高速高效地自动检测和定位各种业务层的攻击和威胁；三是工厂内部所有接入工厂内部云平台、工厂信息系统、工业控制系统的设备，都必须实现接入控制，进行接入认证和访问授权；四是工厂外部接入工厂内部云平台的智能产品、移动办公终端、信息系统等，应经过运行有远端防护软件的安全接入网关；五是对部署在公共互联网上的工业云平台的各种访问应经过防火墙；六是采用基于大数据的安全防护技术，在工厂云平台、工业云平台上部署大数据安全系统，基于外部威胁情报、日志分析、流量分析和沙箱联动，对已知和未知威胁进行综合防御，并准确展示安全全貌,实现安全态势智能感知。

此外,工业互联网安全实施应当强化智能产品和网络传输数据的安全防护。一是智能产品的安全加固。智能产品的部署位置分散,容易被破坏、伪造、假冒和替换,导致敏感泄露。因此应当对智能产品进行专门的安全加固,如采用安全软件开发工具包(SDK)、安全操作系统、安全芯片等技术手段,实现防劫持、防仿冒、防攻击和防泄密。二是外部公共网络数据传输的安全防护。通过外部网络传输的数据,应采用 IPSec VPN 或者 SSL VPN 等加密隧道传输机制或 MP LS VPN 等专网,防止数据泄漏、被侦听或篡改。

11.2 工业互联网安全技术

11.2.1 边界防护技术

传统工控系统发展到网络互通互联的工业互联网阶段,OT 与 IT 不断融合,OT 网络不再封闭可信,涉及多种网络边界。在传统 IT 网络中,通常采用 IT 防火墙技术进行边界防护,但传统 IT 防火墙技术不支持 OPC 协议(用于过程控制的 OLE)的任何解析;为确保 OPC 客户端可以正常连接 OPC 服务器,防火墙需要配置全部端口可访问,使生产控制网暴露在攻击者面前。在工控网络边界部署的工业防火墙,可以对 OPC 协议进行深度解析,跟踪 OPC 连接建立的动态端口并对传输指令进行实时监测。

边界防护的场景主要针对工控网络的过程监控层与生产管理层通信的场景,生产管理层与过程监控层之间通过 OPC 协议或者 ODBC 等数据库协议进行数据交互,边界防护主要是防范来自企业生产管理层和互联网的威胁,需要结合传统网络信息安全与工控网络安全的特点,防止生产管理层的网络感染病毒或遭到恶意攻击时,威胁通过通信服务器蔓延到工控网络,影响生产和业务正常运行。边界防护的重点在于防护生产管理层和互联网的恶意攻击,保证生产管理层的可信任主机访问过程监控层的合法数据,确保生产管理层和互联网的设备受到恶意攻击后工控网络不会受到影响,保证工控网络正常运行。边界防护的应用如图 11-4 所示。

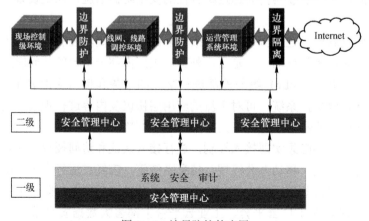

图 11-4 边界防护的应用

工业互联网边界防护需要针对不同网络边界的防护情况部署不同的防火墙。为适应工业环境下的部署要求，支持常见工业协议的深度解析，边界防护产品应具有高可靠性和低时延。

11.2.2　工业主机防护技术

随着工业互联网的快速发展，先进制造业与新一代信息技术加速融合，与此同时，工业互联网也打破了工业控制系统传统的封闭格局，网络安全风险不断向工业领域转移，使得工业互联网安全环境日益严峻。据《2019 年工业控制网络安全态势白皮书》显示，近年来工业互联网行业发生数起勒索软件攻击事件，大多数攻击目标直指工业主机，对加强主机安全防护提出了更高要求。

在工业互联网中，工业主机是连接信息世界和物理世界的"桥梁"，做好工业主机的安全防护和控制是保障工业互联网安全的核心。在互联网中，传统 IT 主机通常采用防病毒技术，通过接入互联网进行病毒库升级，不过需要实时更新升级病毒库。工业主机有自己的特点，企业在工业主机上安装传统的杀毒软件是没有办法在这样一个环境下正常运行的，需要采用单管控技术，采用入口拦截、扩散拦截等，才可以有效保护工业主机的安全。在具体防护中，工业主机可以采取基于关闭无关端口、进行最小权限的账号认证、设置强制访问控制等措施的主机加固技术，提高主机操作系统的安全性。

11.2.3　白名单技术

白名单技术是通过建立工业控制协议白名单访问控制策略，过滤一切非法访问，保证只有白名单内的可信任的指令和消息才能在网络上传输。所谓白名单是相对于黑名单而言的，黑名单是指拦截的程序，而白名单就是放行的程序。白名单技术进行正常通信行为建模，通过学习模式对正常通信行为学习后，进入告警模式对规则进行优化调整，最终启用防护模式对工控指令攻击、控制参数修改等攻击行为进行有效防护，减少恶意攻击行为给工业控制系统带来的安全风险。

工业互联网涉及工业生产的重要环节，对系统可用性和实时性要求高。原有的工控网络相对封闭，工控设备缺乏灵活的安全策略，无法保证接入工业互联网中的设备和运行软件安全可信。在传统 IT 网络中，安全机制一般采取黑名单技术，可以有效阻止已知威胁，但不能阻止未知攻击行为。在工业互联网中，可采取以白名单技术为主、以黑名单技术为辅的安全防护机制。这是因为工业控制工艺流程、业务等相对固定，且对可用性和实时性的安全需求高，白名单技术更加适用，同时在开放网络中引入黑名单技术进行辅助防护。

例如，连续性是工业生产的基本要求，因此无论是生产设备，还是设备的控制系统，都需要长期连续运行，很难做到及时更新补丁。实践中，对此类系统通常采用"白名单"方式进行安全保护，以此防止病毒、木马、恶意软件的攻击。

目前白名单技术在工业控制网络安全中已得到广泛的使用，体现为通过智能学习来完成对工业控制通信协议的白名单建模。该技术通过对工业控制网络中的工业协议解析与识别，深度解析出工业控制协议的控制字段与控制值域字段，从而学习所有通信过程中的协议控制指令，建立工业控制协议的白名单模型，进而利用白名单进行深度、细粒度的工控协议的访问控制，达到非正常访问业务的控制指令无法访问工业控制设备的目的，防止恶意控制攻击行为，从而保护工业控制设备的安全、工业控制网络的安全。

白名单技术在电力、石油、石化、烟草、轨道交通、市政及智能制造等多行业得到广泛应用，为控制网与管理信息网的连接、控制网内部各区域的连接提供安全保障。

11.2.4　渗透测试技术

渗透测试是为了证明网络防御系统按照预期计划正常运行而提供的一种安全监测机制，也是实施安全评估（即审计）的具体手段。渗透测试利用各种安全扫描器对网站及相关服务器等设备进行非破坏性质的模拟入侵者攻击，目的是侵入系统并获取系统信息并将入侵的过程和细节总结编写成测试报告，由此确定存在的安全威胁，并能及时提醒安全管理员完善安全策略，降低安全风险。

在工业互联网安全体系中，渗透测试可能是单独进行的一项工作，也可能是产品系统在研发生命周期里 IT 安全风险管理的一个组成部分，渗透测试流程如图 11-5 所示。网络渗透测试技术能够对黑客的攻击行为进行模拟分析，并根据这些信息和数据不断完善安全防护体系，从而增强工业互联网的安全性能。此外，在渗透测试中还需要借助暴力破解、网络嗅探等其他方法，目的也是为获取用户名及密码。

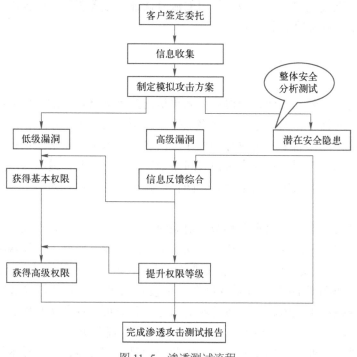

图 11-5　渗透测试流程

渗透测试通过模拟来自网络外部的恶意攻击者常用的攻击手段和方法，检测并评估工业互联网的网络系统安全性。在工业控制系统中，渗透测试主要分为以下几步：渗透应用业务系统、内网整体资产搜集、内网 Web 服务渗透攻击、内网工控系统识别、内网工控系统风险分析、内网工控系统权限获取。工业互联网中的渗透测试技术，要以工控系统中渗透测试的实际需求为出发点，辅以渗透测试执行标准（PTES）、《信息安全测试评估技术指南》（NIST SP800-115）、开源安全测试方法（OSSTMM）、《开放式网页应用程序安全项目测试指南》（OWASP Test Guide）等渗透测试和安全测试流程指南，完成对工控系统渗透测试的检测与分析，提取关键流程、步骤、技术。

11.2.5 数字孪生技术

近年来，数字孪生成为工业互联网领域的热门技术，并广泛用于工业设计、制造等。数字孪生是对物理世界进行数字化表征的一种方式，强调了数字世界与物理世界的双向连接，实现物理孪生体与数字孪生体的同步和反馈，这使得原本的数字仿真不再是孤立、静止的模型，而是可以随着物理世界的变化与物理世界互动，甚至影响物理世界的孪生体，这种改变既增加了数字仿真的真实性，也使得数字孪生可以更好地发挥作用。而数字孪生价值的本质是数据价值，通过建立在海量数据之上的高级数据分析能力，实现了对数字孪生价值的应用。通过对数据的分析和挖掘，建立起物理实体的数据模型，可以更好地认识世界的潜在规律，辅助作出正确的决策。

目前，数字孪生的理念已经得到广泛认可，并且在不同行业或领域发挥了重要价值。例如，工业网络属于信息物理系统（Cyber Physical System，CPS）的一种，是一个包含计算、网络、控制、物理环境的多维复杂系统，因此，人们解决工业安全问题必须同时考虑到网络空间与物理空间的影响，建立包含工业网络的系统组成、业务承载以及人员行为的全局体系，这是一个非常复杂的系统性问题。而数字孪生恰好可以打通物理世界与数字世界的连接，在数字空间重构物理实体的数字孪生体，建立起包含生产设备、控制设备、网络设备、计算设备的工业数字孪生网络，让人们可以站在更高视角俯瞰工业网络的安全问题。

又例如，工业网络安全能力的需求依然逃不开检测、防御、响应的体系化能力，具体包括资产识别、流量监测、日志审计、边界防护、链路加密、态势感知和应急响应等功能需求。而数字孪生的展示、诊断、验证、预测、决策功能恰好可以服务于工业网络安全体系的构建，通过展示功能可以为构建全局化的网络拓扑和资产展示；诊断和验证功能可以支撑安全防护能力的评估和验证；安全威胁预警正是预测功能的具体体现；而自动化和智能化的应急响应也可以通过决策功能实现。

通过数字孪生技术，可以为工业互联网在网络安全性评估和整体规划、攻防验证、攻击欺骗高仿真度模拟、安全态势感知及业务安全等方面提供安全赋能。此外，基于数字孪生可以构建更精准的安全态势感知和应急防御体系，兼顾业务安全与网络信息安全，面向业务安全领域的安全内涵扩展。

11.2.6 深度学习技术

深度学习具有较强的自动特征提取能力，为大数据时代的工业互联网安全（以应用场景复杂、数据规模庞大为特征）提供了更智能、更准确、更先进的分析工具。从技术层面看，传统工业互联网的安全防护措施可以防御许多已知的安全威胁；但随着工业互联网应用领域的不断拓宽，接入设备数量与种类的不断增加，加之各类攻击方式的"推陈出新"，目前工业互联网攻击的数量、规模、速度、种类正在持续增加，现有的传统型安全防御工具和技术已难以全面应对这些新型攻击行为，亟须引入更加快速、高效、智能的安全防护新方法。深度学习的自学习能力强，在特征发现及自动分析方面具有优异性能，因此将之用于工业互联网设备、控制、网络、应用、数据等多个层次的安全防范，成为防护新型攻击形式的可行技术方向。

工业互联网因其复杂性、敏感性而易受各种针对性的网络攻击，需要配置入侵检测系统来扫描网络流量活动、识别恶意或异常行为。传统的入侵检测系统通常采用（浅层）机器学习技术，无法有效解决具有实时性要求、来自环境的海量数据入侵分类检测问题。深度学习是十分理想的隐藏流量发现手段，可用于区分攻击流量和检测正常流量。例如，使用双向长短期记忆递归神经网络（BLSTM-RNN）方法，详细学习异常入侵所具有的网络流量特征，快速准确地识别针对工业互联网的网络攻击和网络欺诈等异常活动。

当前已有一些面向工业互联网安全的深度学习技术研究，如基于深度学习的入侵检测系统，可实现范围、速度、适应性等更优的恶意行为检测；基于深度学习的数据审计系统，可支撑从海量工业数据中提取关键信息，寻找威胁工业互联网安全的行为。随着这些深度学习应用的拓展和深入，深度学习系统自身存在的安全问题也引起了关注，如不防范这些安全问题，可能会给对可靠性、稳定性、可预测性等要求较高的工业互联网带来重大隐患。

但是，深度学习技术在赋予工业互联网安全新前景的同时，可能存在被攻击者利用的漏洞，可能受到高级可持续威胁攻击。例如，攻击者可以针对性地修改恶意文件来绕过基于深度学习的检测工具，加入一些不易察觉的噪音使得工厂语音控制系统被恶意调用，在交通指示牌或其他车辆上贴一些小标志使得基于深度学习的自动驾驶系统出现误判。在高价值或高风险的工业生产过程中，如果深度学习系统被恶意攻击，可能会造成设备损坏，甚至威胁人员生命安全。

不过，值得注意的是，随着深度学习方法的发展，神经网络层数越来越深，所需的训练样例数目、算力要求（电力消耗）也在迅猛增加。即使深度学习模型相比于传统方法具有更好的效果，但提升效率带来的收益甚至可能无法弥补增加的成本，这将直接制约深度学习技术在工业互联网安全中的推广应用。

11.3 本章小结

通过本章的学习，可以了解工业互联网安全的特征；了解工业互联网安全体系；了解工业互联网安全的实施；了解工业互联网的安全技术。

【学习效果评价】

复述本章的主要学习内容	
对本章的学习情况进行准确评价	
本章没有理解的内容是哪些	
如何解决没有理解的内容	

注：学习情况评价包括少部分理解、约一半理解、大部分理解和全部理解 4 个层次。请根据自身的学习情况进行准确的评价。

11.4 练习题

一、选择题

1. 工业互联网的安全需求可从工业和（　　）两个视角分析。

    A．人工智能　　　　B．互联网　　　　C．控制　　　　D．安全

2．工业互联网安全体系主要包括五大重点内容，设备安全、网络安全、控制安全、应用安全和（　　　）。

    A．数据安全　　　　　　　　　B．结构安全

    C．生产安全　　　　　　　　　D．运用安全

3．工厂互联网各互联单元之间应该进行有效可靠的安全隔离和（　　　）。

    A．认识　　　　B．理解　　　　C．区分　　　　D．控制

4．边界防护的重点在于防护生产管理层和互联网的（　　　）。

    A．病毒　　　　B．抵抗　　　　C．恶意攻击　　　　D．侵入

5．目前白名单技术在（　　　）网络安全中已得到广泛的使用。

    A．方法　　　　B．算法　　　　C．模型　　　　D．工业控制

二、简答题

1．请阐述什么是工业互联网安全。

2．请阐述工业互联网安全体系框架的组成。

第 12 章　工业互联网技术实训

12.1　绘制网络结构图

1. 实训学习目标

1）学会利用软件绘制计算机网络图。

2）培养严谨认真、一丝不苟、精益求精的职业素养和工匠精神。

2. 实训情境及实训内容

小王是一名刚大学毕业的计算机专业学生，新入职一家制造业公司。公司主管想让小王了解公司的网络接入情况，需要小王自行绘制网络结构图。

3. 实训要求

在实训过程中，要求学生在实训教师的组织下，利用现有的实训条件完成本次实训任务，旨在培养学生独立分析问题和解决实际问题的能力，且保质、保量、按时完成相关操作。实训的具体要求如下。

1）听从实训指导老师统一安排，遵守实训室规章制度。

2）按照要求完成实训任务。

3）对在实训中存在和发现的问题及时反馈。

4）实训结束后，听从实训教师安排，按照统一标准进行实训设备和场地的清洁和整理工作。

5）开展小组合作探究学习，每 3 人一组，其中 1 人是小组长，负责组织学习过程以及学习成果汇报（根据实际情况而定）。

4. 实训步骤

1）Microsoft Visio 作为一款专业的绘图软件，可以绘制网络图、结构图、工程图、流程图等，可在网上下载该软件并运行。打开 Visio 2010，主界面如图 12-1 所示。

图 12-1　Visio 2010 主界面

2）在图 12-1 所示主界面中选择"详细网络图"，进入网络图界面，如图 12-2 所示。

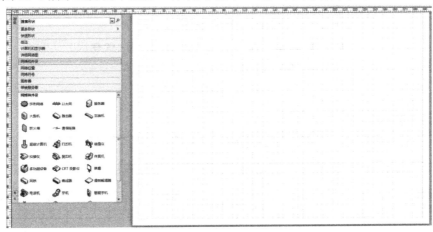

图 12-2　网络图界面

3）在左侧选择合适的网络形状并添加到右侧界面中，可选的形状包含计算机、连接线、交换机、服务器、防火墙、路由器等，绘制界面如图 12-3 所示。

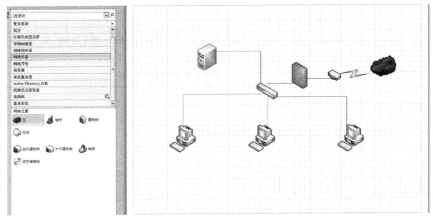

图 12-3　绘制界面

4）为图中的形状添加文字后的效果如图 12-4 所示。

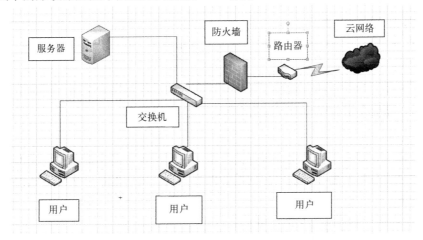

图 12-4　添加文字后的效果

5）可设置文字的大小，文字操作界面如图 12-5 所示。

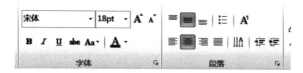

图 12-5　文字操作界面

5.实训考核评价

考核方式与内容	过程性考核（50分）									终结性考核（50分）		
	操行考核（10分）			实操考核（20分）			学习考核（20分）			实训报告成果（50分）		
实施过程	教师评价	小组评价	自评	教师评价	小组评价	自评	教师评价	小组评价	自评	教师评价	小组评价	自评
考核标准	出勤、安全、纪律、协作精神、工作（学习）态度、表达能力、沟通能力、完成作业、环保意识、创新意识，每项各为1分			运行软件（4分）、正确选择网络形状（6分）、绘制网络图形（6分）、工匠精神（4分）			预习工作任务内容（4分）、工作过程记录（4分）、完成作业（4分）、工作方法（4分）、工作过程分析与总结（4分）			回答问题准确（20分），操作规范、实验结果准确（30分）		
各项得分												
评价标准	A 级（优秀）：得分>85 分；B 级（良好）：得分为 71~85 分；C 级（合格）：得分为 60~70 分；D 级（不合格）：得分<60 分											
评价等级	最终评价得分是：＿＿＿分						最终评价等级是：＿＿＿＿＿＿					

6.知识与技能拓展

能够根据不同的网络接入情况绘制不同的网络图。

12.2　大数据分析与可视化

1.实训学习目标

1）学会下载和安装 Python 下的可视化扩展库。

2）学会绘制可视化图形。

3）培养严谨认真、一丝不苟、精益求精的职业素养和工匠精神。

2.实训情境及实训内容

小王是一名刚大学毕业的计算机专业学生，新入职一家制造业公司。公司主管想让小王对数据进行分析，需要小王自行绘制可视化图形。

3.实训要求

在实训过程中，要求学生在实训教师的组织下，利用现有的实训条件完成本次实训任务，旨在培养学生独立分析问题和解决实际问题的能力，且保质、保量、按时完成相关操作。实训的具体要求如下。

1）听从实训指导老师统一安排，遵守实训室规章制度。

2）按照要求完成实训任务。

3）对在实训中存在和发现的问题及时反馈。

4）实训结束后，听从实训教师安排，按照统一标准进行实训设备和场地的清洁和整理工作。

5）开展小组合作探究学习，每 3 人一组，其中 1 人是小组长，负责组织学习过程以及学习成果汇报（根据实际情况而定）。

4．实训步骤

（1）在下载并安装 Python，并下载和安装 Python 在进行数据分析时所需的扩展库，命令如下。

```
pip install matplotlib
pip install numpy
pip install pandas
```

（2）使用 Python 绘制图形。

1）绘制散点图，代码如下。

```
import matplotlib.pyplot as plt
import numpy as np
plt.rcParams['font.sans-serif'] = ['SimHei'] #设置字体
X = np.linspace(-2, 2, 20)
Y = 2 * X + 1
plt.scatter(X, Y)
plt.show()
```

绘制的散点图如图 12-6 所示。

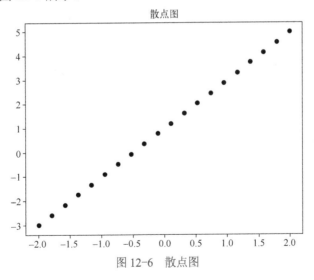

图 12-6　散点图

2）绘制直方图，代码如下。

```
import matplotlib.pyplot as plt
import numpy as np
plt.rcParams['font.sans-serif'] = ['SimHei'] #设置字体
plt.rcParams['axes.unicode_minus'] = False #设置负号
x=np.random.randn(1000)
plt.hist(x)
plt.title("直方图")
plt.show()
```

绘制的直方图如图 12-7 所示。

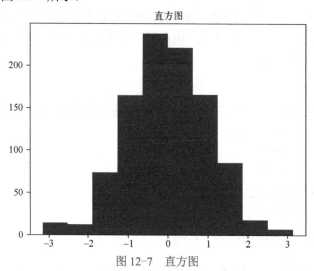

图 12-7　直方图

3）绘制折线图，代码如下。

```python
import matplotlib
import matplotlib.pyplot as plt
import seaborn as sns
import pandas as pd
plt.rcParams['font.sans-serif'] = ['SimHei']
df = pd.DataFrame({"type":["A", "A", "A", "A", "B", "B", "B", "B"],
                   "value":[11, 14, 13, 16, 9, 8, 6, 10],
                   "date":["t1", "t2", "t3", "t4", "t1", "t2", "t3", "t4"]})
grid = sns.FacetGrid(df, size=8, hue="type", aspect=2)
grid.map(plt.plot, "date", "value")
plt.title("工业时序")
plt.show()
```

绘制的折线图如图 12-8 所示。

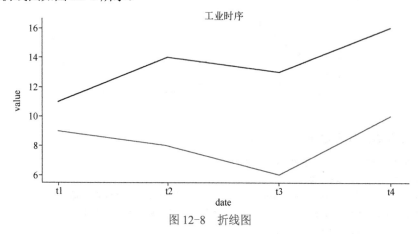

图 12-8　折线图

4）绘制三维图形，代码如下。

```python
from mpl_toolkits import mplot3d
import numpy as np
```

```
import matplotlib.pyplot as plt
plt.rcParams['font.sans-serif'] = ['SimHei'] #设置字体
plt.rcParams['axes.unicode_minus'] = False #设置负号
def f(x,y):
    return np.sin(np.sqrt(x**2+y**2))
x=np.linspace(-6,6,30)
y=np.linspace(-6,6,30)
X,Y=np.meshgrid(x,y)
Z=f(X,Y)
fig = plt.figure()
ax = plt.axes(projection='3d')
ax.contour3D(X,Y,Z,50,cmap='binary')
ax.set_xlabel('x')
ax.set_xlabel('y')
ax.set_xlabel('z')
plt.show()
```

绘制的三维图形结果如图 12-9 所示。

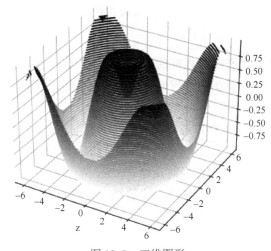

图 12-9　三维图形

5. 实训考核评价

考核方式与内容	过程性考核 （50分）									终结性考核 （50分）		
	操行考核 （10分）			实操考核 （20分）			学习考核 （20分）			实训报告成果 （50分）		
实施过程	教师评价	小组评价	自评	教师评价	小组评价	自评	教师评价	小组评价	自评	教师评价	小组评价	自评
考核标准	出勤、安全、纪律、协作精神、工作（学习）态度、表达能力、沟通能力、完成作业、环保意识、创新意识，每项各为 1 分			安装软件（4 分）、正确运行软件（6 分）、绘制可视化图形（6 分）、工匠精神（4 分）			预习工作任务内容（4分）、工作过程记录（4分）、完成作业（4 分）、工作方法（4 分）、工作过程分析与总结（4 分）			回答问题准确（20 分），操作规范、实验结果准确（30 分）		
各项得分												
评价标准	A 级（优秀）：得分>85 分；B 级（良好）：得分为 71~85 分；C 级（合格）：得分为 60~70 分；D 级（不合格）：得分<60 分											
评价等级	最终评价得分是：＿＿＿＿分						最终评价等级是：＿＿＿＿＿＿					

6．知识与技能拓展

根据网络特征绘制不同的网络图。

12.3 时序数据库下载与使用

1．实训学习目标

1）学会下载和安装时序数据库。

2）学会使用时序数据库。

3）培养严谨认真、一丝不苟、精益求精的职业素养和工匠精神。

2．实训情境及实训内容

小王是一名刚大学毕业的计算机专业学生，新入职一家制造业公司。公司主管想让小王了解公司的时序数据库使用情况，需要小王自行安装和使用时序数据库。

3．实训要求

在实训过程中，要求学生在实训教师的组织下，利用现有的实训条件完成本次实训任务，旨在培养学生独立分析问题和解决实际问题的能力，且保质、保量、按时完成相关操作。实训的具体要求如下。

1）听从实训指导老师统一安排，遵守实训室规章制度。

2）按照要求完成实训任务。

3）对在实训中存在和发现的问题及时反馈。

4）实训结束后，听从实训教师安排，按照统一标准进行实训设备和场地的清洁和整理工作。

5）开展小组合作探究学习，每 3 人一组，其中 1 人是小组长，负责组织学习过程以及学习成果汇报（根据实际情况而定）。

4．实训步骤

（1）认识时序数据库

在工业领域，生产、测试、运行阶段都可能会产生大量带有时间戳的传感器数据，属于典型的时间序列数据（时序数据）。时间序列数据主要由各类型实时监测、检查与分析设备所采集或产生，涉及制造、电力、化工、工程作业等。

InfluxDB 是一个由 InfluxData 开发的开源时序型数据库软件，它是用 Go 语言编写的，着力于高性能地查询与存储时序型数据。

InfluxDB 相关名词如下。

1）database：数据库。

2）measurement：数据库中的表。

3）time：时间戳，表明数据点产生的时间。

4）points：表里面的一行数据，points 由时间戳、数据和标签组成。其中时间戳为每个数据的记录时间，是数据库中的主索引（会自动生成），数据为记录的值，标签为各种有索引的属性。

（2）下载与安装时序数据库

1）下载 InfluxDB，网址为 https://dl.influxdata.com/influxdb/releases/influxdb-1.7.9_windows_amd64.zip。

2）将 InfluxDB 下载后解压在本地磁盘中，例如保存在 D 盘根目录中，路径为 D:\influxdb-1.7.9_windows_amd64。

3）查看 InfluxDB 解压后的 influxdb.conf 文件目录结构，如图 12-10 所示。

名称	修改日期	类型	大小
influx	2019/10/28 7:32	应用程序	54,729 KB
influx_inspect	2019/10/28 7:32	应用程序	19,059 KB
influx_stress	2019/10/28 7:32	应用程序	11,340 KB
influx_tsm	2019/10/28 7:32	应用程序	20,542 KB
influxd	2019/10/28 7:32	应用程序	66,378 KB
influxdb.conf	2022/5/2 21:26	CONF 文件	21 KB

图 12-10　influxdb.conf 文件结构

InfluxDB 的数据存储主要有三个目录，默认情况下是 meta、wal 以及 data 三个目录，服务器运行后会自动生成。meta 用于存储数据库的一些元数据，meta 目录下有一个 meta.db 文件。wal 目录存放预写日志文件，以 .wal 结尾。data 目录存放实际存储的数据文件，以 .tsm 结尾。

4）配置相关目录，配置完成后进行保存。

在 influxdb.conf 文件中需要配置的内容如下。

```
[meta]
# Where the metadata/raft database is stored
dir = "D:\\influxdb-1.7.9_windows_amd64\\influxdb-1.7.9-1\\meta"
# Automatically create a default retention policy when creating a
database.
# retention-autocreate = true
# If log messages are printed for the meta service
# logging-enabled = true
[data]
# The directory where the TSM storage engine stores TSM files.
dir = "D:\\influxdb-1.7.9_windows_amd64\\influxdb-1.7.9-1\\data"
# The directory where the TSM storage engine stores WAL files.
wal-dir = "D:\\influxdb-1.7.9_windows_amd64\\influxdb-1.7.9-1\\wal"
```

（3）配置与使用时序数据库

1）用配置好的 config 文件运行 InfluxDB 数据库，双击 influxd.exe 文件，运行结果如图 12-11 所示。值得注意的是，在 InfluxDB 数据库运行时，influxd.exe 不可关闭。

2）运行 InfluxDB 数据库。在 InfluxDB 目录中输入命令：influx，运行 InfluxDB 数据库，如图 12-12 所示。

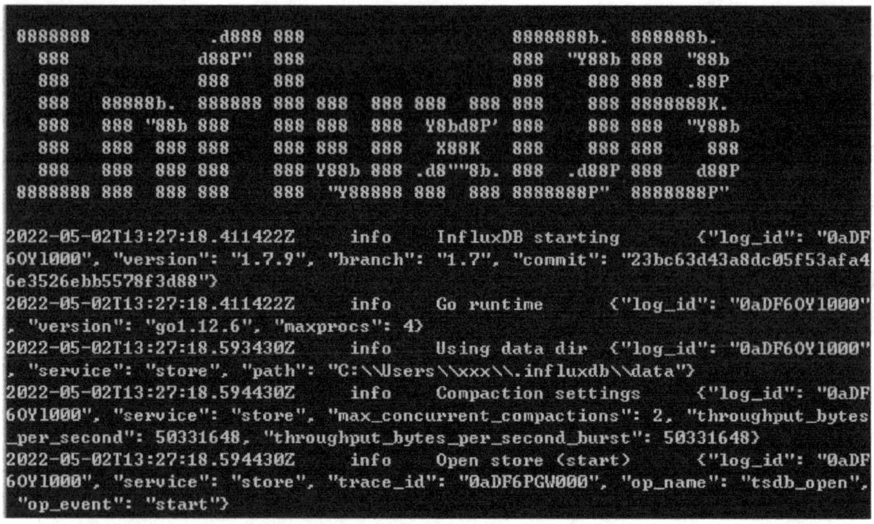

图 12-11　运行 influxd.exe 文件的结果

图 12-12　运行 InfluxDB 数据库

3）了解 InfluxDB 数据库的基本命令。InfluxDB 数据库的基本操作命令如下。

查看数据库：show databases

新建数据库 test：create database test

使用数据库 test：use test

删除数据库 test：drop database test

显示该数据库中所有的表：show measurements

4）新建 home 数据库，命令为 create database home，查看数据库，如图 12-13 所示。

图 12-13　新建 home 数据库

5）使用 home 数据库，如图 12-14 所示。

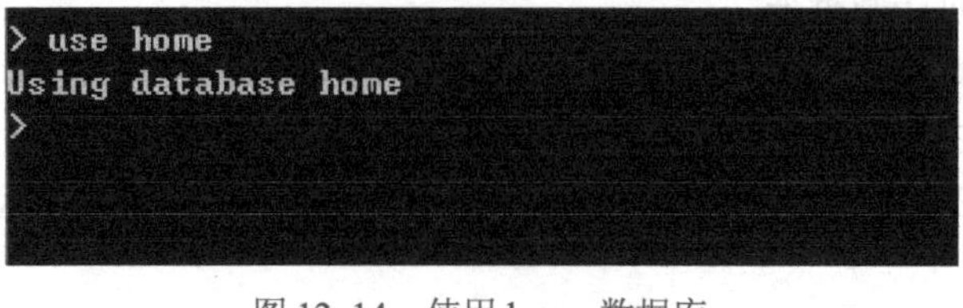

图 12-14　使用 home 数据库

6）InfluxDB 数据表的创建、写入与查询。

往数据库 home 中插入表 people，并插入数据，语句如下。

```
insert people,hostname=server1 value=00001
insert people,hostname=server2 value=00002
insert people,hostname=server3 value=00003
insert people,hostname=server4 value=00004
insert people,hostname=server5 value=00005
insert people,hostname=server6 value=00006
insert people,hostname=server7 value=00007
```

值得注意的是，InfluxDB 中没有显式地新建表的语句，只能通过 insert 数据的方式来建立新表。在这里 people 表示表名，hostname 是索引，value 是记录值，记录值可以随意定义。在插入了数据以后，用户可以使用语句 select * from people 查询结果，运行结果如图 12-15 所示。

```
> select * from people
name: people
time                hostname value
----                -------- -----
1651499609653504100 server1  1
1651499620211108000 server2  2
1651499628471580500 server3  3
1653795692429288200 server4  4
1653795703159446600 server5  5
1653803822528824500 server6  6
1653803846352158800 server7  7
```

图 12-15　插入数据与查询数据

7）更改时间戳格式，语句如下。

```
precision rfc3339
```

更改时间戳格式后重新查询数据，运行结果如图 12-16 所示。

```
> precision rfc3339
> select * from people
name: people
time                           hostname value
----                           -------- -----
2022-05-02T13:53:29.6535041Z   server1  1
2022-05-02T13:53:40.211108Z    server2  2
2022-05-02T13:53:48.4715805Z   server3  3
2022-05-29T03:41:32.4292882Z   server4  4
2022-05-29T03:41:43.1594466Z   server5  5
2022-05-29T05:57:02.5288245Z   server6  6
2022-05-29T05:57:26.3521588Z   server7  7
>
```

图 12-16　更改时间戳格式后重新查询数据

RFC 3339 是 ISO 8601 的一种日期显示格式，RFC 3339 需要完整的日期和时间表示。

8）按条件查询，运行结果如图 12-17 所示。

图 12-17　按条件查询

9）查看数据库中的所有 tag key，语句如下。

```
show tag keys
```

运行结果如图 12-18 所示。

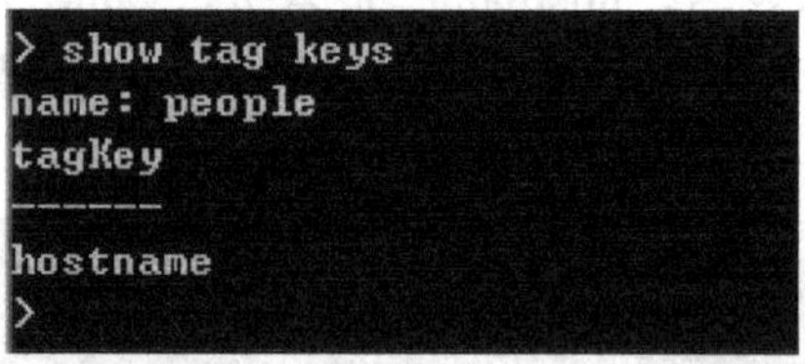

图 12-18　查看数据库中的所有 tag key

参 考 文 献

[1] 中国工业互联网研究院. 工业互联网人才白皮书（2020 年版）[R]. 2020.

[2] 中国互联网产业联盟. 工业互联网体系架构（版本 2.0）[R]. 2020.

[3] 中国互联网产业联盟，中国信息通信研究院. 工业互联网综合知识读本[M]. 北京：电子工业出版社，2019.

[4] 水木然. 工业 4.0 大革命[M]. 北京：电子工业出版社，2015.

[5] 陈雪鸿. 工业互联网安全防护与展望[M]. 北京：电子工业出版社，2022.

[6] 魏毅寅，柴旭东. 工业互联网：技术与实践[M]. 北京：电子工业出版社，2017.

[7] 林子雨. 数据采集与预处理[M]. 北京：人民邮电出版社，2022.

[8] 黄源，蒋文豪，徐受蓉. 大数据可视化技术与应用[M]. 北京：清华大学出版社，2020.

[9] 黄源，董明，刘江苏. 大数据技术与应用[M]. 北京：机械工业出版社，2020.